アメリカ教育史の中の女性たち

ジェンダー、高等教育、フェミニズム

Women in the History of American Education

坂本 辰朗

東信堂

緒　言

　本書全4章の共通のテーマは、高等教育をもとめる女性たちの努力の軌跡であり、同時に、そのような努力の過程で、女性たちが陥らざるをえなかった、女性の高等教育をめぐる歴史的パラドックスである。それぞれの章で扱う事例は、たとえば第1章の「ボストン・ラテン・スクール論争」のように、これまでのアメリカ合衆国教育史研究の中では一応はよく知られた史実として言及はされているものの、その歴史的な解釈や位置づけが曖昧であるものから、第2章の「ハーバード女性試験」ように、これまでの歴史研究の中では、たんなるエピソードとしての扱いしか受けてこなかったものまでさまざまである。いずれも、一次史料に基づいた研究ではなかったために、歴史の中に埋もれてしまった女性たちの声を復元させることができなかったことに原因があると筆者は考えている。高等教育をもとめる女性たちの努力の軌跡をできるだけ丹念に浮き上がらせることが、本書の課題の一つである。

　筆者がすでに前著『アメリカ大学史とジェンダー』（東信堂、2002年）の中で指摘したように、19世紀から20世紀にかけて、女性が高等教育へ参入するにつれ、それは伝統的な高等教育観に多大な修正を迫ることになった。すなわち、参入した女性の側にとっても、参入された男性の側にとっても、これまでの高等教育で自明とされていた前提——教育の理想像や制度、方法、内容など、そして究極的には、そもそも善い教育とは何なのかに関する前提——を再考せざるをえなくなったのである。それは、大学教育を考える際にジェンダーの問題が尖鋭化してきたことを——「教育とジェンダーをめぐる自覚的問いと対話」が豊饒におこなわれていったことを意味する。ただし、そのような「自覚的問いと対話」から生み出された結論は、ときとして、本書全4章のもう一つの共通のテーマである、高等教育を求める女性たちが陥らざる

をえなかった歴史的パラドックスをも生み出すことになったのである。

　今日の私たちは、大学教育におけるジェンダーの問題を考える際に、もはや、「伝統的に男性によって独占されてきた高等教育への女性の参加を認める」というレベルで検討するのではきわめて不十分であり、「もともとの高等教育の理想像や制度、方法、内容などが、男性モデルによるそれであり、それらは、女性男性双方にとってより善いものであるのかどうか」というレベルに至る問いかけがなされなければならないことに、ようやく気づきはじめたわけである。ただし、この問いに対する完全な答えを、現在の私たちは手にしていない。そしてしばしば、男女両性に対する高等教育へのアクセスの機会がもはや同等になった——実際には、同等では決してないのであるが——がゆえに、大学教育におけるジェンダーの問題そのものが消滅したかのような錯覚に陥りがちである。歴史的には、「高等教育の理想像や制度、方法、内容そのものを疑う」という思考のレベルにまで到達するには、実に長い時間を要したわけである。その過程でおこなわれた、「教育とジェンダーをめぐる自覚的問いと対話」は、現在の私たちとっても、傾聴すべきものであり、それによってのみ私たちは、上記のレベルの問いに対してより完全な回答をえることができるのではないであろうか。筆者のアメリカ合衆国大学史研究の最終的に意図するものも、まさにここにあるといってよい。

目次／アメリカ教育史の中の女性たち

緒　言 ……………………………………………………………………… iii
凡　例 x

第1章　ボストン・ラテン・スクール論争再考 …………………… 3
　　　　　──19世紀後半のボストンにおけるジェンダーと教育

 1．はじめに ……………………………………………………………… 3
 2．論争への準備──「協会」における討論 ………………………… 9
　　(1) 女性の大学教育を支援するマサチューセッツ協会の成立　9
　　(2) ボストン・ラテン・スクール　11
 3．ハイスクール委員会への請願 …………………………………… 14
　　(1) 共学化か大学準備教育の機会の保障か　14
　　(2) 公聴会の開催へ　15
 4．第1回公聴会──共学化賛成陣営の証言 ……………………… 16
　　(1) エミリー・タルボットの証言　16
　　(2) MIT関係者の証言　18
　　(3) ウォーレン学長の証言　25
 5．第2回公聴会──共学化反対陣営の証言 ……………………… 26
　　(1) 女子ハイスクール関係者の共学反対論　27
　　(2) ウエンデル・フィリップスの共学賛成論　30
 6．公聴会の反響──二つの社説 …………………………………… 33
　　(1)『ボストン・イブニング・トランスクリプト』紙の共学賛成論　33
　　(2)『ボストン・デイリー・グローブ』紙の共学反対論　36
 7．第3回公聴会──ラテン・スクール同窓会の反論 …………… 38
　　(1) ラテン・スクール関係者の賛否両論　38
　　(2) エヴァレット・ハーバード大教授の反対論　42

(3)デュラントらの共学賛成論 43
　8．新たな請願の提出と市民の反応……………………………45
　　　(1)「協会」の運動の軌道修正 45
　　　(2)市民の反応 48
　9．第4回公聴会──スペンサーとクラークの影……………55
　　　(1)フィルブリック教育長の"科学的"反対論 55
　　　(2)ヒーリーによる論難 58
　10．第5回公聴会……………………………………………………61
　　　(1)モラルと男女共学 61
　　　(2)ジナ・フェイ・パースの証言 63
　　　(3)タルボット医師の反論 67
　　　(4)ウォーレン学長の反論 70
　　　(5)ハイスクール委員会の結論 72
　11．教育におけるジェンダーの問題………………………………74
　注………………………………………………………………………85

第2章　ハーバード女性試験の成立と終焉　　　97

　1．はじめに………………………………………………………97
　2．1860年代のハーバードにおける大学改革と女性…………100
　　　(1)エリオットと大学院構想 100
　　　(2)エリオット対アガシ──二つの教育観の相克 103
　　　(3)ジェンダーの視点から見た大学改革の帰結 104
　3．ハーバード女性試験の成立…………………………………105
　　　(1)女性教育協会内部の不協和音──パース構想の挫折 105
　　　(2)ハーバードの対応 108
　4．ハーバード女性試験の実施…………………………………110
　　　(1)試験実施の準備 110

(2)ハーバード女性試験の拡大　114
　5．ハーバード女性試験への批判⋯⋯⋯⋯⋯⋯⋯⋯⋯⋯⋯⋯⋯⋯⋯⋯118
　　　(1)パースらの批判　118
　　　(2)フィラデルフィア試験に対する批判　119
　6．ハーバード女性試験の変容とその受験者たち⋯⋯⋯⋯⋯⋯⋯⋯134
　　　(1)ハーバード女性試験の変容　134
　　　(2)ハーバード女性試験の受験者たち　137
　7．おわりに⋯⋯⋯⋯⋯⋯⋯⋯⋯⋯⋯⋯⋯⋯⋯⋯⋯⋯⋯⋯⋯⋯⋯⋯⋯147
　注⋯⋯⋯⋯⋯⋯⋯⋯⋯⋯⋯⋯⋯⋯⋯⋯⋯⋯⋯⋯⋯⋯⋯⋯⋯⋯⋯⋯⋯151

第3章　セミナリーからカレッジへ　159
――マウント・ホリヨークにおける"改革"とそのパラドックス

　1．はじめに⋯⋯⋯⋯⋯⋯⋯⋯⋯⋯⋯⋯⋯⋯⋯⋯⋯⋯⋯⋯⋯⋯⋯⋯159
　2．マウント・ホリヨーク・セミナリー設立の歴史的意義⋯⋯⋯⋯161
　　　(1)マウント・ホリヨーク・モデルの影響力　161
　　　(2)マウント・ホリヨークの設立理念　163
　3．セミナリーのエートスとカレッジの教育課程⋯⋯⋯⋯⋯⋯⋯⋯165
　　　(1)セミナリーのエートス　166
　　　(2)カレッジの教育課程　174
　4．セミナリーからカレッジへ⋯⋯⋯⋯⋯⋯⋯⋯⋯⋯⋯⋯⋯⋯⋯⋯176
　　　(1)建物や施設の増設　178
　　　(2)女性理事の加入　179
　　　(3)インブリーディングによる教員任用の見直し　179
　　　(4)カリキュラム改革　183
　5．カレッジ昇格への批判と反論⋯⋯⋯⋯⋯⋯⋯⋯⋯⋯⋯⋯⋯⋯⋯187
　　　(1)州議会での聴聞　187
　　　(2)『アドヴァタイザー』紙の批判　189

6．マウント・ホリヨークと女性の高等教育をめぐる歴史的
　　パラドックス ………………………………………………… 192
　　　(1)セミナリーのエートスへの批判 192
　　　(2)カリキュラム改革をめぐるパラドックス 194
7．おわりに ……………………………………………………… 196
注 ………………………………………………………………… 198

第4章　20世紀初頭のアメリカ合衆国における
　　　　女性高等教育──その基本的矛盾と対応 ……………… 205

1．はじめに──ケアリ・トマスの回想と20世紀の女性高等教育 ……… 205
2．協会組織の停滞と改革への始動 …………………………… 212
　　　(1)ケアリ・トマスの危機感 212
　　　(2)会員数の停滞と加盟校の選定の問題 214
3．同盟への動きと適格判定への試み ………………………… 216
　　　(1)アメリカ大学協会の設立 216
　　　(2)法人会員委員会による新たな審査基準 217
　　　(3)カーネギーの認定大学リスト 219
　　　(4)女性大学卒業生協会独自の認定基準 220
4．女性大学卒業生協会の認定作業とその蹉跌 ……………… 223
　　　(1)認定作業の開始とカーネギー・リストへの疑義 223
　　　(2)バブコック・リストの漏洩と反動 227
　　　(3)認定作業の迷走 234
5．連邦教育局のリストと「協会独自のテスト」との矛盾 ……… 235
　　　(1)協会による適格判定作業の難題 235
　　　(2)連邦教育局のリストの放棄 237
6．おわりに──「協会独自のテスト」の歴史的意義と協会による加盟校認定
　　方式の限界 …………………………………………………… 239

注 ……………………………………………………………243

あとがき …………………………………………………249
　事項索引 251
　人名索引 253

凡　例

本書中では、括弧や引用符などは以下のように使い分けている。

① 「　」　(a)史資料からの引用文、(b)学界で広く使用される術語であることを特に示す場合、(c)本書で定義された略語に使用する。

　例：(a) パトリシア・キングも言うように、「これらの奴隷制廃止論者は、今度はそのエネルギーを黒人男性の選挙権の獲得に注ぐことになったが、女性参政権論者に見切りをつけるという良心の呵責を、女性の教育への権利を熱烈に支持することで癒すことができた」[6]のである。

　　　(b) 最後に、いわゆる「ユニバーシティの時代」を迎えたアメリカでは、高等教育の差異化が開始され、女性の学生の比率増加が顕著になったのである。

　　　(c) 「協会」は、1877年1月6日、最初の年次会を開催する。

② 『　』　単行書あるいはジャーナルの表題に使用する。

　例：1873年のエドワード・クラークによる『教育おける性――少女への公正な機会』の発表に端を発する論争……

③ "　"　「いわゆる」「自称するところの」「カッコ付きで使う」といった語を前に冠すべきことばであり、本書では一定の留保をしているか否定的な評価をあたえていることばに使用する。

　例：さらに、人口動態的な変化によって、女性の"自立"のためという女性の高等教育の必要性・存在理由が認められるようになったのである。

④ （　）　(a)本文の補足説明として筆者が補ったもの。ただし、(b)史資料からの引用の場合は補ったことを断ってある。

　例：(a) 奴隷制廃止運動と禁酒運動とをその典型とする南北戦争以前の女性による様々な慈善運動（主要な担い手は白人の中産階級のプロテスタント）は……

　　　(b) 現在、女性に開かれているカレッジは、その（正規の学部進学のための――引用者注）付属準備課程の設置の責任から解放されるため……

⑤……　　　文章の一部省略(前略、中略あるいは後略)を示す。
　例：これらのうち無条件で入学が認められた女性は一人もいなかった。
　　……公立学校の教育は私立学校に比べて、同等かそれ以上のレベルであるというのが私たちの誇りではなかろうか。
⑥傍点　　　強調をあらわす。史料からの引用文の場合は、原文がイタリック体になっていることをあらわす。
⑦＊　　　　本文の論述を補うための補注。

アメリカ教育史の中の女性たち
──ジェンダー、高等教育、フェミニズム

第1章　ボストン・ラテン・スクール論争再考
──19世紀後半のボストンにおけるジェンダーと教育

1．はじめに

　1874年1月12日の夕方、ボストンのコモン・カウンシルでは、前年末の選挙で選出された学務委員会（School Committee，現在の教育委員会。1875年より学校委員会School Boardと改称）の新委員の初会議が開かれていた。新委員の名簿リスト朗読後、一つの論争が起こった。女性委員4名の当選の法的有効性に関する市法務官ヒーリー（Joseph P. Healy, 1849?–1880）の疑義が提出されたのである。女性には参政権はもちろん、学務委員会委員への投票権すらなかったこの時代に、学務委員会への女性の当選は驚異的な事件であり、すでにボストン中の注目の的となっていたのである。当日の論争は、結局、女性委員の当選を有効として決着した[1]。この日出席したのは女性委員4名のうち2名――アビィ・メイ（1829–1888、社会改革家・女性参政権論者）とルシア・ピーボディ（1828–1919、教師）――だけであったが、彼女たちは、女性委員への反感の大きさを改めて感じたことであろう。さらに翌日、彼女たちは、同じく学務委員会委員に当選したものの世間の注視に耐えきれず行方不明になっていた自分たちの盟友エイダリン・バッジャーが投身自殺をしてしまったという報道を、病気で自宅療養していたもう一人の女性委員ルクレシア・クロッカー（1829–1886、教育者、学校行政官。ホレース・マンに招聘されアンティオク・カレッジ数学講師となる）とともに痛恨の思いで聞いたことであろう[2]。

19世紀後半のアメリカ合衆国においては、女性の大学教育は、そこに在籍する女性の絶対数そのものは小さかったが、その存在理由が着実に認められつつあった。これはマサチューセッツ州において特に顕著であり、後にセブン・シスターズ・カレッジとして知られるようになる7つの女性のための大学のうち4つ──ウエルズレイ(1870年)、スミス(1871年)、マウント・ホリヨーク(1836年、セミナリーとして創立、1893年にカレッジに昇格)、ラドクリフ(1879年)──はマサチューセッツ州内にあった。さらにボストンの女性たちにとっては、共学大学としてのボストン大学の創立(1869年)や1865年創立のマサチューセッツ工科大学が1871年に女性の入学を認めたことなど、高等教育の様々な選択肢が用意されつつあった[3]。

このように女性の高等教育が可能になるためには、すでに南北戦争以前より開始されていた、様々な人々による女性の高等教育拡大運動が必要であった。奴隷制廃止運動と禁酒運動とをその典型とする南北戦争以前の女性による様々な慈善運動(主要な担い手は白人の中産階級のプロテスタント)は、女性が役員を務め聴衆の前で演説する等その前面に出ることができる例外的な社会運動であった。だがこれは、これらの運動が最初から女性の社会的・政治的参加を積極的に肯定したという意味ではない。これらの運動へ女性の参加が公認された理由は、女性の領域(woman's sphere)としての家庭、そこにおける女性の道徳的卓越性というイデオロギーにもとづいたものであり、それは、確かに一方では女性を家庭に閉じ込めるために機能したものの、他方では「女性の道徳的卓越性による社会の浄化」という形で様々な社会活動を正当化するために使われ、女性であるという共有の経験に基づいた意識を形成する基盤を提供したのである[4]。これらの運動に参加した女性たちは、女性同士の絆を強め社会運動を組織するという経験を積んだと同時に、自分たちの果たした指導的役割と女性の社会的政治的立場とのギャップを認識することになったのである。

南北戦争は、一方では、男性学生の激減という経済的な理由によって、多数の男性カレッジの門戸を女性の学生に対して開かせることになったのであ

るが、同時に、様々な面で女性の高等教育の促進へ新たな活力をもたらすことになった。

　第一には、様々な社会運動をおこなっている人々を女性の高等教育支持への運動に結集させることになったことが挙げられる。この時代、女性の高等教育を主張する人々は大きく三つのグループに分かれていた[5]。

　第一のグループは女性参政権論者であった。これらの人々は、既に南北戦争以前から一貫して女性の高等教育を——それも共学制によるそれを——主張していたものの、緊急の目標である奴隷制の廃止のために奴隷制廃止論者と共闘することで、みずからの本来の主張の方は控えていたのである。

　第二のグループは女性参政権にはくみしないが奴隷制には反対するという奴隷制廃止論者であった。パトリシア・キングも言うように、「これらの奴隷制廃止論者は、今度はそのエネルギーを黒人男性の選挙権の獲得に注ぐことになったが、女性参政権論者に見切りをつけるという良心の呵責を、女性の教育への権利を熱烈に支持することで癒すことができた」[6]のである。

　第三のグループは保守派であり、これらの人々は、女性の高等教育による知性の開発が、よりよき妻と母という当時主流であった家庭的な女性の理想像を実現するものとして、同様な支持を表明したのである。

　これら三つのグループは、それぞれが、どのような形態の女性の高等教育（共学か別学かなど）が望ましいか、また、その高等教育にはどのような教育の理想像をかかげるべきか、という点では相互に異なった見解を持っていたものの、少なくとも女性に対して高等教育が必要であるという点では一致していたのである。

　さらに、人口動態的な変化によって、女性の"自立"のためという女性の高等教育の必要性・存在理由が認められるようになったのである。この時代のマサチューセッツ州についてみれば、男女の人口比率が大きく崩れ女性人口は過剰——1850年には2万人、1870年には5万人、そして1880年には6万6千人、それぞれ女性の方が多かった——であったのであり、結果として、女性は生涯独身で過ごす確率が大きくなっていたのである[7]。

最後に、いわゆる「ユニバーシティの時代」を迎えたアメリカでは、高等教育の差異化が開始され、女性の学生の比率増加が顕著になったのである。これによって、女性の高等教育についての公然の論争が開始されることになった。とりわけ、1873年のエドワード・クラークによる『教育おける性——少女への公正な機会』の発表に端を発する論争（「男女共学制による男性と同一の高等教育は、女性の心身、特にその生殖能力に深刻な悪影響をあたえる」という"科学的"な反対論。これについては本章で後述）は、1870年代および80年代を通じて、女性のカレッジ設立、およびそこでのカリキュラム計画にネガティヴな影響をあたえる一方、フェミニストたちにとっては、むしろ、それまで俗説の中に根付いていた女性の高等教育に対する偏見を"科学的"にテストしうる機会を提供したのであり、さらには、「女性の学生の第一世代に対して、女性は男性と知的に同等であるということを世界に証明するという、自分たちの果たすべき中心的な役割を異常なまでに意識させることになった」[8]のでもあった。

　だが、女性への高等教育の機会は拡大したものの、女性への大学準備教育の機会は極めて限られていた。ボストン地域についてみれば、以下の表が示すように、ボストンの8校の公立中等学校の卒業生のうち女性は約6割を占めていたが、大学準備教育にとって必須の古典語の課程が女子ハイスクールのそれでは限界があり、さらに他の共学校にはこれが置かれておらず、大学教育を望む両親は、娘たちを私立ハイスクールに送るか余分な補習をあたえるかという負担を強いられていた。

　すでに南北戦争以前より、女性の社会的・政治的・文化的、そして教育的な地位の向上をめざして運動を進めていた様々な女性団体——その担い手は主に、白人のアパー・クラスあるいはアパー・ミドルクラスでプロテスタントに属する女性たち——にとって、このような教育上の不平等の解決は急務であった。1868年にジュリア・ウォード・ハウ（1819-1910）を会長に結成されたニューイングランド女性参政権協会や、同年、キャロライン・セヴァランス（1820-1914）らによって結成されたニューイングランド女性クラブがめざし

たのも、まさにこのような運動であったのであり[9]、実は、上記4名の新委員は、いずれもこの女性クラブの熱心な会員であり、立候補も同クラブの教育委員会（Committee on Education）の要請によるものであった。皮肉なことに、この委員会の席上、女性の大学準備教育の必要性を力説したのが、悲劇的な死を遂げることになるエイダリン・バッジャーであったのである[10]。

史料1-1　ボストンの公立中等学校卒業者数（1876年学期末）

学校名	男子卒業者数	女子卒業者数	総計
ボストン・ラテン・スクール（男子校）	19	――	19
イングリッシュ・ハイスクール（男子校）	95	――	95
女子ハイスクール（女子校）	――	166	166
ロクスベリー・ハイスクール（共学校）	18	23	41
ドーチェスター・ハイスクール（共学校）	14	23	37
チャールズタウン・ハイスクール（共学校）	14	20	34
ウエスト・ロクスベリー・ハイスクール（共学校）	4	5	9
ブリントン・ハイスクール（共学校）	3	3	6
総計	167	240	407

出典: City of Boston, *30th Semi-Annual Report of Superintendent of Public Schools*, (1876), p. 17.
なお、ロクスベリー以下の公立ハイスクールは、1858年以降のボストン市と近郊地域の合併によって、ボストン学校委員会の管理下に置かれた学校である。

上記の学務委員会での女性委員拒否事件は、その後、州議会までをも巻き込む論争になったが、結局、女性委員の側の勝利で決着した[11]。この事件は、以降の選挙でかえって女性候補に多くの支持を集める結果となり、翌年の選挙では立候補した女性9人のうち6人が、翌75年におこなわれた学校委員会の改組による選挙では4人が当選した。さらに、76年には委員の一人クロッカーが新体制の下での4人の視学の一人に選出され、もう一人の委員メイはボストン学校委員会におかれたハイスクール委員会の委員に選出された[12]。こうして、今や、ボストンの女性たちは、女性への大学入学準備教育の機会保

障という年来の主張を現実のものとする手段を手に入れつつあったのである。

　本章では、19世紀末のボストンにおけるジェンダーと教育を巡る論争のうち、1877年、ボストンのジャーナリズムや市民を巻き込む大論争になった、女性への大学準備教育の機会の保障を目的とするボストン・ラテン・スクールへの女性の入学、すなわち、ラテン・スクールの共学化の是非を巡る論争(以下、ラテン・スクール論争と略記する)を考察の対象とする。ボストン学校委員会を舞台としたこのラテン・スクール論争は、アメリカ教育史研究ではよく知られた論争であるが[13]、筆者の見るところ、先行研究は、この論争の全体像を第一次史料によって詳細にあとづけておらず、したがって重大な史実の見落しがあると思われる。何よりも、なぜ、女性運動の支援陣営はラテン・スクール論争に敗れることになったのか、という論点に十分説得的な回答をあたえていないと思われる。筆者は、学校委員会を巡る政治力学ではなく、論争に加わった人々が、教育におけるジェンダーの問題についておこなったその議論が、当時のボストン社会においてどれほど説得力を持っていたのかという問題としてこの論争を捉えるという新たな視点を提起したい。これによって、アメリカ合衆国史上、女性の社会的・政治的・文化的、そして教育的な地位に空前の重大な変化を生み出す進歩主義の時代を迎えようとしていたこの時代に、教育におけるジェンダーの問題はどのように理解されていたのかを明らかにすることができると考えるからである。本章では以下のような論点を設定する。

①ラテン・スクールでの女性の大学準備教育の機会を獲得しようとした人々は、どのような論理によってそれを正当化したのか。本章では特に、前述のような女性運動を支援した人々に着目する。

②これに反対する人々はどのような論理を展開したのか。

③これらの人々は、教育におけるジェンダーの問題についてどのような理解を持っていたのか。何が論争の焦点になったのか。

　本章では、ボストン市の公文書や当時のボストン諸新聞の報道、関係者の証言となるマニュスクリプトなどの一次史料を使用して、これらの論点に対

して回答をあたえることを目的とする。以下、第2節と第3節では、ラテン・スクール論争へ最も積極的に関与することになる女性の大学教育を支援するマサチューセッツ協会 (Massachusetts Society for the University Education of Women, MSUEW. 以下、「協会」と略記する)[14]がどのような契機によって論争に参加するようになったのか、その発端について素描する。続いて第4節から第8節において、ボストン学校委員会が開いた公聴会における論争とこれに対する市民の反応をみてゆくことにする。続いて、第9節と第10節では、このラテン・スクール論争の結果に大きく影響することになったジェンダーと教育をめぐる論争において、最終的に賛否両陣営を代表して対決をすることになる二人の男性の議論を主に取り上げる。第11節では、先行研究では見落とされていた、このラテン・スクール論争における各陣営が提出した教育とジェンダーを巡る議論の構造を分析することで、なぜ、女性運動の支援陣営はラテン・スクール論争に敗れることになったのかを明らかにしたい。

2. 論争への準備——「協会」における討論

(1) 女性の大学教育を支援するマサチューセッツ協会の成立

「協会」は、1877年1月6日、最初の年次会を開催する。この会の席上、女子ハイスクールの校長ホーマー・B・スプレイグ (Homer Baxter Sprague、1829-1918, 教育者。後にカリフォルニア州の女性の大学ミルズ・カレッジの学長を務める)とウエルズレイ・カレッジの創立者であり法律家のヘンリー・F・デュラント (1822-1881)が記念の講演をおこなった。「協会」の議事録によれば、「女子ハイスクールは生徒の高等教育進学準備を適切におこなっているか」と題されたスプレイグの講演は、大学進学準備教育という観点から同ハイスクールの生徒の成績記録にもとづいて、同ハイスクールと男子の中等学校との比較を試みたものであった[15]。

続いて登場したデュラントの講演は、女性のための教育機会の現状の欠陥

を指摘したものであり、特に、カレッジ準備教育を問題として取り上げている。注目すべきことは、デュラントの次の発言である。「彼は、当協会が団体として、現在、男子に対してボストン・ラテン・スクールでおこなわれているのと同じ公立学校教育を女子にあたえることを、ボストン市に要求すべきだと主張した。彼はまた、高等教育を受けている女性はそれに耐えられないのではないかという一般に広がっている考え方にも言及し、若い女性が在学する学校・カレッジにおいて、適切な知的訓練だけでなく適切な肉体的訓練の機会をも確保されるよう、当協会が努力すべきであると主張した」[16]*。

> *後にエミリー・タルボットはラテン・スクール論争を回想して当日の模様を以下のように語っている。
>
> ウエルズレイ・カレッジの創立者、ヘンリー・F・デュラントは、女性の高等教育をもとめるすべての友人たちに、力強く刺激的なアピールをおこなった。「欠陥があったのは女性のカレッジ<u>準備教育</u>であった。これを改革せよ、しからば女性にとって、時間と肉体的な力と資金が節約されうるであろうし、現在、女性に開かれているカレッジは、その(正規の学部進学のための──引用者注)付属準備課程の設置の責任から解放されるため、効率性が大幅に増大するであろう。男子のためだけでなく女子のためにもカレッジへの準備教育をおこなうことはボストン・ラテン・スクールの義務である。ボストン市の住人である女性からこの特権を奪うことは法律的にも道徳的にも誤っていたのである」(下線は原文のまま)。
>
> 女子はボストン・ラテン・スクールでラテン語を学ぶ権利があるとするこの(デュラントの──引用者注)提言は、最初は、真面目に考慮するには余りに攻撃的であるように思われた。アメリカ幼稚園の母ミス・エリザベス・ピーボディの優しい説得的な演説は、ミスター・デュラントの唐突な言い方を幾分和らげた。しかし彼女も、その結論ははっきりしており、ボストンの公立学校に在籍する権利は、あらゆる階層にあたえられるべきであると熱心に述べたのであった[17]。

「協会」の最初の年次会で、ボストン・ラテン・スクールへの女子入学の問題が話題になっていることは、「女性の大学教育を支援する」ための組織として

はそれほど不思議ではないかも知れない。とりわけこの時期、ボストンの人々にとって、ラテン・スクールの名前はニュース種でもあったからである。と言うのも、この会合のほんの2ヶ月前の1876年11月10日、ラテン・スクールは学校再開百周年——英国軍がボストンから駆逐され、ロウヴェル校長のもと、ラテン・スクールが再び開校してから100年——を記念して、盛大な式典をおこなっており、当時はまだこのニュースがホットな話題であったのであろう[18]。ちなみに、当日、晩餐会に出席した著名な同窓生たち——ウエンデル・フィリップス、チャールズ・W・エリオット、ジェームズ・フリーマン・クラークなどなど——は、ラルフ・ウォード・エマソンの記念スピーチに耳を傾けつつ、その一年後には、母校の共学化に関する学校委員会の公聴会で、賛否両陣営に分かれ再び顔を合わせるとは誰が予想したことであろうか。

(2) ボストン・ラテン・スクール

しかしながら、ボストン・ラテン・スクールは、女性の大学教育の機会を拡大するために、男子と同じ公立学校教育を若い女性にあたえる、という教育の機会均等論からだけでは捉えきれない特別な学校であった。その歴史を17世紀にまで遡ることができるこの学校は、1680年代まではボストンにおける税金で支えられる唯一の学校であったのであり、これこそがピューリタンの父祖たちが自分たちの社会階層のために創った学校教育であった。したがって、ギリシア語とラテン語を中心にした古典的カリキュラムは、たんに大学進学へ必要であったというだけでなく——大多数の生徒たちは大学へは進学しなかったし、卒業すらしなかった多くの生徒たちがいた——このようなボストンの支配階層にとって必須のものと考えられたのである。これに対して、19世紀初頭までに力を蓄えてきたボストンの新興商業資本家層の人々にとって、このような古典語偏重のカリキュラムは、自分たちが次代の後継者を育成するという目的に適うものではなかった。これらの人々が欲したのは"近代的"カリキュラムを教える学校であった。1821年、アメリカ合衆国最初の公立ハイスクールであるイングリッシュ・クラシカル・スクール(その後、名称

変更を繰り返し、ラテン・スクール論争当時はイングリッシュ・ハイスクール)がボストンに誕生したのは、このような歴史的経緯によるものであった[19]。このように、ボストン・ラテン・スクールはもともと、きわめて階級的に排他的な特別な学校であった。と同時に、このような階級的排他性は、教育面においてはジェンダーによる排他性——男子のみを対象とした古典語中心の教育——を最初から前提としていたのである。したがって、ラテン・スクールの共学化への要求は、階級とジェンダー双方の排他性への挑戦でもあったのである。

こうして、同日の会合は最後に、以下のような決議を採択するに至った。

> ミス・ピーボディの動議により、運営委員会に対して、ボストン・ラテン・スクールに女子の入学を可能にするか彼女らにこれと同等の有利な機会を獲得するためにどのような方策が採られるべきかを考慮するよう要請する[20]。

「協会」の1877年4月14日付けの議事録は、ボストン学校委員会に送るべき請願について検討委員会を設置するという1月6日におこなわれた決議にもとづき、同委員会に報告を求めている。これに関連して、委員の一人スティーブンソンが、この問題のさらなる検討を会長に一任し、次回にその報告を求めるべく動議が提出されこれが了承されている[21]。

これを受け、「協会」の1877年5月19日付けの議事録は、「協会」の強力な支持者であったウォーレン・ボストン大学学長みずからが関係者に面談し、ラテン・スクールへの若い女性入学の見通しについて情報の収集をおこなった結果を伝えている。

> すでに、教育長のフィルブリック氏に面会したが、(この問題について——引用者注)何ら同情的ではないことを隠そうとしなかった。ハイスクール委員会の議長フリント氏も全く同様であった[22]。

第1章　ボストン・ラテン・スクール論争再考　13

　フィルブリックとフリントは、後に見るように、ラテン・スクール論争の主要な論客であり、ラテン・スクールへの女子入学反対の急先鋒として、公聴会の席上、ウォーレンと激しい論争をおこなうことになる人物であった。すでに論争開始以前のこの時点で、ウォーレン学長はこの二人に接触して、その様子を伝えていたのである。教育長と議長の双方が反対するような教育政策を実現しようとする企てがどれほど困難なものであるのか——この時点で、「協会」に集った女性たちはどれほど理解していたのであろうか。

　この報告を受けて、「協会」では、以下のような決議をおこなっている。

　それは、まず、3人から成る委員会を任命し、この委員会が、女性教育協会（Woman's Education Association, WEA、ボストンを拠点にした女性グループ。本書の第2章を参照——引用者注）の運営委員会、ボストン大学の理事会、ウェルズレイ・カレッジの理事会、スミス・カレッジの理事会などの人々と歩調を合わせつつ、またそれらの人々の援助を受けつつ、ボストンの女性納税者、他の女性たちや有力者たち、ボストン市当局のしかるべき官吏に対して圧力となりうる人々を糾合し、「女子をボストン・ラテン・スクールに入学させるよう懇願する」こと、さらに、タルボット、アニー・フィールズ（Annie Adams Fields, 1834–1915、文筆家、出版業者ジェイムズ・T・フィールズの妻でサロンを主催。ルイーザ・メイ・オールコットの従姉妹）、フローレンス・クッシング（1852?–1927、ヴァッサー・カレッジを卒業後、おもにボストンでさまざまな女性の教育のための事業に携わる。1887年以降は母校の理事会のメンバーになる）の3人が上記の委員会の委員となるべきこと、であった[23]。

　1877年9月29日の「協会」の月例会で、エミリー・タルボットはラテン・スクール問題の進捗状況を報告している。これによると、すでに3人の男性——ジェイムス・フリーマン・クラーク（1810–1888、ユニテリアン派牧師、文筆家）、ジョン・ダニエル・ランクル（1822–1902、数学者・MIT学長）、それに法律家のロバート・スミス——が委員会に加わってくれること、さらに、「すでに数回の会合が持たれた。法律界・教育界の専門家の意見もすでに聴取している。請願が作成され、同請願が公聴会の要望とともに、学校委員会の秋最初の会

合(9月11日)に提出された。同請願は、学校委員会の下部組織であるハイスクール委員会に送付され、10月5日に公聴会が開かれることを決定した」との報告がなされている[24]。

3．ハイスクール委員会への請願

(1)共学化か大学準備教育の機会の保障か

　1877年10月のハイスクール委員会による公聴会の開催と前後して、ボストン学校委員会には女性への大学準備教育の機会を求める請願が次々と提出され、ラテン・スクール論争が終了するまでにその数は20を越えることになる。現在、ボストン公立図書館稀覯本室に所蔵されているボストン学校委員会文書のファイルには、受理された請願が保管されているが、これらを比較することで、ラテン・スクール論争の基本的な構図が見えてくる。

　まず、「協会」による請願は、ボストン大学理事会がウォーレン学長の要請に基づいてこれを理事会で承認した上で理事会として請願する、という形式を採っている。上述のような「協会」における審議経過が紹介され、ボストン大学理事会としてはこの請願に全幅の同調と支持をおこない、学長と大学評議会書記に対して請願に署名する権限をあたえ、さらに理事会メンバーでもあるボストン大学教授(John W. Lindsay)に「協会」との折衝にあたる権限をあたえるとしている。請願の文面は以下のとおりである。

　　　　以下に署名する私たちボストンの住民は、貴学校委員会に対して、女子への古典語教育が、現在、男子に提供されているように、ボストン・ラテン・スクールにおいて提供されることを謹んで請願いたします[25]。

　この請願のポイントは、ただたんに女性に対する大学準備教育(=「古典語教育」)の機会が保障されるだけでなく、それが「ボストン・ラテン・スクール

において」おこなわれる、という点にある。同時期に提出された請願は、実際には、同じ文面が印刷されたリーガルサイズの用紙に署名を連ねるという一種の署名運動の形態をとっていたが、文面そのものは大きく二つのタイプ——前掲のタイプに加えて後に見るもう一つのタイプ——しかなかった。ちなみに、上記の「協会」によって最初に提出された請願と同文の請願の中の一通には、署名人の一人がみずからの署名の下にわざわざ、「『ボストン・ラテン・スクールにおいて』という文言を除いて賛成する (Excepting the phrase "in the Boston Latin School")」と書き添えた請願もあったのである。すぐに見るように、ボストン学校委員会に同時期に提出された請願は、女性に対する大学準備教育を「ボストン・ラテン・スクールにおいて」おこなうかどうかという点が異なっていたのである。

これに対してもう一つのタイプの請願文は以下のとおりであった。

> 以下に署名する私たちボストンの住民は、貴学校委員会に対して、現在、ボストン・ラテン・スクールで男子に対しておこなわれているものとあらゆる点で同等の古典語教育の課程が、女子に対しても提供されることを謹んで請願いたします[26]。

このタイプは女性への大学準備教育の機会の保障という点では一致しているものの、それをどこでおこなうかを特定していないわけである。

(2) 公聴会の開催へ

これらの請願は提出されるたびにボストン学校委員会で朗読された後、ハイスクール委員会に回されたことが学校委員会の議事録に記録されている。すでにエミリー・タルボットの報告にも現れた1877年9月11日のボストン学校委員会の議事録を見ると以下のような審議がなされたことが分かる。

> 女子への古典語教育が、現在、男子に提供されているように、ボス

トン・ラテン・スクールにおいて提供されることを請願する、女性の大学教育を支援するマサチューセッツ協会からの文書を議長が朗読した。

　ハッチンス氏が、これについての議事手続きを次回の会議で審議することを提案した。

　この提案は否決された。

　ハッチンス氏の提案により、これをハイスクール委員会に送ることが提案された。また、すでにファイルされ朗読された文書も同委員会に送ることが提案された。

　この提案は可決された[27]。

　公聴会が開催されたのは以上のような状況の中でであった。1877年10月5日の第1回を皮切りに、以降、第2回(10月15日)、第3回(10月24日)、第4回(11月1日)、第5回(11月5日)と全部で5回の公聴会が開催される。その間、ボストンの各新聞はこの公聴会での論争を逐一報道すると同時に、市民の投書を掲載し、このラテン・スクール論争は文字通り、大論争に発展する。

4．第1回公聴会——共学化賛成陣営の証言

(1) エミリー・タルボットの証言

　第1回公聴会(1877年10月5日)では、まず、請願を提出したエミリー・タルボットが証言する。新聞報道*によれば、元来は「協会」の請願人3人の男性の一人として署名した法律家のスミスが証言する予定であったが所用で欠席したためにタルボットの証言となったものである[28]。

> ＊以下の公聴会における議論についての論述は、当時の新聞報道を史料として使用する。その理由は、ボストン学校委員会の議事録——印刷公刊されたものであれマニュスクリプト原本であれ——にはこの公聴会の記録が

残っていないからである。この論争の一方の論客であるウォーレン学長については、彼の第1回公聴会の証言がボストン大学アーカイブスに鉛筆書きの17頁のメモとして残っている。また、公聴会の全日程が終了してから発表された証言（たとえばフィルブリック教育長のもの）もいくつかあるが、これらも公聴会の記録として直接採用することには若干無理がある。結局、他に依拠すべき第一次史料が存在しないために、新聞報道を採用せざるをえないのである。なお、「協会」のアーカイブスには、ウォーレン学長が作成したと思われるラテン・スクール論争を報じた新聞記事のクリッピングスが所蔵されているが、それらは一部の新聞記事のみであり出典や日付が明記されていない上、判読不能な部分も散見するという問題がある。筆者は、ボストン公立図書館のマイクロテキスト部門に所蔵されている当時のボストンの地方紙5紙すべてを検索して比較復元した。報道内容は各紙によって若干異なっており、中には食い違う報道も発見されたが――たとえば、第1回公聴会に登場したフィッツジェラルド・ボストン市会議員の発言内容について、『ボストン・デイリー・グローブ』紙は、フィッツジェラルドが「両性の共学に全幅の信頼をおいている」としているが、他紙の報道を読めばフィッツジェラルドは同一教室内での男女共学には反対しているのである――この場合には複数の報道で確認するよう務めた。

エミリー・タルボットは以下のような法制論を展開する。

① マサチューセッツ州法は、人口4,000人以上の町が、「その住民すべての利益のために」古典語を教授する学校を設立できるとしている。ラテン・スクールは同法の下で設立されたが、現在のところ、住民の半分――片方の性のみ――が恩恵を被っている。
② ラテン・スクールはもともと男子のみを対象に設立されたものだと言われるが、同スクールの1635年の設立認可文書には、「子どもたちの育成と教授」とあって、生徒を男子に限定したものではない。
③ 請願者は、他のどこへでもなく、ラテン・スクールへの女子の入学を希望する。その理由は、同校はニューイングランド地方で長年にわたり最

高度の大学準備教育をおこなってきた最古の学校の一つとして定評があり、「女子の高等教育にとって、このような水準の高さは、この問題を考える人々すべてが認めるように重要であり、この水準を新たに創り出し維持することは困難である」[29]からである。
④「請願人はその要求の明らかな正義を訴えたい。私たち住人の娘たちに大学準備教育の課程への機会の平等を認めないことは明らかに不正義である。これは現在がまさにそうであるように、女子が男子より年を取ってからカレッジへの準備教育を始めなければならないときは物理的なハンディキャップとなるのであり、おかげでカレッジへの入学が遅れたり準備教育が不十分なために過度の学習を強いられることになり、女子に特有の不利な条件を強いることになる」[30]。

(2) MIT関係者の証言

続いて、マサチューセッツ工科大学のジョージ・H・ハウイスン(1834–1916, 論理学・科学哲学教授)が証言する。彼の証言の骨子は次のとおりである。

　　女子の古典語教育への需要はボストンにも確かに存在するのであるが、現行の教育制度はこの要求に到底見合うものではなく、ボストンにおける女子の大学準備教育はきわめて不十分と思われる。現在、マサチューセッツ州内でも3大学、ニューイングランド地域ではさらに3大学が女性の学生を受け入れている。西部地域の大学はもっと多くの女性を受け入れており、そのランクがハーバード・カレッジの次に匹敵するミシガン大学には女性が大半を占めるクラスがあるほどである。ヴァッサーはさほど程度が高い教育機関ではないが、たとえば1868年から77年にかけてボストンからヴァッサー女子大に入学志願した32人のうち、無条件で入学が認められた女性は6人という状態である。一般的に言って、ラテン語あるいは古典語の学習に欠陥があった故である。入学志願者のうち11人は(ボストンの)女子ハイスクールと女子

師範学校の卒業生であるが、これらのうち無条件で入学が認められた女性は一人もいなかった。……公立学校の教育は私立学校に比べて、同等かそれ以上のレベルであるというのが私たちの誇りではなかろうか。ボストン市は、大学準備は教育の特別事項であるという論理にもとづいて行政を行っているようで、しかもこの特権を男子のラテン・スクールのみに限って認めているようだが、この区別は不正なものであり、改革はまずもってこのラテン・スクールから開始されるべきである[31]。

ここで、ハウイスンのこの発言に対して、ハイスクール委員会の委員の一人から、ボストン地域の大学への入学志願をした女性のうち、「条件付き入学許可」を受けた者の比率を挙げて欲しいとの要望が出される。これに対してハウイスンは、正確な数字を挙げる事はできないが、「それがどのような数字であろうと、古典語で試験に落ちたことは間違いない。……女子の大学準備教育をすべて女性の教授の下でおこなうことは最善とは言えないと思う。なぜならば、それでは男子と同等の有利な条件下にあるわけではないからだ」[32]と答えた上で、「女子教育を完全に女性の責任に委ねるためには、何世代にも亘って女性が教育を受けて初めて可能になることであろう」[33]としている。

次に証言に立ったのはジョン・D・ランクル（1822-1902, マサチューセッツ工科大学学長・数学者）であった。

　　ボストンの女子ハイスクールと女子師範学校の欠陥は、「それらが若い女性に対して単に日常生活の諸義務を果たすのに必要であろうとされることを教えることのみを目的としているところにある」[34]。だが、「同じ生徒の教育に、その目的が大幅に違う二つのコースを合わせることは不可能である」。ボストン市にとって、10年やそこらで、男子ラテン・スクールのような有利な環境を準備することはできないであろう。「ラテン・スクールはハーバード・カレッジへの進学準備学

校であり、男子に必要とされる諸学科についての知識は、請願者が求めているものとは違うという議論には賛成し難い」[35]。「男子と女子の一般的教育方法は本質的に同一であるべきであり、実際、私は東部に来るまではこれ以外の考え方があるなどとは想像もしていなかった」[36]。

ちなみに、この論争がおこなわれた1877年度にハーバード大学に入学した学生を、ハーバード大学学長年次報告によって出身学校別に集計してみると、それまでにハーバード大学への入学実績があった公立全53校中では、

①ボストン・ラテン・スクール(21人)
②ケンブリッジ・ハイスクール(18人)
③(ボストン郊外の)ニュートン・ハイスクール(7人)
④セイラム・ハイスクール(4人)

となり、他の公立校はそれぞれゼロか1～2名という数である。いわゆる大ボストン地域 (greater Boston area)にある8つの公立校のうち、ボストン・ラテン・スクールと女子ハイスクールを除く他の6校について見れば、チャールズタウンとドーチェスターがわずかに入学実績を持つだけである。すなわち、ボストン周辺の公立校からのハーバード大学入学と言えば、やはりボストン・ラテン・スクールが圧倒的に有利——1867年から1877年までの累計をとれば、ボストン・ラテン・スクール189人に対してケンブリッジ・ハイスクールは104人——ということになる。ボストン・ラテン・スクールの優位は同地域の私立学校を計算の対象に入れても動かず、1877年次では、(現在もプレップ・スクールとして著名なエクゼターの)フィリップス・アカデミーが18人、ホプキンソン(ボストン地域の私立学校)が10人、(アンドヴァーの)フィリップス・アカデミーが8人であった[37]。さらに、ラテン・スクールの出身者は後に各界に進出し、それぞれの分野で著名人となってゆくわけであり、この意味でも特別な学校ということができたのである(**史料1-2**を参照)。

第3番目の証言はジョン・W・キャンドラー(1828-1903、海運・貿易商、合衆国下院議員。当時はボストン商工会議所会頭)であった。彼の議論は以下のとお

史料1—2　ボストン・ラテン・スクール学校要覧（1881年度）

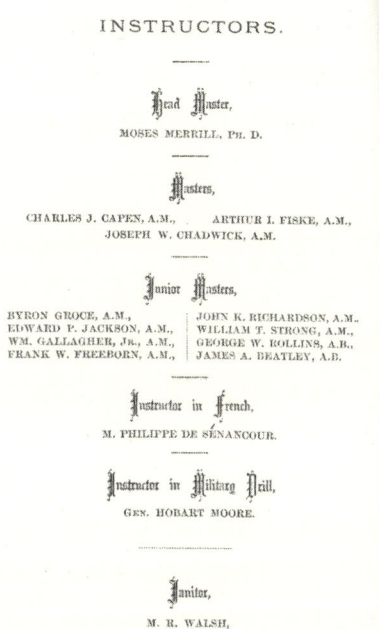

左側が教員のリスト、右側が最上級学年クラスの生徒一覧。冒頭のノーマン・イルセイ・アダムズ（後のナショナル・ショウマット銀行頭取）をはじめ、未来の著名人名録とも言うべきリストである。このクラスには後に学術界に進んだ人々が多く、ジョージ・サンタヤーナ（1863-1952、スペイン生まれのアメリカ合衆国の哲学者・批評家・詩人。ハーバード大学教授の後、1912年にヨーロッパに移住し著作活動）は別格としても、ダナ・プレスコット・バートレット（マサチューセッツ工科大学数学教授）、ジョン・ガレン・ハワード（カリフォルニア大学建築学教授）、ジョージ・エドウィン・ハウズ（ウイリアムズ・カレッジ古代語教授）、エドワード・ホール・ニコラス（ハーバード医学校教授）、ウイリアム・フォッグ・オズグッド（ハーバード大学数学教授）など多彩。

出典：*Catalogue of the Teachers and Scholars of the Public Latin School in Boston*, (October,1881),.pp. 4-5.

りであった。

　　　　ボストン市の若者は、男子であろうと女子であろうと、平等な教育

上の権利を享受すべきである。代表のないところに課税なし、という簡単な原理からも、市民はその子弟に最も相応しいと思う教育をあたえる機会をもつべきであろう。これによってボストン市そのものも多大な益をうることになるであろう。人間としての義務を果たすに相応しい有利な機会をもつことは女性の権利であり、自分が研究したところによれば、現在のところ、女子への最善の大学準備教育はラテン・スクールにおいて以外にはない[38]。

ここでエミリー・タルボットが次のような発言をする。

5週間前に、二人の娘を持つ両親がハイスクール委員会にラテン・スクールへの入学の希望を出しています。この人たちはこの要望への回答をいまだずっと待っているのです[39]。

ここで言及されている「二人の娘を持つ両親」とはタルボット夫妻のことであり、彼女のこの発言には、二人の娘の大学準備教育で苦汁を嘗めた母親の実感が溢れている。しかし本論で後に見るように、この「入学希望」をめぐって、タルボット夫妻はラテン・スクール論争で窮地に立たされることになるのである。

次に、ジェイムス・フリーマン・クラーク牧師が発言する。

ボストン市民には息子だけでなく娘もいる。娘を持つ市民は娘に最善の教育を受けさせたいと願っており、彼女らにとって最善のカレッジ準備教育はボストン・ラテン・スクール以外ではおこなえない。長年にわたってボストン・ラテン・スクールが提供してきたような施設を持ち得なかった女子ハイスクールや女子師範学校においては、新たな大学準備のための古典語の学科を開設することは不可能であろう。ラテ

ン・スクールは最善の大学準備学校であり、この他に何が必要であろうか。女子ハイスクールや女子師範学校に大学準備校を併設することは事態を混乱させるだけである。ラテン・スクールへの女子の入学はまた、入学に必要な年齢の変更——現在、男子校は10歳、女子校は14歳——という大きな変化をも伴うであろう[40]。

このように述べた後、クラークは以下のような指摘をしている。

　　ラテン・スクールの門戸開放が、男子と女子を一緒に教育することに必ずなるとは私は思わない。なぜならば、請願をした人々は、女子が同一の教師によって同一の教育課程をあたえられるならば、それが別室においておこなわれたとしても満足するからである。もっとも私自身は、男子と女子とが一緒に教育されるならば、それは学校を改善することになると考える。ボストン・ラテン・スクールが男女合同の教育システムで開放されることになれば、それは男子・女子双方にとって大変な利益となることであろう。このようなシステムはコーネルやそのほか、すでに試みられたところではたいへんにうまく機能しているのであるから[41]。

ここでは、ラテン・スクールの門戸開放への要求は、必ずしも、「男子と女子を一緒に教育すること」の要求ではないとする見解が述べられている。この時代には、「男女共学」という用語の意味はさほど安定したものではなく、それは論者によって異なった意味で使用される——たとえば後に公聴会証言で見るように、「同一学校内に、男女別々の教室をつくり授業をおこなう」ことを共学と呼ぶのかどうかなど——ことが少なくなかったのである。

次に発言したのがダニエル・B・ヘイガー（Daniel Barnard Hagar, 1820–?, セイラムの州立師範学校校長）である。彼もラテン・スクールへの女子入学賛成の立

場を採っている。さらに彼は同一クラスでの男女共学制を支持している。

　　　女子が必要としているのはボストン・ラテン・スクールでおこなわれている教育であり、私の意見では、女子は全く問題なく要求される課業をおこなえると思う。私の経験から言って、女子は一般的にオーバーワークなしでも優秀な生徒である。道徳的な雰囲気は別学校より共学校のほうが優れている。……もし女性が将来、共学のカレッジに行くのであるならば、共学の大学進学準備校から進むべきであろう。女子がボストン・ラテン・スクールに入学するのであれば、男子と同じ教室で授業を受けるべきだと私は考える[42]。

「全く（心身に悪影響が及ぶことなく）問題なく」「オーバーワークなしでも」という言い方には、当時のベストセラー、エドワード・クラーク著『教育における性』の影響を見て取ることができるが、これについては後に詳述する。

このヘイガーの発言に対して、次に登場したボストン市会議員のジョン・E・フィッツジェラルドは同一教室内の共学制反対を主張する。

　　　女子も男子と同じ教育上に権利を享受すべきだということは正義が当然要求することである。男子と同様に女子にも古典語教育の課程が提供されるべきであり、それをラテン・スクールの中でおこなうことについて、私は異議を唱える者ではない。しかしそれは（男子と同じ教室ではなく——引用者注）別の場所でおこなうべきなのである[43]。今回の問題は、別学か共学かというものではなく、実現の詳細に関する問題であり、それは学校委員会の決定に委ねたい[44]。新たな制度は既存の女子ハイスクールの課程の変更としてではなく、男子ラテン・スクールに直結した部門でおこなわれるべきである。この部門には完璧な古典語教育の課程を担当する教師として男性教員が必要になるであろう

が、ボストン市はこのような出費には喜んで応じるであろう[45]。

(3) ウォーレン学長の証言

　最後に登場したのがウォーレン学長である。彼は以下のように教育機会均等論に基づいた証言をしている。

① 「この請願のポイントは、同一のラテン・スクール教員による同一のラテン・スクールの課程が女子に開放されるべきである、というだけであり、学校委員会の権限そのものに異を唱えるためのものではない。しかも、これを実現するためにはいかなる法的障害も存在しないのであり、学校委員会の投票のみが必要なだけである」[46]。
② しかも、「これは拙速な革新とか未だ試行されていない実験ではない。すでにある少女はラテン・スクールでの大学準備教育を経験している」[47]。さらに、「ボストン周辺およびマサチューセッツのさまざまな学校ですでに実施に移されており、ボストンはどちらかと言えば例外に属するということなのである」[48]。
③ ラテン・スクールを共学に変更することは党派的な利害関係によって要請されるものではなく、それは「時代の要請の一つ」である。もしラテン・スクールが、「我々の250年の経験がもたらした最善のもの」であるとすれば、女子がその特権から排除されるべきではないというのは公正な主張である[49]。
④ 請願者は、現在の（ラテン・スクールの――引用者注）組織が最も有用で経済的と考えている。ラテン・スクールに代わる唯一の代案はこれとそっくり同じもう一つの学校を作ることであるが、この場合でも、その権威はラテン・スクールには及ばないという意味で、女子には不利となろう[50]。

　ここで、ウォーレン学長に対して、「ラテン・スクールでの大学準備教育を

経験した少女」とは誰かという質問が出される。これに対してウォーレンは、彼女はラテン・スクール教員の娘であり、ラテン・スクールで男子とともに机を並べて課程を修了した後、ボストン大学に進学、今年、博士号を取得したと答えている。ここで言及されているのは、アメリカ合衆国で女性初のPh. D.取得者となったヘレン・マッギル（Helen Magill, 1853-1944）である。1863年から67年にかけて、ラテン・スクールの教師であり副校長でもあった父のエドワード・マッギル（1825-1907、後のスワスモア大学学長）のおかげで、唯一の女生徒として同校に在籍したのである[51]。

　ウォーレン学長の証言が終了した時点で、公聴会議長は、請願者の議論への反論を、出席していた女子ハイスクールの校長スプレイグに求めるが、彼はここでの反論を断った後、次のように短くつけ加える。
　会場に臨席している人々には娘をむしろ女子ハイスクールに入れたいと思っている人々もいると思うが、いずれにせよ、女子ハイスクールあるいは師範学校でも、カリキュラムにギリシア語を入れることを許されるべきだと考えている[52]。
　この後、議長は閉会を告げる。

5．第2回公聴会――共学化反対陣営の証言

　第1回公聴会での証言者はほぼすべて、ラテン・スクール入学賛成派であったが、第2回公聴会（1877年10月15日）では、女子ハイスクール関係者2人が反論をおこなっている他、ラテン・スクールの同窓会を代表してヒーリーが女子の入学反対の証言をおこなっている。
　最初に登場したのがマイナー（Alonzo Ames Miner, 1814-1895, ユニバーサリストの聖職者）であった。彼はラテン・スクールへの女子の入学には賛成するが、同一の教室内での共学には反対する。彼は言う。

現在、男子のラテン・スクールでおこなわれているように、早期から（古典——引用者注）言語の学習を始めるという方針は好ましいものであろう。この点については何ら論争の余地はない。女子もまた、このようなよい方針から得るところは大きいであろうが、このことは必ずしも共学制導入とはならないのである。ラテン・スクールで建築が予定されている新校舎には、古典語教育を希望する女子を収容する十分な施設があるであろう[53]。男女共学への偏見があるとしても、女子は別の教室で教えられるとはっきりと発表すれば、これを防ぐことができるであろう[54]。

彼は、女子ハイスクールへ別科を設置して古典語教育を希望する女子を収容するということも考えられるが、それではラテン・スクールのような名声をうることは難しいであろう、として実現可能性を認めながらも難色を示している。

(1)女子ハイスクール関係者の共学反対論

続いて登場したのが、前回の公聴会でマサチューセッツ工科大学の関係者二人によってその大学準備教育は不十分であると論難された、女子ハイスクール元校長サミュエル・エリオット（Samuel Eliot, 1821–1898）であった。彼の証言の概要は以下のとおりである。

女子ハイスクールからの志願者がヴァッサーに入学できなかったことは事実であるが、それは、本校が、元来、大学準備教育をおこなう学校として創立されたのではないから当然であろう。彼女らがヴァッサーを志願したのは私のアドバイスとまわりの勧めによるものであった。学校内にヴァッサーや他の大学への準備教育の課程がないわけであるから、私は彼女らが入学の要件は満たしていないことは知ってい

た。彼女らにヴァッサーに入学を勧めた理由は、ヴァッサーには予科があるからであって、彼女らもまた、まずそこに入らねばならないだろうと十分に知っていたのである[55]。

エリオットはさらにことばを続ける。自分としては、女子生徒たちがギリシア語、ラテン語の学習をすることには賛成であるが、ラテン・スクールへの女子の入学には反対する。「現段階では、ボストン女子ハイスクールに古典語学科が付設されることが、そして、十分に永続性が認められたならば、独立の古典語学校がつくられることが望ましいであろう」[56]。このためには、「古典語の教授をおこなう副校長が新たに任命されるべきであろう」[57]。

　　女子は男子とは違ったやり方で、また、違った目的のために教育を受けるべきであると私は信じる。子どもたちのすべての特性が——その道徳的、肉体的、知的な特性が——発達させられるべきである。これは男子校にいる女子には不可能である。学校は、女子を男子化させてしまうようなあらゆる影響から自由であるべきであり、女子にとって必要な道徳的雰囲気をあたえてくれるような男子校はこの世には存在しない[58]。

「ボストン・ブラーミンが重視する個人の教養と社会の慣習をモデルとしていた」[59]と評される女子ハイスクールの中興の祖となったエリオットは、ハーバードのチャールズ・エリオットの従兄弟であり、後に卒業生によって、「女子を受け入れている大学がわずか4校しかなかった時期に、エリオット博士はみずからの指導のもと、希望する生徒に大学の課程を教授した。彼は、女子ハイスクールのこの上級課程のレベルは限りなく向上するであろうと、そして、そこに在籍する年長の生徒は一種のシックスス・フォーム（英国の中等教育における大学進学課程——引用者注）であろうと信じていた」[60]と回想されるほど熱心な教育者であった。しかし彼は、女子ハイスクールが、実際の大学

準備教育そのものを行うべきだとは考えなかったのであり、この学校の目的は、「思春期の女子の関心を価値あるものへと向けさせ、責任感をもった成人として、より豊かな生活ができるようにさせる」[61]ことであった。

　エリオットに続いて、女子ハイスクールの現校長であるスプレイグが、やはりラテン・スクール共学化反対の立場から証言する。
　彼によれば、女子ハイスクールでは大学準備教育をまったくおこなえない云々という前回の公聴会でのラテン・スクール共学賛成派の主張は、女子ハイスクールの現状を誤ってとらえている、とする。「現在の女子ハイスクールの古典語課程をほんの僅か修正すれば、本質的には、ラテン・スクールのそれと同じ領域をカバーできるものとなろう」[62]。その証拠として彼は、ボストン市の視学局によって去る6月におこなわれたラテン語試験の高得点を挙げる[63]。
　さらに彼は、女子ハイスクールの目的は、生徒たちを、「ビジネスあるいは単に実際の生活の準備をさせることではなく、その主要目的は、教養(culture)をあたえることである。この意味で、女子ハイスクールは男子用のイングリッシュ・ハイスクールに対応するものではない」[64]とする。
　続いて彼は、「ラテン・スクールの現行の課程は男子・女子にかかわらず最善であるとは信じられない」として、ヒギンソンの批判——6年もの語学教育は大学準備課程の教育としては長すぎる——を援用し、「少しずつだらだらとラテン語を教える課程」を問題視する。そして、現在の女子ハイスクールでは教えられている諸課程——化学、レトリック、立体幾何学など——がラテン・スクールでは不十分であることを指摘する。さらに、ラテン・スクールの大学準備教育の不備についても、昨年、ラテン・スクールからハーバード・カレッジへ入学志願した24人の生徒のうち、無条件で進学できたのは4人に過ぎなかった、という事実を挙げている[65]。
　以上の理由によりスプレイグは、女子ハイスクールに5年制の大学準備教育の課程を置くことを提案する。そのために、「(現課程では置かれている——

引用者注）植物学と簿記のような課目を削除し、ラテン語を5年間、ギリシア語を3年間、さらに、第4年次ではドイツ語、第5年次ではフランス語を置く」[66]。これによって、「詰め込み勉強を一切しないでも、（女子生徒たちを——引用者注）その入学要件がハーバードを上回るボストン大学へと準備させることができるであろう」[67]とする。

　女性の高等教育の熱烈な信奉者として、その著書『女性にアルファベットを教えるべきか』で当時の"女子教育"を痛烈に批判したヒギンソンを援用したことは、「協会」の主張へも配慮し支持を集めようとしたものであろう。

(2) ウエンデル・フィリップスの共学賛成論

　次に、当時、社会改革者として著名であったウエンデル・フィリップス（Wendell Phillips, 1811–1884）[68]が、ラテン・スクールへの女子入学賛成の立場から証言をおこなっている。

　　　キリスト教文明の下では、女性のすべての特権が前提として認められるという一貫した趨勢が続いている。……昨今の政治についてみるならば、人々の最も絶大な支持を集めた著述家はゲイル・ハミルトン（1833–1896、本名はMary Abigail Dodge。著述家。女性運動関係の著作も多いが、共和党の政治家ジェイムス・ブレインを助けて多くの政治評論も残した）であり、ジャーナリズムの世界では、ジョージ・ウイリアム・カーティスと肩を並べるメアリー・ブース（1831–1889、著述家、翻訳家。女性雑誌の草分けである『ハーパーズ・バザー』の編集長を、雑誌創刊から彼女の死に至る22年にわたって務める）がいる。問題は、このように絶大な力を持つ女性が、その教育のための最善の施設を利用できるべきかどうかなのである[69]。

　彼は男女共学に反対するエリオットを批判して言う。「彼の主張する原理に従えば、神は女子ばかりの家族と男子ばかりの家族を創造していたことに

なろう。家族の影響というものは性格に何ら悪影響をあたえるものではないのであり、そこでこそ、男女がまじり合うのである」[70]。

女子ハイスクールの別科はラテン・スクールがおこなっているようなことをできるはずがない。なぜならば、「クラスメートはお互いに教育し合うものである。自身の教育ついて、教師以上にクラスメートに負うところが多かったと私は思っている。ハーバードには他のカレッジにない雰囲気があるのであり、ボストン・ラテン・スクールについても同じであろう」[71]。彼はさらにことばを続ける。

> 女子をラテン・スクールから締め出している政策は、自分の支払った税金の見返りを求めることを禁止する政策に等しい。親には、公費でまかなわれている制度のもとで、自分の娘をどの学校に入れるかの選択の自由があるべきである。委員会には、地域社会に2つのラテン・スクールを負担させる権利はない。現在、カレッジ進学を希望している女子の数は50人を下らないが、ラテン・スクールは彼女らを十分に収容することができる。ラテン・スクールに別科を拡張したりスプレイグ大佐の学校にギリシア語を導入するなどは無駄な出費である[72]。
>
> 女性の頭脳については今やその位置づけが確定したのであるから、市当局には、男子と同様に女性の知性を開発させる機会をあたえるべきである。女子をラテン・スクールから締め出し別学の学校をあたえることは平等な教育をあたえることにはならないであろう[73]。

フィリップスは以上のように述べた後、さらに、「もし女子ハイスクールが他にはない特別の優位な特徴を持っているとすれば、そこへの男子の入学を認めないことは誤っている」[74]として、女子ハイスクールの共学化さえ主張している。

このフィリップスの議論に対してヒーリーが反論をおこなっている。彼は

まず、男女共学や女子への古典語教育そのものには反対しないものの、ラテン・スクールの管理や課程を急激に変更することには反対するラテン・スクールの卒業生がいることを指摘した上で、以下のように証言している。

　　これまで女子は誰一人としてその中で教育を受けたことがないラテン・スクールの門戸を女子に開くことは、学校の全伝統がこれに反対するものであり、学校の内外での長時間にわたる勉強を必要とするその教育課程は、常に男子の必要に特別に適したものであったのであり、女子を入学させることは学校の荒廃につながる[75]。

そして彼は、ラテン・スクール同窓会代表として、さらに公聴会を開催して同窓会の意見を述べる機会をあたえるよう要求する。

第２回公聴会の最後に登場したのはエイマス・ノイズ（Amos Noyes）という人物である。彼の議論は全体としては些末な諸点に終始しているが、中等学校での古典語教育の扱い方について、当時、このような議論があったことは注目してよいであろう。

　　ボストン市に男女共学を導入することは、そこでおこなわれているラテン語教育の水準を下げるという結果になろう。そもそもギリシア語は必要ない科目であり、男子校であろうと女子校であろうと公教育でおこなうべきではない。共学制は勉学の遂行に悪い影響をあたえ、親に対しては子どもの服装の問題で往々にして余計な出費を強いることになる[76]。

6. 公聴会の反響——二つの社説

第1回公聴会の開催に伴い、ボストンの各新聞にはラテン・スクール論争に関係した社説や投書が現れ始める。

(1)『ボストン・イブニング・トランスクリプト』紙の共学賛成論

まず、第1回公聴会がおこなわれたその日、当時のボストンで最高のクオリティ・ペーパーとされていた『ボストン・イブニング・トランスクリプト』*には、「ボストン市は女子をどのように扱ってきたのか」と題する社説が掲載される[77]。

> *『ボストン・イブニング・トランスクリプト』は1830年に創刊。H. W. Duttonが社主となり、長きに亘って「"proper Bostonian"にとって不可欠な新聞」との異名を取っていた。1941年廃刊。Joseph Edgar Chamberlin, *The Boston Transcript: A History of its First Hundred Years*, (Boston: Houghton and Mifflin, 1930)を参照。この社史は"祝典史"の色彩が濃いものの、当時のボストンの様々な社会問題(たとえば、奴隷解放から女性の労働まで)に同紙がどのような姿勢で臨んでいたのかを知る手がかりを提供してくれる。

「そもそも最初から、ボストン市はその女子たちをずっと継子扱いしてきたことが告白されねばならない」との書き出しで始まる同社説は、ボストン市における女性の教育の歴史を辿って、それがいかに差別的で常に男子のそれの後回しにされてきたかを逐一詳細に述べている。特に今回の論争で問題になっている女子のための大学準備教育の欠陥については、以下のように手厳しい批判を展開する。

> (1850年代初頭の女子中等学校をめぐる差別的な政策に言及した後——筆

者注）それからまたも四半世紀が過ぎた。ボストンの外では女性の大学教育はごく普通のものになっている。国中の150以上のカレッジ・大学で女性が入学している。マサチューセッツの娘たちにも、篤志家によってすでに3校が次々とその門戸を開くに至っている。完全な古典語教育を受けた女性にとっては有利なポジションが約束されている。将来の教師はこのような教育なしにはそのポストをうることはできないだろうし、賞賛すべき大望を抱く女性たちが目指す仕事もまたそうなるであろう。だがボストンは、女性がカレッジの準備教育をおこなう公立学校の門戸さえ未だ閉ざしているのである。ケンブリッジ、サマヴィル、チャールズタウン、ロクスベリー、ドーチェスター、ニュートン、ウオータータウン、ブリントン——実際、州内のほとんどすべての主要な都市では、とっくの昔にこのような奇妙な差別から脱していたのである。ボストンの娘たちだけが、将来カレッジの教育を希望するならば、町を移住したり個人教授を雇わねばならないというわけである。

　しかし、最悪なのはこれから述べることである。当市のいくつかの重要な地区に在住の女子たちは、たんに無視されただけでなく最近まで持っていた特権を今や奪われてしまったのである。近年、ボストン市と合併したチャールズタウン、ウエスト・ロクスベリー、ドーチェスター、ブリントンすべてでは、もともと、女子の教育に対する不当な差別などはまったくないハイスクールを創設していた。長年にわたり、これらの各地域では、女子はカレッジ準備教育をおこなう機会を持ちえただけでなく、それは改善されさえしていったのである。ところが昨年、合併の後、ほとんど唐突に、これらの合併された地域では、かつてもっていた特権を市民から奪う政策が実施されてしまった。すなわち、男子に対しては自分たちの地域のハイスクールで大学準備教育をおこなうというかつての特権が廃止されてしまい、女子たちについては、以降、大学準備教育はどこにおいてもおこなえなくなってし

まったのである。このようにして、かつてのボストン市の少女たちの嘆きは、いまや合併された地域に住むすべての少女たちの嘆きになったのである。

　このような事実に鑑みれば、大学準備教育を望む女子にボストン・ラテン・スクールの門戸を開放してほしいという学校委員会に最近提出された請願は理に適っており正しいものである。ハーバード・カレッジのお膝元であるあの保守的なケンブリッジにおいてでさえも、男子と女子は4年ないし5年の大学準備教育の課程を一緒に勉強しているのである。どうしてチャールズ川のこちら側である私たち地域でも、同じプランがうまくゆかないということがあろうか[78]。

ここで『トランスクリプト』紙が批判している、ボストン市と合併した地区のハイスクールにおける大学準備教育機能の喪失とは、1876年、ボストン市との合併結果、それぞれの町の学校制度がボストンの学校制度に組み込まれたため、ラテン語教育をおこなうのはボストン・ラテン・スクール一校に限られるようになったことを指している*。

　　＊カッツは、ボストンの教育史上、1876年を都市教育行政における官僚制――中央集権化、分業化、専門家による監督など――の完結の年としている（Michael B. Katz. *Class, Bureucracy, and Schools: The Illusion of Educational Change in America*, (New York: Praeger, 1975)）。確かに、この年にはまた視学委員会が設置されているし、ラテン語教育に代表される大学準備教育を唯一ボストン・ラテン・スクールにおいてのみおこなうという政策は、中央集権化、分業化という官僚制の一つの表れと言えよう。このことがボストンの女性の大学準備教育にあたえた影響もきわめて大きかった。だが、カッツはまったく言及していないが、1876年までにボストンの女性たちは着々と教育行政の内部に地歩を築くに至っている。たとえば、「協会」の会員でもあったルクレシア・クロッカーは新体制の視学委員会のメンバーでもあったのである。教育行政への女性の参加は、上位下達に"従順な"女性を組み

込むことで官僚による効率的支配をより貫徹させるものであったというアメリカ教育行政史の余りにも単純な通説は、しかしながら、近年のフェミニスト史学によって支持できないものになっている。本論文も明らかにしているように、ラテン・スクール論争は、女子への大学入学準備教育の機会の保障という年来の主張を教育行政への参加という形で現実のものとする手段を手に入れつつあった女性たちが提起したものであり、これはまさに、"官僚による効率的支配"に抗する運動であった。なお、Polly Adams Welt Kaufman, "Boston Women and City School Politics, 1872-1905: Nurtures and Protectors in Public Education," Unpublished Ph. D. Dissertation, Boston University, (1878), pp. 55-103. をも参照。

(2)『ボストン・デイリー・グローブ』紙の共学反対論

『トランスクリプト』紙とは対照的なのが、『ボストン・デイリー・グローブ』に掲載されたラテン・スクールへの女子入学の請願を批判する10月17日付けの社説「女子への古典語教育」[79]である。この社説は最初に、「ボストン・ラテン・スクールへ男子と同等の条件で女子を入学させるかどうかという問題と、女子に古典語教育の機会を用意するかどうかという問題は慎重に区別されねばならない」として、女子への古典語教育の機会は必要であるがラテン・スクールへの女子入学へは反対する、という立場を明確にしている。ここで言う古典語教育とは、より広くリベラル・アーツ諸科目をさしており、同社説によれば、「女子に対してラテン語やギリシア語、高等数学の教授をおこなうことそのものに反対するというのは古めかしい議論であり、今の世代の思慮深い人々にとってはほとんど重みを持ちえない」としており、その理由として、二つを挙げる[80]。

まず、この種の学問分野についての女性の能力は、これまで多くの機会をとおして実証済みであり、「この点に関して、その能力が一般的に男性よりも劣っているとの信念は根拠のないもの」となったからである。

さらに、「女性の人生における(守るべき——引用者注)領域(sphere)が、この種の文化を男性に比して重要ではないものにしているとの議論も確実な根

拠のない議論」と言える。なぜならば、このような文化は、男性にとっても、「人生において彼が積極的に遂行すべき義務にたいして特定の知識をあたえたり、それへの直接的な準備をおこなうものではない」からである。その目的は、「それが陶冶する精神の強さと広さ」にあるからである。女性もこのような目的を持つ教育を必要としないとは到底言えないのであり、それは、「彼女らは、将来の社会を形成するようになるべき男女の母となる人であり、また大部分は教師となる人であるからである。女性の全精神の力ができる限り十全に訓練されることは最も重要なことであり、古典語教育におけるいかなる価値も、男性にとってと同じく女性にとっても偉大なものである」としている。

「女性の領域」という考え方、また、女性にとって教育が必要な理由は、まず何よりも、女性が未来のアメリカ市民を母として教師として育てる形成者であるからだとする19世紀の中葉のアメリカには決定的なイデオロギーが要請したものであり、この社説でもこれを読み取る事ができる。ただしここでは、女性にとって必要な教育のレベルとしてリベラル・アーツをも承認している点が注目される。

以上のようにこの社説は、女性へのリベラル・アーツ教育を認めた上で、「しかし女性の精神の優越性・劣等性の問題を論ずることは不毛であるが、一方で、両性の知的特性(intellectual characteristics of the sexes)には違いがあることを認めねばならない」とする。ここで言う「両性の知的特性の違い」とは、リベラル・アーツ教育の「最善の結果をえるために使用されるべき(教育の)方向性や方法、あるいは教育が最善の効果を挙げるための条件の大きな違い」である。「したがって、古典語教育は男子にとって有用で適切であるのと同様に女子にとってもそうであると認められる一方で、同じ規則と条件のもとでおこなわれる全く同じ課程が女子にとって最善の成果をもたらすものかどうかは疑わしいということになる」。

こうしてこの社説は、「初等教育の修了以降は、両性の教室が分離されることが望ましい」として、ラテン・スクールへの女子の入学へ反対する。そし

てその代案として、「ボストン・ラテン・スクールに女子のための完全に分離した学科を設立する」か「女子ハイスクールに完璧な古典語学科を設立する、あるいは、女子のための古典語学校を設立する」という2つを提起した上で、最終的には女子のための古典語学校設立が望ましいのであるが、当面は、別科(ラテン・スクールに併設か女子ハイスクールに併設)方式が現実的であるとしている[81]。なお、同社説ではラテン・スクール論争をめぐるもう一つの問題として、そもそも公立学校の制度の中で公費で古典語教育(あるいはリベラル・アーツの教育)をおこなうことの是非についても言及しているが、これについては、男子・女子区別なく公立学校で古典語教育を受けられるようにすべきだとしている[82]。

7．第3回公聴会——ラテン・スクール同窓会の反論

(1) ラテン・スクール関係者の賛否両論

　第3回公聴会は1877年10月24日の午後3時より開始される。

　まず、ディラウェイ(Charles K. Dillaway, 1804–1889, 著述家。キケロなどのラテン語教科書を多数編集)がラテン・スクールへの女子入学賛成の立場から証言をおこなう。

> これまで共学は成功裡におこなわれてきており、世論もこれを支持していると私は考えている。共学化に対する反対論はたいした根拠がないと思われる[83]。
>
> 現在、私が理事をしているロクスベリー・ラテン・スクールに女子がこれまでに入学していない唯一の理由は、新しい校舎をつくるための費用を捻出できないでいるというだけのことである[84]。

　このディラウェイの証言は、次に見る共学化に反対するラテン・スクール

同窓会のヒーリーにとっては面白からぬものであったであろう。なぜならば、当のディラウェイ自身がラテン・スクール出身であり、しかも校長（マスター）まで務めた（任期は1831–36年）人物であり、さらにこのラテン・スクール論争の後はラテン・スクール同窓会の会長に就任するなど、ラテン・スクール関係者にとって最重要人物の一人と目されていたからである[85)]。

次に登場したのは、前回、ラテン・スクール同窓会の立場から、さらに公聴会を開くよう求めたヒーリーであった。ラテン・スクールではフランクリン・メダル*を獲得し、卒業後、ハーバード大学に進学、1870年に文学士号を、さらに1873年に法学士号を取得したこの秀才は、様々な資料を引用しながらラテン・スクール共学化に反対する。

> * フランクリン・メダルはベンジャミン・フランクリンの遺産をもとに1792年に創設（最初の授与は翌年の1月）された優等賞であり、ラテン・スクール、イングリッシュ・ハイスクールの男子が対象とされていた。受賞者リストを見ると、確かに錚々たる顔ぶれが並んでおり、ラテン・スクール論争関係者では、チャールズ・エリオット、フィリップス・ブルックス、ウィリアム・エヴァレットらがそうである（Henry F. Jenks. *Catalogue of the Boston Public Latin School, Established in 1635, with an Historical Sketch*, (Boston Latin School Association, 1886), pp. 306–311.）。

まず彼は、「我々は、女子へ完全な古典語教育をあたえようとする運動そのものには賛意を表するものの、ラテン・スクールへの女子の入学は、男子と女子の双方に、またラテン・スクールそのものへも重大な損失を被らせると考えるものである」とする異議申し立て書を提出する。これには、ボストン現市長、フィリップス・ブルックス（1835–1893、米国監督教会主教、1851年、ラテン・スクール卒）、オリヴァ・ウェンデル・ホームズ（1809–1894、医学者・随筆家）などの著名人を含み、ボストン・ラテン・スクール卒業生を中心に73人が署名していた。

さらにヒーリーは、チャールズ・フランシス・アダムズ(1807–1886、政治家・外交官)、あるいはチャールズ・エリオット(ハーバード・カレッジ学長、1849年、ラテン・スクール卒)など共学化反対を訴える著名人からの手紙を公開した[86]。以下は、1877年10月22付のノア・ポーター(1811–1892、当時はイェール・カレッジ学長)からヒーリーに宛てた書簡の要旨である[87]。

まずポーターは、小規模な地域社会ならともかく、ボストンのような場所で、共学は「便利であり、経済的であり、あるいは効率的な授業が必要である」という理由で共学制を採用することはできないとして、共学制を採用する地域でしばしば挙げられる根拠を否定する*。

> *男女共学制の実施状況について、合衆国教育局が全米の公立学校を対象として、史上最初の調査をおこなったのが、このラテン・スクール論争から5年後の1882年であったが、そこでは、共学制の採用理由として、大きく6つが挙げられていた。すなわち、
> ①自然である。家庭や社会の通常の構成にしたがったものである。
> ②慣習である。日常生活の習慣や感情と調和しており、州の法規にもかなったものである。
> ③公正である。男子が享受している同じ文化的な機会を女子にもあたえるものである。
> ④経済的である。学校の財源を最も有利に使うことができる。
> ⑤便利である。学校の管理者にとっても教員にとっても、生徒のクラス分けや評価、授業といった点で便利である。
> ⑥有益である。生徒の心理、道徳、習慣の発達にとって有益である。
> この調査では、小規模非都市地域(人口7,500人未満)と大規模都市地域に分けて集計されているが、大規模都市地域では回答のあった196都市中177都市で男女共学が採用されていた。言うまでもなく、ボストン市は非共学都市となっている(*Coeducation of the Sexes in the Public Schools of the United States* Circular of Information of the Bureau of Education, No. 2, 1883.)。

次に、ラテン・スクールでの共学を求める人々は、小学校から大学に至るまでの共学を望んでいるのであろうが、小学校で共学制を採用する理由につ

いては何ら疑義はないであろう。だが、「14歳から18歳の男女が大規模な公立学校で、同一の教室で授業を受けるべきではないという理由も、私の判断では、明白であると思われる。まず何よりも、正しく訓練された男女の自然の感情が、あまりにも頻繁かつ自由で統制されない日常の接触によって損なわれてしまう」からである。このように指摘した後、ポーターは以下のように述べている。

 およそ文明というものは、とりわけキリスト教文明は、両性の間に存在する中庸と節制というものに基づいており、それに支えられているのである。このような節制は、男子女子が若い青年男女となりつつある時期にはとりわけ重要である。
 いかに我々の文明が発達しようとも、我々は教育において、"新たな原素材"を更新・強化しつつあるのだ、ということを忘れるべきではない。この過程こそが、社会が徐々に野蛮状態を脱してキリスト教的生活様式と感情へと移って行った過程なのである。もしも教育段階のいずれかにおいて、育ちつつある男女を、節制を弱めたり損なったりする馴々しさに晒すようなことがあれば、野蛮状態と不道徳に陥ることにつながるのである。
 人間の完成は、男女両性の対照的で補完的な知的・心理的な能力と資質に拠るのだ、ということが主張されるならば、それぞれの性が、たとえ同じ学問を学ぶのであっても異なった方法で教育されるべきだということになる。私は、学識ある女性というものを否定するつもりはないが、このような女性たちを女性のままでおいておきたいと思うものである。そしてもし彼女らが完全な女性であるべきならば、彼女らは女性として教育を受けるべきである。さらに、女性らしさはたとえ少女の時代ですら、他の何にもまして男性からの分離とつつしみ深さを要するのである[88]。

さらにヒーリーは、「女性は肉体的な理由で難しい勉学ができないこと、さらに、クラスの中で自分の席次を維持しようとする女子にオーバーワークを強いる結果になること」を強調する。さらに、ラテン・スクールは全国で最も著名な大学準備校であるため、「女子の入学許可はハイスクール年齢での男女共学原則の正式な認可ということになり、これはすぐに全国へと広がり有害な結果をもたらすことになろう」と主張した[89]。

ここでのヒーリーの議論は、女性の高等教育をめぐる当時の流行の言説の一つであった。「難しい勉学(hard study)」とは、ひとつには、レベルが高い学習内容ということであるが、同時に、リベラル・アーツ諸科目——たとえば、ラテン・ギリシアという古典語、メンタル・フィロソフィーや数学など——を意味している。当時は、女性は「肉体的な理由で」このような諸科目の学習にまったく適さないという議論と、学習方法さえ注意すれば——すなわち、男性と同じ方法(特に男女共学制下でのそれ)ではない学習方法を採用すれば——女性にも学習できるとする議論の両者があり、時代的には後者の議論が優勢になりつつあった。ヒーリーがどちらの立場を採っているのか、ここでの彼の証言だけからは読み取れないが、いずれにせよ、ラテン・スクールでの男女共学への反対論となっているわけである。

(2)エヴァレット・ハーバード大教授の反対論

次に登場したのがエヴァレット(William Everett, 1839–1910)である。高名なハーバード・カレッジの前学長の子息でみずからもギリシア語教授であった彼は、やはりラテン・スクールへの女子入学反対の立場から証言をおこなうのであるが、その議論は先に引用したポーター学長の議論を下敷きにした、男女の特性対照論と言えよう。

男子への教授法と女子のそれとはまったく異なる。すなわち、エヴァレットによれば、「男子を教える正しい方法は、まさに、女子を教えるための誤った方法なのである。ラテン・スクールの教員は、そのラテン語やギリシア語の知識だけでなく男子の扱い方に十分に優れた人々を採用しているのである

から、彼らには女子を教えることができない」[90]のであり、「競争は女子を損なうことになり、男子には励みが(spur)必要だが女子には抑制(bridle)が必要である。フランクリン・メダルが女子を対象としていないのは、まさにこの理由によるものである」[91]としている。

(3)デュラントらの共学賛成論

　次に登場したのは、今回のラテン・スクール論争の言わば火付け役の一人となったデュラントである。彼は法律家らしく、州法によってすべての子どもたちは学校教育における平等な権利を有するという、男女の法的平等論を展開する。ただし、彼はここではラテン・スクールそのものの共学化については敢えて避けているのではないかと思わせる議論をしていることが注目される。

　　　学校委員会の決定を左右すべき真の問題とは、ボストンの女子には最高度の大学準備教育をおこなえる学校が用意される権利がある、ということである。このような女子の権利にとって危険なのは、その場しのぎの措置がおこなわれることであろう。ある種の妥協がおこなわれるのではないかと私は危惧している。今日では国中で、女子への高等教育を求める普遍的な要求が見られるが、ここボストンの公立学校では、女子に完全な大学準備教育を施す用意は全くないのである[92]。

　　　現在、ウエルズレイ・カレッジに入学する最優秀の女性は西部諸州の出身者であり、これはあるべき姿ではない。私はここで、男女共学やそれを実現させるための方策を議論するつもりはない。女子ハイスクールは教養を施す学校であり、いかなる意味でも大学準備学校ではないのである[93]。

　　　適切な大学準備学校をつくりたいならば、それは女子ハイスクールからまったく切り離されたものでなければならない。ボストン・ラテン・スクールの名声は、それが完全に大学準備学校以外の何物でもな

かったがゆえに獲得されたのである。女子にはまさにこのような学校を要求する権利があるのであり、ボストンは今、全国で最善の大学準備学校を設立する好機にあると私は信じている[94]。

　次に登場したグレイ（William Gray, 1808?-1892）は、ボストン・ラテン・スクールへの女子の入学に賛成する。彼は、自分自身、かつてラテン・スクールの生徒であったのであり（彼は1825年にラテン・スクールを卒業、同窓生に本ラテン・スクール論争で「協会」側の支持者となったジェイムス・フリーマン・クラークがいる——引用者注）、学校への崇拝は誰にも負けるものではないが、と前置した上で、以下のように証言する。

　　　私が常に信じているところでは、これはこの種の学校では全国で初めてつくられたものである。だが、私は、その伝統に拘泥して、その影響力と有用性を他者にあたえるべきではないとは思わない。むしろ、最善の学校の便宜はできる限り広く拡張されるべきだと信じている[95]。

　グレイの証言の後、ウォーレン学長が発言を求める。彼は、ウイスコンシン大学学長からの伝言を読み上げる。それは最近ある新聞が報じたウイスコンシンでの男女共学が女性の健康にあたえた悪影響についての記事に関したものであった。その記事は真実を伝えておらず、ウイスコンシンにおいては、疾患率は男子のそれが女子のそれの50％も上回っている、というものであった[96]。
　「男女共学が女性の学生の健康に悪影響をあたえる」という言説は、後にみるように、クラークの『教育における性』（1873年）が提起したテーゼの一つであったということもあり、極めて強力であった。当時のウイスコンシンは共学推進派のバスカム学長（1874年就任）の下、1860年代初頭より細々と続いていた男女共学政策がようやく確立されようとしていた時期であった。この問題については5年後の1882年に『教育（Education）』誌が、全国の主要大学の学長宛てにおこなった調査を掲載していることでも、その影響力を見て取る事

ができよう[97]。

　最後に登場したのがレイノルズ(John P. Reynolds, 1824?-1909、1841年にラテン・スクールを卒業、ハーバード大学に進学。1845年に文学士号、1848年に文学修士号、1852年に医学博士号を取得)であるが、彼の議論はほとんど詭弁に近いものであった。

　「ラテン・スクールについてはすでに近隣に非常な嫌悪感や憎悪感がゆきわたっており、しかも、その教授法はドイツにおけるそれとは比較にならぬお粗末なものである」[98]。このように指摘した後、レイノルズは、ドイツにおける古典語教授の優秀性について長広舌をふるっている。その後、ラテン・スクールへ女子を入学させる"危険性"について次のような議論を展開する。

　　　女子の入学を求めるこの請願は、このようなラテン・スクールにとって最後の一撃となるかもしれない。女子にとってなにがしかの益があるとしても、それと引き換えに男子校をすっかり放棄するのは余りにも危うすぎると言わざるをえない。現在、息子をボストン・ラテン・スクールに送らなくとも私立学校で教育を受けさせることができる親は最小限しかおらず、他のすべての親は、よい教育を望むならばラテン・スクールへ子どもを送らざるをえないのである[99]。

　レイノルズのこの証言が終了した後、議長は、引き続き第4回目の公聴会を次週の木曜日3時から開催することを宣言して散会となる。

8．新たな請願の提出と市民の反応

(1)「協会」の運動の軌道修正

　3回目の公聴会が開催されたようとしている時に、学校委員会には新たな

請願が提出される。1877年10月23日の日付のあるこの請願は「女子への古典語教育」と題され、以下のような文面とそれに続く署名で構成されていた。

> 以下の請願者はボストン市民であり、その納税者であり、一人かそれ以上の娘がいます。娘たちに、ラテン語、ギリシア語、フランス語およびマサチューセッツ州法のハイスクールに関する規定第38章第1/2項で規定されているその他の諸科目を、特に第一級のカレッジおよび大学へ入学するために教えることを望んでおります。請願者は娘たちのために、現在、ボストン・ラテン・スクールで提供されているのと同じ教育課程、あるいは州内のカレッジ・大学によってこれと同等のものと無条件で認定されるであろう教育課程のいずれかを望みます。請願者はまた、娘たちがこのような教育課程を速やかに始められることを望みます。ラテン・スクールで現在おこなわれている教育課程・教育方法との統一性が保障されるよう、彼女らがラテン・スクールの教員によって教えられることを望みます。ボストン・ラテン・スクールを女子に開放するという問題が、現在、貴学校委員会のハイスクール委員会によって審議されておりますが、時間は刻々と経過し、娘たちが大学準備をおこなう課程で勉強するのを実質的に丸一年間遅れさせることになります。これを避けるため、請願者は、貴委員会が、今や大学入学のための課程を開始する準備ができておりボストン・ラテン・スクールへの入学に必要な年齢を越えているすべての女子がただちにこれを開始する機会をもてるよう、適当な施設と教員を用意されんことを望みます[100]。

請願はこの後に請願人の署名欄、さらに、それぞれの署名の後に「生徒数(No. of Pupils)」という欄が設けられており、請願人が持っている生徒(娘)の数を書き込むようになっている。すなわち、いずれも娘を持つ市民が出した請願という形式で書かれている。

この請願は、大学準備教育の形式をラテン・スクールの門戸開放にこだわらず、実質的にラテン・スクールと同レベルの教育課程・教育方法であればよしとして、女子の大学準備教育の機会が一刻も早く保障されることを最優先の課題としたものであった。

　現在、ボストン公立図書館稀覯本室に所蔵されているボストン学校委員会マニュスクリプト・コレクションには、この文面の請願が2通保存されているが、このうちの1通の署名人の一人にI. Tisdale Talbot、すなわち、今回のラテン・スクール論争の火付け役になった「協会」のキーパーソンであるエミリー・タルボットの夫の名前が見える[101]。

　この時期に、最初の請願、すなわち、「女子の古典語教育が、現在、男子に提供されているように、・ボ・ス・ト・ン・ラ・テ・ン・ス・ク・ー・ル・に・お・い・て・提・供・さ・れ・ること」(傍点は引用者)を大幅に軌道修正するような新たな請願を提出したことは、ラテン・スクールの門戸開放運動の一貫性という点からは理解に苦しむものであろう。事実、後の公聴会では、ラテン・スクール共学化反対の急先鋒の一人であるヒーリーが、この問題に関連して、タルボットおよびラテン・スクール運動の支持者たちのこの矛盾を突いてくることになり、タルボット自身が弁明しなければならない羽目に陥るのである。むろん、エミリー・タルボットがこの新たな請願の提出に関知していなかったとは考えられない。なぜ、自分たちが進めてきた運動を失速させるような請願を提出したのであろうか。

　以下に詳しく見るように、2回の公聴会およびそれに対するボストン市民の反応が、「ラテン・スクールの共学化」に対しては期待されたほどには熱狂的ではなかったということかもしれない。あるいは、「協会」内部においても、「共学化」という要求には最初から足並みの乱れがあったのかもしれない*。

　だが恐らく何よりも、まさに新たな請願が懇願しているように、「時間は刻々と経過し、娘たちが大学準備をおこなう課程で勉強するのを実質的に丸一年間遅れさせる」危険性が大であったということであろう。タルボット夫妻にとって、二人の娘マリアンとイーディスの教育は重大な関心事であった。

マリアンは前年すでにボストン大学に入学を果たしていたものの、それはラテン語に関する大学準備教育の不足が祟って半年遅れの入学であった。姉と同じ私立の大学準備学校に在籍していた妹のイーディスも同じ運命を辿るかもしれない。これこそが、タルボット夫妻をして、このような請願を提出させた動機になったと思われるのである。

> ＊「協会」の第一の論敵になったフィルブリックは、この論争の直後に興味深い証言をしている。それは、すでに論争の最中に、「協会」の内部に「ラテン・スクールの共学化」に反対する人物がおり、「協会」の意見は一枚岩ではなかったというものである。John D. Philbrick, "Coeducation of the Sexes," *Proceedings of American Institute of Instruction*, (1880), pp. 115-120.

(2)市民の反応

第3回公聴会の開催と前後して、ボストンの各新聞には公聴会での証言に対する様々な反応が掲載される。

『ボストン・デイリー・ジャーナル』には、「ラテン・スクールでおこなってはいけないのか」と題する投書が掲載される。これは、女子にも男子と同じく大学準備教育を受ける権利があることは当然であり、「女子への古典語教育というこの問題が持ち上がった以上、この問題は、女子への大学準備教育をおこなう施設は、現在、男子に対して提供されているそれといかなる点でも劣るものであってはならない、というように解決されねばならない」として、それでは具体的にどのような女子への大学準備教育が考えられるのかを4点にわたって提言したものである[102]。この投書によれば、

①女子への大学準備教育は、できる限り早期に——現在、ラテン・スクールで男子に対しておこなわれているのと同じく9歳から——開始されるべきである。

②女子への大学準備教育は、「後に続くカレッジの課程にあらゆる点で合わせられ、完全で広範囲にわたるもの」、すなわち、現在のラテン・スクールで男子に対しておこなわれている課程に変更がない限りこれと同じ6年制の一貫した漸進的で純粋に大学準備のための教育でなければならない。

③女子への大学準備教育は、古典語教育を十二分に受けた大学卒の教員がおこなうべきである。

④女子への大学準備教育の課程修了者に授与される修了証は、男子のそれへの修了者に授与されるものと同一の価値をもつものであるべきである。「言い換えるならば、250年の名声の香気を漂わせているラテン・スクールの修了証が少年たちに授与されるのであるから、女子ハイスクールの修了証はもちろん、まだ設立されていない"女子ラテン・スクール"の修了証などは、到底、これと同等の価値をもつものとはみなしえないのである」。

こうしてこの投書は、以上の条件をすべて満たすための女子への大学準備教育は、現在のラテン・スクールの外では不可能である、とする。しかしながら、「男子のクラスの中で教えることは不可欠とは言えないが、ラテン・スクールの中でおこなうことは不可欠である」と指摘し、必ずしも男女混合クラスをつくる必要はないとしている。

『ボストン・デイリー・アドヴァタイザー』には、社説として以下のような記事が掲載される。これは、すでに第3回公聴会まで進んで明らかになった今回のラテン・スクール論争の基本的構図を請願者の立場から整理したものである[103]。

同社説はまず、今回の論争の契機は、娘を持つ市民たちが、彼女たちにもラテン・スクールの門戸を開放することを求めたことにあったとして、現在、女性に門戸を開いている大学に入学することを、あるいはハーバード女性試験(本書第2章を参照)を受験したいと望んでいる多くの女性がおり、「少年に

対して非常にリベラルであるボストン市は、今や、少女に対しても、これとまったく同一、あるいは同等の (the same or an equivalent) 機会をあたえることは道理であるように思える」とする。

　次に同社説は女子ハイスクールに言及して、この学校はそれ自体は何ら咎められるようなものはないが、少なくとも請願を提出した人々の望むもの、すなわち、完全な大学準備教育を提供するものではないとする。

　　　エリオット博士は女子ハイスクール校長を退任するにあたり、遺産として、同校に（ニューイングランド地域の女性のハイスクールの中でも屈指という――引用者注）最高の名声を残したし、スプレイグ氏がこれを引き継いでゆくことには疑いがない。だが、この学校は請願者たちが望むに値するものを提供していないし、すでにある課程にギリシア語を付け加えても、それは請願に対する何らの回答になっていない。この点を、ここで再度繰り返す必要があろう。というのは、何世代にもわたり少年たちにあたえられてきたものと同じ古典語教育を少女たちにもあたえよ、というこの素朴な請願は、女子ハイスクールを云々することとは何の関係もないのである[104]。

　こうしてこの社説は、3回にわたる公聴会でたびたび現われた、女子ハイスクールの課程の改善・増設をもって論争を決着させようとする目論みを筋違いであると批判するのである。

　次に、「ラテン・スクールの教育の質を論ずることも、請願者の預かり知らぬところである」として、ラテン・スクールの教育は言われているほど理想的なものではないから、それは女子が求めるところのものではない、とする議論をも批判し、公聴会に登場したレイノルズの名前を挙げた上で、「ラテン・スクールの制度と慣習に対する彼の攻撃は途方もないもので無惨とも言うほど不正である」と断罪している[105]。

　続いて、ギリシア語は女子に不向きであるとするエヴァレットの証言を取

り上げ、「およそ現在の学校で教えられているもののうち、ある人々の耳に入ることが好ましくないものがあったとしたら、それはそもそもまったく学校で教えられるべきではないことなのである」として、特定の人々のみが学習できる教科などはありえないとしている[106]。

さらに『アドヴァタイザー』には、"大学準備教育を受けている娘の父"との署名人からの「女子は何も権利がないのか」と題されたレイノルズの議論への批判が掲載される。この投書者の立場は、先に引用した『ボストン・デイリー・ジャーナル』の"女子の大学準備教育の四条件"の提唱者の立場とほぼ同一と言えよう。

　本日の朝刊を読んで驚いたのであるが、レイノルズ博士に言わせるとボストン・ラテン・スクールは惨澹たる状況で風前の灯、あとは女子を入学させさえすれば最後の一撃となるという。だがもしそうであるのならば、どうしてレイノルズ博士はすでに息子を一人、同スクールからカレッジへと送り込み、なお3人もの息子を在籍させているのか理由を知りたいものである。博士は、税金を支払った後、息子3人を私立学校へやる余裕はもはやないとでも言いたいのか。息子たちに対してだけでなく娘たちに対しても同様の権利があるのだと感じている父親は実に多くいるのである。
　私には息子が一人おり、ラテン・スクールへやっているが、彼がそこで受けている教育に満足している。そこで、娘たちにも同様の教育を施してやりたいと思っている。私は男女共学を要求しているのではなく平等な教育を要求しているのである。これは私の権利ではないとでも言うのであろうか。学校委員会およびボストン市当局は、公立学校の教育は男子だけでなくすべての住民によって享受されるものだという、この問題に関しての法律を知らないのであろう。さらに、この法律が犯された際に、どんな苦痛と厄災がもたらされるのかわからないのか。さらに、故意にか過失でかは知らないが、ボストンはマサ

チューセッツ州で唯一、この法律を破っている都市であることを知らないのであろうか。法と正義が実現するべく学校委員会がしかるべき行動を起こすように辛抱強く待っている多くの父親たちがいるのである[107]。

これらに対して、第3回公聴会で証言したエヴァレットは、自分の証言が、女子へのギリシア語教授は不必要であるかのごとくに報道されたとして、訂正を求める投書をしている。「文学における性」と題されたこの書を彼の証言と合わせて読むことで、エヴァレットのジェンダー観を伺うことができる。

彼によれば、ギリシア文学の多くの部分は女子の高等教育にとって有用であるが、それは男子を対象にして教える場合と異なった扱いがされなければならない、とする。その理由は、「ギリシアとローマとでは社会生活に根源的な違いがある」ということ、すなわち、後者においては、「母・妻・娘は歴史上に類がないほど尊敬され高い地位を占めていた」からである。すなわち、ギリシア文学は基本的に、「男性が男性的な影響下で男性のために書いたもの」であるのに対して、「ラテン文学に対しては、その最も腐敗堕落した時代においてさえ、女性の影響が、より純粋で高次の色調をあたえている」からである[108]。

ヒーリーの証言にも『ボストン・イブニング・トランスクリプト』にM.G.L.というイニシャルの女性から批判の投書が寄せられる。

> ラテン・スクール問題に関する公聴会の記事を読んだ後、どうして当該の学校の"卒業生一同"がこの問題を決定する権利があるのかという疑問が起きる。25年前はこのような事情であったということが、現在もそのような事情でなければならないとか公の利益になるということの何らの決定的な証拠にはならないはずであろう。
>
> ラテン・スクール同窓会のヒーリー氏の出した異議申し立て書は決定的に党派的なものである。女性問題に対して批判的な紳士たちのみが署名したそれは、個人的な見解を学校の問題へ強く反映させようと

の企てにすぎない。女性や少女の立場について、これらの紳士がどのような個人的見解を持とうと自由であるが、それを"卒業生一同"の名の下に圧力を掛けるのに使ういかなる権利もないのである。最善の結果を生まないからという個人的な理由で、戦争後、有色の士官候補生を入学させないよう異議申し立て書を提出したウエスト・ポイントの卒業生たちとまさに同じである。

　ポーター学長の手紙も男女共学への反対論として何ら斬新なものを含んでいない。しかもその論点のいくつかはきわめて弱いものである。たとえば、なぜ、14歳から18歳までの男女がボストン・ラテン・スクールで一緒に学んではならないのかという根拠である。合衆国中で、この年代の男女がハイスクールで一緒に教育を受けており、その共学が原因のスキャンダルなど全く聞かないではないか。

　彼が言うところの過去のキリスト教文明を未来の文明の基礎とすることは、貧弱な字の読み方や書き方と数字さえ分かればよしとした半世紀前の女子教育に逆行するに等しい[109]。

最後に、この投書は、聖書の一節(「コロサイ人への手紙」)をもじりながら、「文明は(キリスト教のであれ蛮族のであれ)少女と女性の問題については未だ多くの課題を残しているのであり、神の時代には"ユダヤ人もギリシア人も、奴隷も自由人も、そして男性も女性も"ないであろう」と結んでいる[110]。
　この投書の掲載された翌日の『トランスクリプト』紙には、ボストンの一少女の発言として、次のような内容の投書が掲載される。

　　男女共学に反対するほとんどすべての人々が、一度も共学を試してみたことがない人々であるというのは驚くべき事実である。フィリップス・ブルックス氏のように、女子と一緒に学校に行ったことが一度もなければ、妻も娘もさらには女性の友人もいないような方は、男女共学の問題については権威と認められるべきではないのである。男女

共学の公立学校に通っていた個人的な経験から言って、私は男女共学を支持する。これは西部のハイスクールでほとんど普遍的に実践されているものであり、これを数年間にわたって実施した上で反対するような教師は一人もいないと私は信じている[111]。

　このように述べた後、この少女は男女共学制支持の根拠として、シカゴの前教育長のピッカードやセントルイスの教育長ハリスの名前を挙げ、ポーター学長ですら、これらの人々が執筆した報告書を読めば、男女共学を支持せざるをえないだろうとする。最後にこの少女は、「ボストンの一少女として、ラテン・スクールのために建築が予定されている新校舎に女子の入学が認められることをお願いしたい。これが認められない場合、大西洋沿岸（ニューイングランド地域のこと——引用者注）以外は目もくれず女子のラテン・スクール入学は過去の全教訓に背くことだと主張する人物のことばにボストン市が脅かされ怖じ気づいたということになってしまう。このようなことはやめて欲しい」[112]と、ポーター学長を痛烈に皮肉っている。
　さらに2日おいた『トランスクリプト』紙には、先の投書によって批判されたラテン・スクールの"一卒業生"から反論が寄せられる。
　この投書の主はまず、M.G.L.がヒーリーをはじめ異議申し立て書に署名した男性はすべて女性問題に対して批判的であるという発言に反論する。

　　　反論の様式（モーダス）についての詮索は省略し、私は、M.G.L.が見ていないことは明らかな、異議申し立て書の表現法に注意を喚起したい。すなわち、「我々は、女子へ完全な古典語教育をあたえようとする運動そのものには賛意を表するものの」とあるではないか。さらに、署名に応じた人々の多くが、女性の高等教育と女性の職業の改善についての熱心で誠実な支持者として広く知られていることを気付かれたい[113]。

　さらに「共学が原因のスキャンダルなど全く聞かない」という主張に対して

は、数年前、チャールズタウンとウースターのハイスクールで起こったショッキングな事件は、未だ人々の記憶に新しいとして、「田舎のアカデミーから都市のグラマースクールに至るまで、男女共学校は不道徳の温床とまでは言わなくともその通り道なのである」[114]と断言している。

　最後にこの投書は、「彼女は過去の経験について誤った美化をした上で、神の時代には男・女の区別はなくなるであろうとしているが、これは、女性の問題を議論した際にバートル博士が述べた寸言を思い起こすものである。すなわち、『神が最初の女性を創造した際、二番目の男性を創造するつもりであった、などとは信じられない』。卒業生というものは部外者よりも、当該の学校のカリキュラムについて、さらに学校がその時代からどんな要求を受けているか、生徒の健康状態はどうかなどをずっとよく知っているのだということをM. G. L. に教えてやりたいものである」[115]としている。

9．第4回公聴会——スペンサーとクラークの影

(1) フィルブリック教育長の"科学的"反対論

　第4回公聴会は1877年11月2日の午後3時より開催される。この公聴会には、ロクスベリー・ラテン・スクール校長のカラー(M. C. Collar)、フィルブリック、それに再びヒーリーが証人として登場する。彼らはすべて、ラテン・スクールへの女子入学反対派であった。

　最初に証言したカラーは、これまでに登場した、ハウイソン、エリオット、エヴァレットらの説を引き、これに反対あるいは賛成の討論をしながらみずからの立場を明らかにしている。

　　　ハウイソン氏が言うように、女子への大学準備教育の機会が準備されねばならないという論点についてはもはや論争の余地がなく、自分もこれを支持したい。だが、女子をラテン・スクールへ入学させるこ

とについては、いくつもの理由により異議がある。

　まず、女子の入学は、ボストンの学校委員会の定着した教育政策であるハイスクールでの男女別学を覆す結果になる。一般公衆は共学制に反対しており、たとえ共学制がどれほどの教育的な優位点をもっていたとしても、市民の大勢の意見は尊重されねばならないはずである。

　次に、このような変更は、現在ですら大きなラテン・スクールをさらに大規模にしてしまう。このような学校にとって非常に望ましい、教師が生徒へあたえる個人的影響力を弱めることになろう。

　さらには、エヴァレット氏も言うように、両性はそれぞれ異なった教育方法を必要としているので、共学化によって学校の効率性が支障をきたすことになろう。

　私が特に重要視したいのは、エリオット博士が以前の公聴会で証言した「女子にとって必要な道徳的雰囲気をあたえてくれるような男子校はこの世には存在しない」という論点である。

　私としては理想を言えば、別学の女子ラテン・スクールの設立の方を望みたい。ただし、私は一日かけて女子ハイスクールのラテン語の授業を参観した結果、同校では質の高い授業がおこなわれていることが分かった。このような学校に大学準備教育の課程を増設すれば、それは大学進学を希望する女子の要求に十分に応えるものになるである[116]。

続いて登場したのがフィルブリック教育長である。フィルブリックは、約1時間、男女共学の弊害を力説する。

　女性の高等教育があるべきかどうかはもはや問題にはならない。すでにニューイングランド全域で女性のための大学が次々とつくられつつあるからである。だが、ボストンの公立学校では、女子の古典語教育の便宜が提供されていない。これは私がボストン学校委員会に赴任して以来の最も重要な問題である[117]。

第1章　ボストン・ラテン・スクール論争再考　57

　このように切りだした後、フィルブリックは、自分のこれまでの豊富な経歴——アメリカ合衆国でのあらゆる学年・クラスの教師を経験したこと、ヨーロッパの教育事情に通じていること——を挙げ、今回の学校委員会に提出された諸請願および新聞などの記事を分析して問題の所在を明らかにする。彼によれば、今回の論争の基本的な構図は、「男女共学制を支持するか否か」というものである。なぜならば、「ボストン・ラテン・スクールにおいて、女子に男子と同じ古典語教育があたえられるべきである」とする請願者の中には、校舎・教室での男女共学制の有無については言及しないとする人々もいるが、これらの人々の狙いが究極的にはまったく同一の男女共学 (identical co-education) にあることは明らかである[118]。このように述べた上で、彼は以下のような議論を展開する。

　　今回、ラテン・スクールへの女子入学の請願をした人々の議論を聞いていると、それらはほとんどが根拠のない仮説に過ぎない。個人的経験や憶測ではなく、歴史や世界の動向、科学的法則といった根拠が必要であろう[119]。
　　教育者にとっては世論ですら、確かな指針とはなりえないのであり、むしろ教育者が世論を前もって導くべきなのである。ラテン・スクールへの女子の入学は教育的進歩の一歩ではなく、新しい別学の古典語学校の創設こそ前進への一歩なのである。ニューイングランド地域のアカデミーの成功は共学制の優位を証明するものではない。むしろ過去40年間に、別学のアカデミーが最高位を占めるに至っているのである[120]。
　　ラテン・スクールの門戸開放と男女共学の承認は、教育進歩の法則に逆らうものである。男女の精神的・身体的相違は、最善の教育的成果を望むならば、12歳から18歳の間は別々に教育されることを要請するものである。学校の機能を単純化し専門化することが教育的進歩の

根本法則の一つなのであり、機能を混合し多様化することで進歩は遅れてしまうのである[121]。

　教育政策は党派的な運動に左右されてはならない。もしも学校委員会が、ある親たちのために学校を一つつくれば、今度は別の親たちのためにもう一つ学校をつくらねばならないことになろう[122]。

　最後にフィルブリックは、「世界最高の女子のための古典語学校がボストンに設立されること」[123]を支持するとして証言を終えている。

　彼はその証言の中で、「教育的進歩(educational progress)」「教育的進歩の根本法則(the fundamental law of educational progress)」という用語をキーワードとして繰り返して使用する。さらに彼は証言の中で、スペンサー、クラーク、モーズリーらの著作からの一節を引用して、自分の議論は"科学的根拠"にもとづくものだと力説するのである。本稿で後に詳しく検討するように、彼の証言は、同じ反対派の中でも圧倒的な説得力をもった証言であったと思われる。

(2)ヒーリーによる論難

　最後に登場したのがヒーリーであった。今回の彼の証言は、ラテン・スクールへの女子の入学を主張する人々への攻撃として、大きく2つの戦法からなっていた。

　第一にヒーリーは、前回と同様、この問題に関する様々な権威から彼がえたとする証言を提出する。それらは、一方で共学に反対する医師たちであり、他方では著名な大学学長たち——アマースト・カレッジのシーリィ(Laurenus Clark Seelye, 1837-1924)とダートマス・カレッジのバートレット(Samuel Colcord Bartlett, 1817-1898)——の意見であった。彼はダートマス・カレッジ学長のバートレットからの書簡を朗読する。

　同書簡ではまず、男女共学制は、特別な環境で実施する場合——たとえば田舎の学校で比較的小人数の生徒への監督が行き届いているなど——を除いて、また、初等教育段階を別にすれば望ましくなく、「娘たちに最善かつ最

高の教育をあたえようとするならば、別学の特別な教育をあたえること」を考慮せざるをえない、としている。なぜならば、「男性らしさ女性らしさという固有の特性が強く発達し始めるやいなや、身体的・知的・道徳的な必要性が、異なった教育方法と分離された日常の学習を要求する」からである[124]。

このように指摘した後、バートレットは、男女共学への彼の言う「身体的」「知的」「道徳的」反対論を展開する。

まず「身体的」反対論であるが、彼は、「女子は、厳格で絶え間なく長時間にわたった緊張に耐えることができず、またそれを強いるべきではない」と言う。別学の学校ですら、女生徒の健康が損なわれ問題になっているのであるから、「現在、懸案になっている方法は、確実に、悪徳をいっそう助長すると言わざるをえない。(女子がラテン・スクールに入学して)彼女らがよい成績を上げたとしても、それには寿命を縮めたり生涯にわたって体質を狂わすという罰をともなうことを私は恐れるものである」。このように述べた後、バートレットは、以上のことを自分は理論として言うのではなく、長年にわたる観察と経験から述べるのであるとして、特にレベルの高い共学のハイスクールで、優秀賞を獲得した女子が、その結果、長期間、健康を損ねたり、場合によっては命を失ったりという事例を多く知っているとする[125]。

「知的」反対論とは、「女子への最善の教授法は男子への最善の教授法では全くないのであり、その逆も真であるということである」。「これは、思慮分別に富んだ教師ならかならずわきまえざるをえない差異なのである」。したがって、両性を一緒に教育すれば、そこには必ずある種の教育上の妥協をせざるをえない。さらには、「私のみるところ、男女共学が成功しているとみなされている教育機関ですら、この成功は、女性の側には女性的洗練の欠如を、男性の側には男性的な学識の欠如を伴ってもたらされたものと確信せざるをえない」としている[126]。

最後に、バートレットは「道徳的」反対論を挙げる。彼はかつて自分がある村の共学の学校の教師をしていた体験から語り始め、男女間の日常の交際が「恋愛の雰囲気」を生みだし、これが「時が経過するにつれ、より重大な悪徳

の結果を生み出すことを恐れる」としている。特にボストンのような都会では、このような危険性が大きいとしている[127]。

バートレットの議論は本章で後に見るように、一方でハーバート・スペンサーの議論（とりわけ、彼の教育論として知られる*Education, Intellectual, Moral and Physical*, (New York, D. Appleton and Company, 1861).）とエドワード・クラークの議論をほぼ忠実になぞったものである。男女共学への反対論として、この時代、一般に流布していた議論の典型例と言えよう。

ヒーリーが採ったもう一つの戦法は、ラテン・スクールへの女子の入学を請願した人々の信用を失墜させることであった。ヒーリーは言う。

> 私が調査した結果、請願名簿の署名には疑義があることが判明した。73人の署名人のうちボストン在住者は実は24人に過ぎなかった。さらに12人は架空の名前である。また、署名者の大部分は商店の店員であり、その主張はこの問題の考察にあたり大して重要でないと考えられるのである[128]。

さらにヒーリーは言う。自分が学校委員会のある委員から聞いたところによれば、請願人の一人でラテン・スクールへの女子入学の運動にきわめて熱心なある女性の伴侶である医師が、その委員から、「もし、明日にでもラテン・スクールが女子を入学させることになれば、娘さんをそこにお入れになりますか」と尋ねられたところ、「いや、そのつもりはない」と答えたということである。ラテン・スクールへの女子入学を求める請願者の真意はどこにあるのか。学校委員会を愚弄しているのであろうか[129]。

ここで言及されているのは言うまでもなく、タルボット夫妻のことである。本論ですでに明らかにしたように、この時点で、タルボット夫妻は、ラテン・スクールの門戸開放にこだわることなく女子への大学準備教育を求める別の請願を提出しているのであり、学校委員会の委員たちは、当然のことながら、エミリー・タルボットの夫の名前が署名人の中にあることを知っていたはず

である。また、公聴会会場にいた傍聴者には、ヒーリーが誰を攻撃しているかすぐに察知できたはずである。ヒーリーのこの証言は彼らの信用を失墜させ、ラテン・スクール運動を葬り去るにはきわめて効果的であったと考えられる。

　ヒーリーの証言が終了したあと、学校委員会はこれによって公聴会の全日程を終えるつもりであった。しかし、請願者たち、とりわけボストン大学のウォーレン学長が証言を求めたため、委員会はあと一度、公聴会を開催することを決定する。

10. 第5回公聴会

　第5回公聴会は1877年11月5日に開催される。今回が最終回とのことで1時間半の間に閉会するとのフリント議長の開会宣言に引き続き、最終的には2時間半を費やして全公聴会の日程が終了することになる。

(1) モラルと男女共学
最初の証言者はウォードロックという人物である。この証言は以下のような骨子からなっていた[130]。
　①ボストンのように誘惑が多く扇情的な大都会では、若い男女は別学で教育を受けた方が望ましい。共学の学校のモラルは低下し、女子は放埓で俗っぽくなりがちである。
　②古典語の教育には（時として扇情的で猥褻な内容を伴った——引用者注）神話がつきものであるが、これは女子には向かないだけでなく男子にも不適当である。死語となった古典語の知識はもはや必要ないのではないか。この意味で、女子への古典語教育を求めるどのような請願にも賛成しがたい。

　この証言に見られる、「誘惑が多く扇情的な大都会」という表現、あるいは

以降の証言にあらわれる「(男女関係の)スキャンダル」「身を落した女性」という言い方は、確かに、この時代のボストンを象徴するものであり、教育関係者の眉を顰めさせるものであったであろう[131]。ヴィクトリア朝の"上品な"身振る舞いを当然とする人々も、そのような社会問題の存在を、程度の差はあれ、よく知っていたわけである*。ボストンの女性運動を行っていた人々の中には、宗教的使命感とも相俟って、このような「身を落した女性」の救済に尽力していた人々も多数いたわけであり[132]、さらに、女性小説家が好んで取り上げるテーマでもあった[133]。このような問題は、当然、子どもの教育に頭を悩ませる親たちにとっても重大な関心事であった。

 * 女性は男性とは異なり、生得的に純潔であり道徳的に卓越しており性的衝動を持たない、という当時の言説——いわゆる保守派だけでなく改革派にも支持されていた言説——と「身を落した女性」の存在は矛盾するはずであるが、これをどのように説明したのか。これについては、以下の二つの論文を参照。Margaret Wyman, "The Rise of the Fallen Woman," *American Quarterly*, Vol. 3, No. 2, (Summer, 1951), pp. 167-177; Robert E. Riegel, "Changing Attitudes Toward Prostitution, (1800-1920)," *Journal of the History of Ideas*, Vol. 29, Issue 3, (July-September 1968), pp. 437-452.

第2番目の証言者は、アレンという人物である。彼は教師としての27年間の経験にもとづいて、以下のような証言をしている[134]。
①ハイスクールの教師としての経験から、共学校の女子は男子に匹敵するか上回る成績をあげることを知っている。
②言われるところのスキャンダルなどはまったく見られない。
③アメリカ合衆国の教育のすぐれた特徴が共学制の採用である。ボストンにおいても共学制を採用することが正義にかなったことであり、新しい共学制のラテン・スクールの開校は共学制の歴史を画するものとなろう。
④先の第4回公聴会でフィルブリック氏は、12歳から18歳の間の男女の精神的・身体的相違を強調されたが、これは根拠が薄弱である。自分の見

解では、男子と女子は、精神的・身体的にも同等に成長するのであり、さらに知的な成長も同様である。
⑤不適当な部分を削除した神話のテキストを使えば、先にウォードロック氏が指摘したような問題は起こらないはずである。

(2) ジナ・フェイ・パースの証言

このアレンの証言に対して出席していたフィルブリック教育長から異議が申し立てられ、若干の議論がおこなわれたあと、次に登場したのが、ジナ・フェイ・パース (Mrs. Zina Fay Peirce)＊であった。ここでの彼女の証言は、ハーバードとつながりをもつボストン・ケンブリッジ地域の名家出身の女性に相応しい19世紀中葉的な宗教色の濃い男女観を、他方では、本書の次章でみるように、女性教育協会の組織には収まりきれなかったラディカルな社会変革の意識の双方を窺わせており異色である。

＊ ハーバードの哲学者チャールズ・サンダース・パースのバイオグラフィーを書いたウェイスによれば、「1862年10月16日、23歳の時、彼 (パース――引用者注) は三歳年上のハリエット・メルジナ・フェイ (Harriet Melusina Fay) ―― ジョン・ヘンリー・ホプキンス司教の孫娘――と結婚した。彼女は彼の初期科学研究に共同参加し、ケンブリッジの社交界で崇拝を集め、これ以降、みずからオーガナイザーとして文筆家として有名になった。1883年4月24日ボルチモアで、彼は、1876年10月に自分を遺棄したと主張して彼女と離婚した。この直後に彼は、フランスのナンシー出身のジュリエット・フロワシーと結婚すると手紙を書いており、その彼女と後半生をともにしている。最初の妻とうまくゆかなかったことが、彼が大学での身分を失ったこと (当時、パースはボルチモアのジョンズ・ホプキンス大学で論理学の講師として教えていたが、1884年に契約を打ち切られている。結局大学教員としては、ジョンズ・ホプキンスにいた1879年からの8年間が、彼の生涯に亘って唯一長続きした時代となった――引用者注)、また、彼の知人や親類と一部疎遠になったことの重要な要因になったように思われる (Paul Weiss, "Charles Sanders Peirce," *Dictionary of American Biography*, Volume 7, (1934).)。

彼女は言う。エリオット氏は男子校の道徳的雰囲気は女子にとって相応しくないと言い、エヴァレット氏はギリシア語の精神的"色調"は女子には危険であるという。アダムス氏は男女共学に反対し、驚愕すべき"スキャンダル"が起こって初めて、人々はヨーロッパ的な別学制の真価を認識することになるだろうという。こうして、ラテン・スクールへの女子の入学というこの問題は、より広範囲の人々を巻き込んだ論争になるに至った。問われているのは、したがって、ラテン・スクールという個別のケースなのではなく、男女共学の是非という一般的問題であり、これは疑いもなく、現在のアメリカの人々にとって最も重要な問題である。

　いまやこの問題に結論を出すために第一に問うべきなのは、「男女共学が自然なものであるかどうか」ということである。子どもの教育について、今日の最高権威は、対象の厳密な観察と分析に基づいて、子どもの精神を目覚めさせこれを導く最善の方法は、母親が育児室で幼児に対する方法であることを発見したのである。言い換えれば、男性はまず家庭をよく研究すべきなのであり、その後初めて、家庭に似せて学校を賢明につくることができるのである。同じ原理により、ほとんどすべての家庭では男女は一緒に生まれ、周囲には同数の両性の親戚がおり、成長するや生涯にわたって異性と最大限の個人的・精神的な関係を持ちつつ生活してゆくことになるのだから、自然という見地からこの問題にアプローチするだけで、どんな奇抜な理論家でさえも、若い男女両性を一緒に教育すること以外に思い付くことは何もないはずであろう。

　自然は教育について絶えず一つの間違いのないことばを語ってきた。それは、神が結婚の際に結び合わせた一対は、結婚の後にも先にも離れておかれるべきではないということである。この一対とは男女

であり、その最初は少年少女として——エデンの園で少年アダムと少女イブとして——お互いを知るべきである。なぜならば、罪を犯して楽園から追放されて初めて、彼らの結婚の成就が私たちに告げられるのである。これらの若い人々を別々に教育することは、彼らの楽園を奪い取ることになる。この計り知れない貴重な時代に、彼らはお互いを知るために——ただたんに異性としてではなく、友人として協力者として将来の互いの助力者として——互いを理解し尊重するために学習すべきなのである[135]。

さらにパースは、第二に問うべき問題は「男女共学はアメリカ的制度なのか」であるとして、フィルブリックやフリントの説に反対する。

　フィルブリック氏やフリント氏は、「ボストンでは長年にわたって健全な政策であるとされてきた両性の別学という政策に背を向けることは賢明ではないと信ずるものである」としている。しかし、ではどうしてボストンは長年にわたって、自然な国民的政策に背を向けてきたのであろうか。フィルブリック氏は彼の第25年次報告で、両性の別学というこの最も重要な決定はショウ首席判事の提言によってなされたとしている。だが、どうしてそのような決定がなされたのかについての理由は書かれていない。推察するのみであるが、首席判事はヨーロッパのやり方を真似したいという単純な希望に影響されていたのではなかろうか。だが、アメリカ全土の公立学校を見てみよう。そこでは男女共学こそが当然であり、それは大多数のアメリカの街で実施されており、男女共学を支持する一般世論はさらに高まっている。男女共学校は経済的であり男子校に比べてずっと規律を維持しやすいからである。こうして私たちは、男女共学は——ボストン的制度ではないが——アメリカ的制度であり、この意味でボストンは反愛国的であり、男女に別の学校を用意するという、アメリカ的ではないヨーロッパ的

慣習と偏見に従っているのだと言わざるをえないのである[136]。

さらに彼女は指摘する。

> ボストン市では警察の厳重な規制のため、身を落した女性の数は公称数としては少ないが、親とともに家庭に住みながら親の知らないふしだらな生活を送っている若い女性がきわめて多い。マサチューセッツ州の犯罪はこの10年で倍増している。ボストンでは非嫡出子が昨年だけで12％も増加しており、これは州内他地域の4倍にあたる。フィルブリック氏やフリント氏の言うように、別学が"健全な"政策であるとすれば、男女に結婚の前も後も、調和と幸福と相互理解をもたらすはずであるが、これらの事実は彼らの主張を裏切るものであろう。

> 女性の大学教育は必要か？　この問いへの答えは、現在、合衆国には10万の女性教師がいるという事実だけで十分であろう。現時点では、女性教師はその教育が不十分であるため、学校委員会や校長の奴隷となっており、昇任の見込みがある女性はほとんどいない状況である[137]。

最後にパースは次のように指摘して証言を終えている。

> （ラテン・スクールの門戸開放への——引用者注）反対論は大衆からのものなのであろうか。金持ちは、現在、自分の息子・娘を私立学校に送りそこで大学準備教育を受けさせうるので、実際問題として（ラテン・スクールの政策に——引用者注）変化が起ころうと、影響はない。私が見るところ、男女共学への嫌悪感はヨーロッパのやり方を模倣しようとする貴族主義的偏見から来るものである。
> 　女性の賞賛すべき特性は男性と交わることによってのみ引き出されるのであり、現在のこの国の学校制度の弱点は女性がしかるべき教育

を受けていないことに原因がある。女性が完全な教育を受けるための十全な機会を持つべきである。両性の共学にこそ道徳的により高い気風を見出だすことができるのであり、別学は忌むべき結果を生むだけであろう[138]。

(3) タルボット医師の反論

　パースの次に証言をおこなったのが前回の公聴会でその行動の矛盾をヒーリーによって論難されたタルボットであった。彼はまず、ヒーリーが示唆した人物が自分であるとすれば、自分は学校委員会に対して不正を働いている人間であるか、妻の請願に反対している人間であるかのいずれかということになるが、自分は断じてこのような疑惑をかけられるものではないと宣言している。ではどうして、別の請願に署名をしたのか。これについて、彼は次のように証言する。

　　私の関心はひとえに、自分の娘がラテン・スクールで教育を受けられるかどうかにあったからである。というのは、ミス・ヘレン・マッギルがすでに3年間にわたってこの学校に在籍し教師生徒から一様に親切を受けたと証言している事実があるわけである。
　　私の要請でミセス・タルボットがラテン・スクールの校長を訪れ、私の娘ともう一人の少女を大学準備教育のために入学許可してほしいと要請した。その結果、個人的には少女をこの学校に受け入れるのは特権ということになると思うが、通例ならざる要請なので学校委員会に照会しなければならない、との親切な答えを受けとることができたのである。ただちに入学願書が学校委員会に提出され、すでに2か月が経過したが未だに何らの回答も受けていない。時は瞬く間に過ぎ、その間、私の娘は希望する教育を受けられずにいる。この問題について世間一般の関心と議論が集まっている間に、同じく娘のために大学準備教育を希望している多くの人々が現れ、公聴会が延々と開かれるこ

とからもたらされる遅れと損失に焦燥を感じて、合わせて33人の娘を持つ親たちが団結して以下のような請願を提出したわけである[139]。

タルボットはここで、本章で先に見た新たな請願を読み上げる。さらにタルボットはことばを続ける。

　男子と女子が同じ教室で授業を受けるのか、それとも別の教室で受けるのか、同じ建物の中でなのか別棟でなのか、これらの点の決定は貴委員会にお任せする。しかしながら私たちの請願は——私たちにはその法的権利があるのであるが——女子に対しても、男子が現在、ラテン・スクールで教えられているのと同じ授業を受けられるように要求する権利があるということである。ギリシア語やラテン語の作家のしかじかの文章には不適切で上品ではない箇所があるなどということを議論するためにここに来ているのではない。ましてや、学習や課業が女性にもたらすかもしれない機能障害についての若造の馬鹿げた意見——これについて、本人はほとんど無知といってよかろう——を聴きに来たのではない。私は医者であり、こういった問題や自分の娘の身体的な必要については指図を受ける必要はないのである[140]。

ここで、学校委員会の委員であるゴッドフリー・モースが立ち上がり、前回の公聴会でのヒーリーの発言について補足説明をおこなう。過日、ビーコン通りでタルボット医師と出会った際にタルボット医師に対して「娘さんをラテン・スクールにおやりになりますか」と尋ねたところ「いや、そのつもりはない」という意外な返答を受け取り、この話をヒーリー氏に伝えたのは自分である、とした。これに対して、タルボットは、あの日に話題になったのはラテン・スクールの現校舎の惨状についてであり*、あのような場所にはとても娘を通わせることはできない、という意味で答えたのである、と証言している。さらにタルボットは、つい最近、自分は市役所から納税に関する通

知を受けたのであるが、自分の税金の一部が公費で運営される市の学校に使われていることは明らかであり、しかもこれらの学校は住民すべてのために存在するのであるとして、改めて「現在、男子に対してあたえられているのとまったく同じ公教育の恩恵が女子にもあたえられるべきこと」を請願するとして証言を終えている[141]。

> * タルボット医師の証言によれば「豚小屋のように不潔」ということであった。当時、ラテン・スクールはベッドフォード街にあったが、これは1845年、スクール街から移転したものである。実はこの場所は、ラテン・スクールとイングリッシュ・ハイスクールの双方を収容しており、すでに1860年代後半から生徒がすし詰め状態で、一部の生徒を校舎外に移して——最初はハリソン大通りに、次にはメイソン街に——授業をおこなっている有様であった (*Semi-Centennial Anniversary of the English High School, May 2, 1871*, (Boston: English High School Association, 1871), p. 111.)。タルボット医師の評価もあながち酷評とは言えまい。なお、このラテン・スクール論争から4年後の1881年にウォーレン大通りの新校舎に再移転し、ようやく過密教室は解消された(**史料1-3**の図版参照)。

タルボットの次に証言に立ったのはライマン・メイソンである。共学賛成の立場からの彼の証言の骨子は以下のとおりである[142]。
① 請願者の目的は、女子にも古典語教育の機会が一刻も早くあたえられることにあり、この点をまず考えるべきである。
② これまでマサチューセッツ州では、法律は公正に整えられてきたものの、女性の権利をないがしろにするのが常であった。これは1647年の初等教育法(すべての「若者」に、とあったにもかかわらず女子は無視された)についても言えることである。
③ 女子への古典語教育の機会を一刻も早く実現するためには、ラテン・スクールは理想的な場と言えよう。現校舎の一室を女子が使用する必要はないであろうが、男子と同一の学習内容を保障されるべきである。

史料1—3　ラテンハイスクールとイングリッシュハイスクールの新校舎
　　　　（1881年竣工当時）

出典：Henry F. Jenks, *The Boston Public Latin School,1635-1880*, (Cambridge, Mass: Moses King, 1881), p. 4.

(4)ウォーレン学長の反論

　次に証言をおこなったのがボストン大学のウォーレン学長であった。彼の証言は、それまでの請願反対派の諸議論を要約し、これに逐一、反論を加えたものであったが、その反論の中心は、フィルブリックの議論に集中している。

　ウォーレン学長はフィルブリック教育長がラテン・スクール論争が開始される直前に発表した教育長報告の以下の文章を引用して、これがラテン・スクール論争におけるフィルブリック自身の立場といかに矛盾するものなのかを指摘してみせる。

私（フィルブリック——引用者注）が思うに、この要求（女子に対するカレッジへの準備教育——引用者注）に応えるにあたって最も実現可能な方策は、女子ハイスクールに大学準備のための学科をつくることであろう。女子ハイスクールの施設は優秀で十分である。教授陣は大規模で有能である。校長は、学校の長としても必要ならば教授する者としても申し分のない有資格者である。将来、大学準備教育への需要が非常に大きくなった場合には、この目的のための特別な学校が設立されるべきであろう[143]。

以上のフィルブリックの意見に対して、ウォーレン学長は以下のように矛盾点を指摘する[144]。
①ラテン・スクールへの女子の入学に対する反対論によれば、同校は現在430名の生徒を抱えており、これ以上生徒を増やせば校長一人の手に余るようになる、ということであったが、女子ハイスクールはもっと大きく635名の生徒を抱えているのである[145]。
②女子ハイスクールに大学準備のための学科をつくるのがよいと言うが、同じ論理でゆけば（男子のための非進学校である——引用者注）イングリッシュ・ハイスクールにも大学準備教育の機能を持たせることがよいことになる。だが、この政策に最も強硬に反対しているのがフィルブリック氏と彼の学校委員会であったはずである[146]。
③「機能の専門化」が教育進歩の法則というのであれば、フィルブリック氏が提案する女子ハイスクールの機能の増殖は、まさに教育進歩に逆行することになるはずである[147]。「機能の専門化」は、技術・専門教育（technical and professional education）へと適用するのであれば、疑いもなく真であると言える。だが、初等・中等教育の学級に適用してみよう。すると、単に男女別の学校が必要なだけでなく、白人と黒人の学校、ローマカトリック教会の学校とプロテスタント教会の学校、ユダヤ教の学校に非ユダヤ

教の学校が必要になってくるはずである[148]。
④ラテン・スクールへの女子の入学に対する反対論者たちが依拠する生理学の権威の見解によれば、女子はその生理の周期に応じた休息が必要であるとのことであるが、これは究極的には個別のコーチング以外の学習を不可能にしてしまう。ましてや、現在の女子ハイスクールのように非科学的な運営がなされている学校に長期間の古典語コースを導入するのは論外である[149]。

ウォーレン学長は結論として、「ラテン・スクールの教師たちの監督下に置かれる独立部門」の設置があらゆる点から請願者の要求に応じるものであるとしている[150]。すなわちここでは、すでに公聴会で何度か登場した、まったく同一の共学(identical coeducation)あるいは混合クラス(mixed class)は要求されていないわけである。これはウォーレン学長の第1回公聴会での証言と比べストレスの置き方に食い違いを見せている。ウォーレン学長のこのような態度の変化の原因は何であったのか。タルボット夫妻がそうであったように、公聴会や学校委員会あるいはボストン市民の反応を斟酌した上で、運動当初の大義をとるよりも、女性への大学予備教育＝古典語教育という実質を確保することをと考えたのかもしれない。事実、この最後の公聴会から9日後の14日のウォーレン学長の日記を見ると、前日13日に『ボストン・デイリー・アドヴァタイザー』に掲載されたフィルブリック教育長の投稿記事を読んだ上で、フィルブリックへの書簡を出したことが窺える[151]。論争開始以前の時点でそうであったように、フィルブリック教育長と接触することで、ウォーレン学長は少しでも請願者へ有利になるように説得を試みたのかもしれない[152]。

(5)ハイスクール委員会の結論

5回の公聴会終了後、ハイスクール委員会は結論を出す。それは、既存の女子ハイスクールに女子ラテン・スクールを併設するというものであった。

第1章　ボストン・ラテン・スクール論争再考　73

ただ一人の女性委員メイは、この結論に対して、最終的に却下されることになる以下のような反論をおこなう[153]。その内容はウォーレン学長の最終公聴会での発言と基本的に同一である。

　学校委員会が決定した方法は、それにかかる経費が莫大な上に非効率であるという点で反対せざるを得ない。「女子のために新しいラテン・スクールをつくることは、男子のために新しいラテン・スクールをつくるのとまさに同じ費用が掛かるはずである」。メイ委員はこのように述べた後、彼女が言う第二の方法を提案する。それは、ラテン・スクールに女子を入学させ、そこに女子部をつくり、ラテン・スクールの現校長の監督下におき、同ラテン・スクールの教員がすべての授業を担当するという方法であった。この方法ならば、教員の確保の問題も解決し、しかも女子に現在可能な最善の大学準備教育が保証されることであろう。さらに彼女は、以下の点を付け加える。

　　　このようなプランから最終的に男女共学がもたらされるかもしれないという点については、私は喜んで認めたいと思います。しかし、私は、男女共学が最善であると経験によって示されない限り、それがもたらされることが必要であるとは毛頭信じていないのだ、ということを心から強調しておきたいと思います[154]。

メイの議論は、制度的な便宜論に立脚したものであり、しかも、ラテン・スクール論争で激論がかわされた男女共学の問題について敢えて深入りせずに賛否どちらともを取れる曖昧な発言をしているのである。

このようなメイ委員の発言に対して、ボストン在住の最も著名な女性運動家の一人であるアンナ・ブラケット（1836–1911、教師、著述家、性教育の最も初期の提唱者）は、ラテン・スクール論争で議論されている法的機会均等論は、実は、「より奥の深い問題のたんなる表面的なあらわれ」にすぎないとして、以下のような興味深い議論を発表している。

「より奥の深いさらに重要な問題とは、端的に言って、女子にとって無知であることが純潔と女らしさの必要条件であるのかどうか、ということ」であり、ラテン・スクールへの女子の入学に反対する人々は、「少女を"完全な女性(perfect woman)"にするところの内的な力の存在を否定し、異性との親しい接触から完全に隔離されない限り、女子は、彼女の魅力であるところの慎み深さ、彼女の宝冠である純粋さを失ってしまうと暗に主張している」のであり、これらは「旧世界の理論」である。これに対して、「私たちが信じるところによれば、このような実際的知識(高等教育によって得られるアメリカの諸問題に対処しうる知識――引用者注)からのみ、私たちが必要とする女性――力強いが優しく、その力のゆえにより優しく、その叡智のゆえにより女性らしい(more womanly)女性――が生まれるのである」。エドワード・クラークによる『教育における性』論争の時もすぐれた反論を発表したこの女性の論説は、次節で見るように、ウォーレン学長やメイが敢えて触れようとしなかった論点を突いている。

11. 教育におけるジェンダーの問題

　本ラテン・スクール論争には、19世紀後半のアメリカ合衆国における、ジェンダーと教育をめぐる議論――教育を考えるにあたって、性差をどのようなものとして捉えるのか――の変遷が余すところなく現れているものと言えよう。
　それはどのようなことか。本ラテン・スクール論争には、アンテベラム期には力があったもののすでに説得力を失いつつあった性差についての議論から、19世紀の終わりに近づくにつれ、ますます力を得てゆくような"科学的"な性差論まで、そのすべてが登場しているということである。
　たとえば、「ギリシア語は女子に不向きである。なぜならば、ギリシア語の精神的"色調"は女子には危険である」という議論は、南北戦争以前のアメ

リカ合衆国の人々ならば耳を傾けたかもしれないが、恐らく、公聴会に出席した多くの人々にとって、一昔前の議論という印象をあたえたことであろう。このような議論が力を得ていた時代には、ラテン・スクールはもちろん、あらゆる中等学校での共学制への反対論になりえたのであろうが、『ボストン・デイリー・グローブ』紙ですら認めたように、「女子に対してラテン語やギリシア語、高等数学の教授をおこなうことそのものに反対するというのは古めかしい議論であり、今の世代の思慮深い人々にとってはほとんど重みを持ちえない」のである。

では、このような、南北戦争以前の性差論にかわってあらわれた、より"モダンな"、共学制への反対論とは何であったの。また、そのような反対論にたいして、女性の大学教育を支援するマサチューセッツ協会をはじめとする、ラテン・スクールの門戸開放を願う人々はどのような議論を展開したのであろうか。

まず、本論でもたびたび言及した、エドワード・クラークが『教育における性』(1873年)の中で展開した共学反対論がある[155]。クラークによれば、もともと学校は、男性のためにつくられ、教えられる内容も、男子の身体的、精神的発達に応ずるように決定されたものであり、「女子校は男子の教育機関の必要で開発された教育方法をコピーしてきた」[156]のであるから、それは、男子に適切であっても、女子には不適切である。このような不適切な教育によって、女性はどのような運命に陥るのか。クラークは言う。身体と頭脳との間には対立があり、一方を極限にまで活動させると他方が衰弱する。人間の肉体は一つのエンジンであり、このエンジンの内部のエネルギーは一定である。この点は男女に相違はない。しかし、たとえばエネルギーの排泄を担う主要器官を考えるならば、腸と腎臓、肺や皮膚は両性に共通であるが、女性はさらにもう一つの排泄の過程を――すなわち生理を――制御しなければならないのである[157]。クラークは言う。「14歳から18歳の間の女子には睡眠が必要であるが、それはたんに男子と同様に(肉体機能の――引用者注)回復と成長に必要なだけでなく生産というさらなる仕事のために、より適切に言え

ば生殖器——エンジンの中のエンジン——の発達と完成のために必要なのである」[158]。すなわち、女性（というエンジン）の内部のエネルギーのうち、その一部はあらかじめ「エンジンの中のエンジン」である生殖器の将来の生殖作用のために予約されているわけであり、このエネルギーを他の目的のために消費してしまうと、生殖機能に重大な障害が起こるのである。ところで学校教育は、その目的・内容・方法が、元来、このような「エンジンの中のエンジン」をもたない男性にとって最も適切になるようにつくられたものであるから、女性にとってはそのままではふさわしいものではなく、これに適応しようとすればするほど女性は"適者不生存（"non-survival of the fittest"）"を、すなわち重大な心身障害を起こすことになり、身体的、精神的に傷つけられ、ひいては、妻として、母としての女性の役割を果すことができなくなってしまうのである[159]。こうしてクラークは、「まったく同一な男女共学は、神と人間がともに許さざる犯罪であり、生理学がこれに抗議し、経験がこれを嘆くものである」[160]と非難するのである。

この"科学的"議論の影響は、公聴会の多くの証言に反映されているのを確認することができよう。たとえば、ラテン・スクール同窓会代表であるヒーリーの言う「学校の内外での長時間にわたる勉強を必要とするその教育課程は、常に男子の必要に特別に適したもの」という言い方、あるいはバートレットの、「女子は、厳格で絶え間なく長時間にわたった緊張に耐えることができず、またそれを強いるべきではない」という議論がまさにそうであった。

「社会進歩の法則」というスペンサーの所説を援用し、さらに"科学的"とみられる議論を展開したのがフィルブリックである[161]。彼が言うところの、「（学校の）機能の単純化と専門化」こそが「教育的進歩の根本法則の一つ」とする議論は、クラークの所論と結合させられることで、請願反対派のなかでもひと際、大きな説得力を持つに至ったことであろう。彼は、たとえばエリオットやヒーリーなどの他の共学化反対派の議論に見られる、家父長制的なあるいはヴィクトリア朝的なジェンダーについての理解を共有しつつも、表面上は、"科学的"な議論を展開したからである。彼の議論はスペンサーの進化論とク

ラークの生理学、それに比較教育学の前身の外国教育研究を巧みに組み合わせたものであった。すなわち、

①社会の進化は単一から専門分化へと進むものであり、これは男女両性についても、仕事や役割の専門分化となって現れる。

②男女両性のセックスとしての差異(＝生物学的な差異)は「根底的で基本的」なものであり、それはジェンダーとしての差異(＝社会的・文化的な差異)を要求する。したがって、男女で異なった教育が必要である。

③アメリカより"進歩的な"学校制度を持つヨーロッパ諸国では、初等教育段階を除いて、男女別の学校制度がつくられている。

フィルブリックの議論をクラークが『教育における性』の中で展開した議論と比較するならば、そこに興味深い類似と相違を見て取ることができよう。まず、類似性としては、フィルブリックもクラークと同様、教育における「性」——今日の私たちのことばで言えばジェンダー——の問題の考察は、倫理学や形而上学ではなく、生理学あるいは"科学"によらねばならないとしたことであり、さらに、ヨーロッパにおける制度を理想モデルとして"比較考察"していることである。

クラークの著作が広く読まれたことは、人々がクラークの言う"科学的"な議論を受け入れたことを意味するわけであり、フィルブリックがクラークの議論の運び方をそっくり踏襲したことは彼の議論に説得力をあたえることになったはずであり、また恐らく、フィルブリック自身もそれを計算していたことであろう。ヨーロッパとの"比較考察"について言えば、ハーバード・カレッジで教鞭を執っていたクラークがボストン医学界きってのヨーロッパ通であったとするならば、かたやフィルブリックはボストンの教育長というよりもヨーロッパにもその名を知られていたアメリカ合衆国の教育界の名士であった*。二人の言う"比較考察"もまた、"斯界の権威"の言としてボストンの人々に重んじられたことであろう。

　　＊ フィルブリックはボストン教育長を退職後、1878年のパリ万国博覧会の合

衆国教育使節となっている。その功績が認められ、フランスの最高栄誉賞であるレオン・ド・ヌール勲章を受賞したほか、エジンバラ大学の名誉学位も授与されている。John F. Ohles, "John Dudley Philbrick," John F. Ogles (Ed.), *Biographical Dictionary of American Educators*, (Westport, Connecticut: Greenwood, 1978), pp. 1029-1030.

しかしながら、クラークの議論とフィルブリックの議論との際立った相違は、フィルブリックの議論の中にはクラークの議論の中に見られた数々の宗教的言明(たとえば、「両性を同じように教育することは、神と人間がともに許さざる犯罪であり、生理学がこれに抗議し、経験がこれを嘆くものである」)が見事なほど完璧に消え失せていることである。それは、実務家であり辣腕の教育行政官の議論――学校組織の効率的運営こそが目的――としては当然のことであったかもしれないが[162]、おそらくフィルブリック自身が、性差を説明するにあたって、神に訴えかける議論――たとえば、ジナ・フェイ・パースの議論――が、少なくとも学校委員会の内部では説得力をもたないことを見て取ったということなのであろう。

これに対して、ラテン・スクールへの女子の入学を支持する陣営の議論はどうであったのか。

まず、これらの人々の多くに共通して見られるのは、教育におけるジェンダーの問題について直接論ずることなく、むしろ法制論と制度的便宜論に基づいて両性に対する教育の機会均等を主張するという戦法をとっていることである。キャンドラー・ボストン商工会議所会頭の議論(「ボストン市の若者は、男子であろうと女子であろうと、平等な教育上の権利を享受すべきである」「市民はその子弟に最も相応しいと思う教育をあたえる機会をもつべきであろう」)も、あるいはウエンデル・フィリップスの議論(「女子をラテン・スクールから締め出している政策は、自分の支払った税金の見返りを求めることを禁止する政策に等しい。親には、公費でまかなわれている制度のもとで、自分の娘をどの学校に入れるかの選択の自由があるべきである」)もその典型であるが、何よりも、若い女性へのラテン・スクールの教育をもっとも強く願ったはずのエミール・タルボットの

議論(「ラテン・スクールの1635年の設立認可文書には、『子どもたちの育成と教授』とあって、生徒を男子に限定したものではない」)も、まさにそうであった。この議論は、当時、女性の大学教育の支持者の多くが使用した言説とは際立った対照を見せている。この言説とは、ブラケットの議論にも窺えるように、女性には男性と異なった本性としての「真の女性らしさ(True Womanhood)」があり、これは、"ハードな学科(リベラル・アーツがその典型)"の学習、すなわち男性と同一の学習と両立しないどころか、むしろ、この「真の女性らしさ」を十全に開花させるためにこれが必要である、とするものである[163]。なぜ、彼女らはこの言説を使わなかったのか。確かに、彼女らの議論には、彼女らのアドヴァイザーであったデュラントら男性法律家の影響を見ることもできよう(実際、タルボットは、運動開始にあたって、ボストン市の教育法制史を懸命に学習している[164])。しかし、彼女たちは、知っていたのではないか。「真の女性らしさ」を論拠とする女性の教育の擁護論――それはまさにクラークやフィルブリックが"非科学的"と退けたもの――は、もはや急速に説得力を失いつつあったことを。彼女らにとって問題は、いかにして別の言説――それは"男性的言説"ということもできよう――で説得的に語るのかということであったのではなかろうか[165]。だが、教育とジェンダーをめぐる問題に直接的に言及することを避け、もっぱら法制論を展開したタルボットの議論は、男性のみの参政権という重大な差別が現実に存在する当時においては、さほど説得力を持ったとは思えず、事実、公聴会の過程およびこの間のジャーナリズム報道では、彼女の議論はほぼ完全に黙殺されている[166]。メイもまた、その男女共学に対する態度に見られるように、教育におけるジェンダーの問題に曖昧な態度を取らざるを得なかった。これに言及することができなかった二人の議論は、フィルブリックらのそれに比べ、技術論に終始した表面的で瑣末な印象をあたえることになった。ましてや、フィルブリックは、女子ラテン・スクールを設立することを主張し、「分離はすれど平等」という論法で、教育の機会均等論そのものも議論の中に織り込んでしまっているのであるから、説得力は倍加しているわけである。

ラテン・スクール共学化推進のリーダーと目されたウォーレン学長の議論は、彼自身の一貫した人間観・世界観の上に立脚したものであり真摯なものであったが、フィルブリックの言うところの"教育的進歩の法則"の綻びを指摘するに止まっており、やはり説得力を持ち得なかったと思われるのである。

　こうして、ボストン学校委員会内部における政治力学の問題は今これを措くとしても、少なくとも言説のレベルでは、このラテン・スクール論争は、その勝敗が公聴会の最中にすでに明らかであったのである。ラテン・スクールの共学化を目指す人々の陥ったジレンマとは、一方で、法制論と制度的便宜論に基づく教育の機会均等論だけではなく、教育におけるジェンダーの問題に直接言及することを望んだものの、他方で、ひとたびそのようにジェンダーの問題に踏み込んだとたん、それは、当時の"科学的"性差論によってうち負かされてしまうということであった。クラークやフィルブリックらを論破するためには、彼らが拠り所とした"科学"の虚偽性を白日の下に晒す、ジェンダーと教育に関する新たな研究を必要としたのであるが、それは、多くの困難を乗り越えて高等教育を受け、20世紀初頭に研究者として自立するに至った最初の女性科学者たちの仕事を待たねばならなかったのである[167]。

　後世からこのラテン・スクール論争を振り返って見た場合、若い女性への古典語教育の機会の保障を求めて論争を開始した女性たちにとって、この論争の結末は、恐らく二重の意味で、皮肉な結果を生み出したと言えるものであったはずである。

　それは第一に、彼女たちがあれ程熱望した古典語教育は、公聴会に登場したある論者がまったく別の観点からそのように主張したように、アメリカ大学史の潮流の中ではそろそろ時代遅れになりつつあったということである。事実、ラテン・スクールがそこに直結するハーバードにおいて、古典語偏重の入学基準・大学の教育課程の改革が着手されたのは、以下に見るように、まさにこのラテン・スクール論争の時代であったのである。

　すなわち、この時代のハーバード大学の入学要件は、年ごとに若干の変動は見られるが、大きな改訂は1878年、1887年におこなわれている*。

*"Harvard University Admission Requirements, 1871-1894," (Cambridge, Mass. : The University, 1894), [History of Education, Fiche 15, 604., Research Publications International, 1990] によれば、それぞれ、第一期(Period I, 1871-1877)、第二期(Period II, 1878-1886)、第三期(Period III, 1887-1894)という表現をしている。

　1878年以前の方式では、受験者は、それぞれ16科目からなる二つのコース(コース1とコース2)のいずれかを選択してテストされた。ラテン語について言えば、コース1の要件は以下のとおりであった[168]。

①ラテン語文法
②ラテン語作文
③カエサル『ガリア戦記』の第1巻から第4巻、サルスティウス『カティリナ』、オウィディウス『4000詩節』
④キケロ『八演説』、大カトー、ウェルギリウス『エクロガエ』と『アエネーイス』第1巻から第6巻

　これに対してコース2では、②のラテン語作文がなく、さらに、ラテン語著者については、『ガリア戦記』は第1巻と第2巻のみ、キケロは『六演説』、ウェルギリウスは『アエネーイス』のみで、しかも第1巻から第4巻までとなっている。受験者にとって、コース2を選択すれば、ラテン語学習の負担をぐっと軽減することが可能であった。
　1878年度からの方式では、受験者は、「基礎」試験として11科目で最低要件をテストされた上で、「上級」試験として、4科目(ラテン語、ギリシア語、数学、物理・自然科学)の中から二科目を選択し、より上級の内容をテストされた。これは第一方式(Method 1)と呼ばれるもので、受験者は希望により、従来の方式——1878年度からは第二方式(Method 2)と呼ばれた——でも受験可能であった。

ラテン語についていえば、1878年度の要件は以下のとおりである。

基礎

①カエサル『ガリア戦記』の第1巻から第4巻(質問付き)、ウェルギリウス『エクロガエ』と『アエネーイス』第1巻から第4巻(質問付き)

②簡単な羅文英訳および簡単な英文羅訳(辞書参照不可)

上級

キケロ『カティリナ弾劾』第1巻から第4巻、ウェルギリウス『アエネーイス』第5巻から第9巻(質問付き)、キケロの翻訳(辞書参照不可)、ラテン語作文

質問とは、たとえば、「『アエネーイス』第3巻での出来事を要約せよ」「上記の詩の第二行および第五行について、音脚に分けた上、各音脚の音量と揚音を記せ」など、内容や韻律・詩形にかんするものである。

「基礎」試験ではむろん、ラテン語をテストされることになる。しかしその比重は旧方式に比べ、ラテン語文法が課されないなどさらに軽減され、「上級」試験でラテン語以外の二科目を履修すれば、文字どおり最小限のラテン語の知識で入学が可能となるわけである。

以上のように、ハーバード大学入学において受験者に課されるラテン語の比重は、1870年代末には確実に減少しつつあったのである。

このようなラテン語偏重の見直しが現実のものであったことは、ボストンにおけるもう一つの男子校イングリッシュ・ハイスクールの側からも実証できる。すなわち、同校の学校便覧は、次のように指摘している。元来、同校は、「将来ビジネスにつくことを目指した男子のための完成教育の学校であった」が、近年では、MITやローレンス科学校などに進学する者も多くなっている。そして、「近年、ハーバード・カレッジの入学基準が大幅に変わったため」、同校で4年の課程を修めた者は、ハーバードの入学試験に合格できるまでになった。実際、「すでに合格した卒業生もおり、彼らはケンブリッジでよい成績を修めている」。入学後、イングリッシュ・ハイスクール出身者の

英語の成績はきわめて優秀で、エリオット学長が公式の席で賞賛するまでになった——フレッシュマン英語の作文についてみれば、「採点された200を越える作品の中から選ばれた4点の模範作文のうち、3点までがボストンのイングリッシュ・ハイスクールの生徒の作品であった」——としている[169]。この証言は、上で確認した、ハーバードに入学する段階でのラテン語の比重の軽減の結果と期を一にしているわけである。それは、古典語を中心とした伝統的なカレッジのカリキュラムの変容を意味するわけであるが、実際、ハーバードの1870年代末は、科目選択制を第4学年から少しずつ拡大していったエリオットの努力が、ついに下級学年までに及んでゆく時期であった*。

* ちなみに、エリオットの努力が遂に実を結び、すべての学年での完全科目選択制が実現した20世紀初頭においても、フレッシュマン英語だけは必修であった。

　ラテン・スクールの共学化の運動をおこなった女性たちにとっての第二の皮肉な結果とは、この論争は、ボストンの人々に、教育におけるジェンダーの問題の存在を改めて明確に意識させることになったということである。ローゼンバーグも指摘したように、階級や血統や伝統といった、それまでの社会的地位決定のための力が衰えつつあった19世紀後半の時代は、一般に、社会の無秩序に対する最後に残った保証として、人々をして、かえってジェンダーによる区分に固執させることになったのであるが[170]、ラテン・スクール論争の結末は、まさにこの意味で、ジェンダーによる区分を顕在化させ、以降の女性運動へも桎梏を課すものとなったのである。事実、ボストンは1890年代初頭に再び、学校委員会を舞台に、公立学校の共学化の是非という、教育とジェンダーをめぐる論争が引き起こされるが、その結末は、今回のラテン・スクール論争以上に、彼女たちに対して、ジェンダーの問題がいかに強大なものであるかを痛感させることになるのである。すなわち、教師、校長、教育行政官、聖職者などを対象に自由記述方式で集められた多くの意見は共

学賛成が文句なく多数派であり、共学化の是非を検討した三人委員会は2対1で共学賛成が多数意見であったにもかかわらず、その政策の実現が凍結されてしまうことになる。その詳細を論ずるのは別の機会としたいが、その公式報告書を瞥見するだけで、ラテン・スクール論争で主張された反対論が生き永らえ、新たな装いのもとで繰り返されていることが理解される[171]。ちなみに、ラテン・スクールの共学化が実現するのは約百年後の1972年であるから[172]、共学化要求は余りにも時期尚早であったわけである。

最後に、本研究は幾つかの点で、先行研究の再検討と今後の研究課題を示唆することになった。たとえば、ボストン学校委員会の改革については、カッツの研究がよく知られている。「都市学校制度はいかにして官僚制となったか」という観点からの彼の研究では、本論が対象としたまさにその時代に、ボストン学校委員会は専門行政官による支配が完了したとされている。だが、カッツの研究には、ジェンダーの視点、特に、本稿に登場した女性たちを一つのグループとして見る視点がない。典型的な素人委員である女性たちの登場は、カッツの言うところの、専門行政官による学校委員会支配の過程における「いくつかの重大な例外」[173]の一つということなのかもしれない。しかしながら、このラテン・スクール論争が終結した1878年1月にフィルブリックが学校委員会によって教育長を解任された際、彼がボストンの新聞紙上に公表した憤懣に満ちた書簡、すなわち、「過去2年間、学校委員会のレディたちは、私が取り組んできた仕事のことごとくを妨害しようと、ことさら熱心であった……。私の後任者が視学委員会のレディ委員と完全にうまくやってゆけば、以降は完璧なハーモニーが保たれるであろう」[174]という書簡は、少なくともフィルブリックの脳裏には、教育長対女性委員たちという構図があったことを示している。そのフィルブリックの後任の教育長にサミュエル・エリオットが選出されたことは、本研究で明らかにしたラテン・スクール論争の経緯から言えば興味深い人事であったはずである[175]。だが、この点についても、カッツのそれを含め、先行研究では全く何も触れられていない。ジェンダーという視点を導入すれば、カッツの描き出したボストン学校委員

会を巡る階級や人種がからんだ政治力学はもっと深く理解することが可能なのではなかろうか。同じことは、ラテン・スクール論争についても言うことができる。本研究は、この論争でラテン・スクールへの若い女性の入学に同様に賛成した人々——とりわけ女性たち——のジェンダーについての理解が、必ずしも同一ではないことをも明らかにした。同じ世代に属し、同じく共学制による若い女性の大学準備教育を擁護したアビィ・メイ／エミリー・タルボットとアンナ・ブラケットの際立った言説の相違は何によって説明されるのであろうか。ジェンダーだけでなく、階級や人種、宗教といった変数を入れて検討することで、より完全な解明が可能となろう。

注

1) *Proceedings of the School Committee of Boston 1874*, January 12, pp.3–6.
2) *Boston Evening Transcript*, January 13, 1874, p.1. エイダリン・バッジャーはウエスト・ニュートン師範学校に在学中にホレース・マンの目に止まり後にアンティオク・カレッジに学ぶことになる。さらに、ホーソン家の女性家庭教師に招かれる。ナサニエル・ホーソンの『大理石の牧神』(1860年)のヒロイン、ヒルダは彼女がモデルと言われている。ホーソン家の人々とヨーロッパ旅行中、セオドア・パーカー夫妻と出会い親交を結ぶことになる。帰国後、アンティオク・カレッジのユニテリアン聖職者であったヘンリー・バッジャーと結婚、ケンブリッジ帰郷後、女子のための学校を経営していた。*Boston Daily Globe,* (January 14, 1874), p.4を参照。
3) Barbara Miller Solomon, *In the Company of Educated Women: A History of Women and Higher Education in America,* (New Haven: Yale University Press, 1985), pp.43–56.
4) このイデオロギーの二面性については、たとえば、Lori D. Ginzberg, *Women and the Work of Benevolence: Morality, Politics, and the Class in the Nineteenth Century United States,* (New Haven: Yale University Press, 1990), pp.2–7を参照。
5) 以下の議論はPatricia M. King, "The Campaign for Higher Education for Women in 19th-Century Boston," *Proceedings of the Massachusetts Historical Society*, Vol.XCIII, (1981), p.61に拠る。
6) King, "The Campaign for Higher Education for Women," p.61.ここでキングは、直接言及はしていないが、彼女の言う第一のグループ——女性参政権論者——と第二のグルー

プ——「女性参政権にはくみしないが奴隷制には反対するという奴隷制廃止論者」——との立場の違いは、アメリカ平等権協会(American Equal Rights Association)の分裂に象徴的に見ることができよう。

奴隷制廃止を目標に活動を続けてきたアメリカ奴隷制廃止協会(American Anti-Slavery Society)は、ウイリアム・ロイド・ギャリソンらによって1833年に結成された組織であったが、この組織は女性の参加を認めず、結成会議に入場を認められたのはルクレチア・モットらわずか4人であり、それもオブザーバーとしての参加であった。だが、この組織がいかに差別的であったとしても、すでに本章でも言及したように、以降の時代に様々な社会改革に乗り出すようになる女性たちは、この奴隷制廃止運動を通じて初めて、政治という公的(男性的)世界へ入ることが許されたのであり、彼女たちはそこで、組織づくりとその運営といった社会改革の運動に必要な知恵を学び取ったのである。

アメリカ平等権協会は1866年、南北戦争終結直後に、エリザベス・ケイディ・スタントン(1815-1902)とスーザン・アンソニー(1820-1906)が率いる全国女性の権利会議(National Woman's Rights Convention)の第11回会議で結成されたが、その結成のもともとの意図は、奴隷制廃止運動とフェミニズムの運動を一つにしようとするものであった。だが、同協会はすぐに、アフリカ系アメリカ人(男性)への参政権の獲得(憲法修正第15項)と女性参政権のどちらを優先させるのかという問題で、亀裂が入ることになる。同協会に合流することになった奴隷制廃止運動の組織の会長ウエンデル・フィリップス——ギャリソンが"引退"した後リーダーとなった——は、元々、明らかにフェミニストの組織との統合に消極的であった。新組織、アメリカ平等権協会の会長にはモットが、スタントンが副会長に、アンソニーが書記と、執行部に3人の女性が就任するという組織ではあったが、協会自体の方向性はやはりフィリップスが目指す男性アフリカ系アメリカ人への参政権獲得ということであった。1869年、スタントンとアンソニーはアメリカ平等権協会と袂を分かち、全国女性参政権協会を結成して、女性のみによる女性参政権獲得の運動に着手することになる。これに続いてルーシー・ストーン、ジュリア・ウォード・ハウらは、アメリカ女性参政権協会を創り対抗する。これら2つの組織の違いは、通説では、スタントン、アンソニーの方が急進的でセパレティスト(女性がリードする女性のみの組織)、ストーン、ハウの方は穏健で男性との共闘(あるいは男性によるリード)を認めた組織とされている。"American Anti-Slavery Society," Elizabeth Frost-Knappman with the assistance of Sarah Kurian, *Women's Progress in America*, (ABC-CLIO, Inc., 1994), pp.13-14.

7) King, "The Campaign for Higher Education for Women," p.62.
8) Patricia Palmieri, "From Republican Motherhood to Race Suicide: Arguments on the Higher Education of Women in the United States," Carol Lasser (Ed.), *Educating Men and Women Together: Coeducation in a Changing World*, (Urbana and Chicago, University of

Illinois Press, 1987), p.55.
9) Charles K. Dillaway, "Education, Past and Present. The Rise of Free Education and Educational Institutions," Justin Winsor (Ed.), *The Memorial History of Boston, 1630-1880*, (Boston: Tickner, 1881) Vol.4, Chapter 1, p.251 ff.
10) New England Women's Club, Committee on Education Minutes, I, March 15, 1872, MSS, Box 8, Folder 21, New England Women's Club Papers. Schlesinger Library. Radcliffe College.
11) ヒーリーは学校委員会での決定を不服として、徹底的に争う姿勢を見せ、結局、この問題は、州最高裁判所までに持ち込まれ、ようやく女性委員の当選が認められる。この間の論争はマサチューセッツ州を越えて注目を集め、『ニューヨーク・タイムズ』も逐一報道するに至っている。"Woman's Rights: The Cause in Boston Another Blow from the City Solicitor," *New York Times*, (March 11, 1874), p.1; "A Victory for the Women: The Supreme Court of Massachusetts Declare Them Eligible for Election to the School Board," *New York Times*, (February 21, 1874), p.1.本章で後に見るように、ヒーリーは、ラテン・スクール論争での共学反対の急先鋒の一人になるわけであるが、それは彼が、ラテン・スクール同窓会の代表という立場であったとともに、そもそも市法務官として、女性が教育行政になにがしかの発言をすることを嫌うという彼の一貫した姿勢をあらわすものでもあった。なお、ヒーリーへの死亡追悼記事は、*Boston Evening Transcript*, (April 20, 1880), p.6を参照。
12) この間の事情は Polly Adams Welt Kaufman, "Boston Women and City School Politics, 1872-1905: Nurtures and Protectors in Public Education," Ph.D. Dissertation, Boston University, (1878), pp.55-103を参照。
13) 近年の業績としては、Richard P.DuFour, "The Exclusion of Female Students from the Public Secondary Schools of Boston 1820-1920," Ph.D. Dissertation, Northern Illinois University, 1981, pp.176-212を参照。
14) 以下の議論のより詳細は、拙著『アメリカ大学史とジェンダー』(東信堂、2002年)の第2章を参照されたい。
15) MSUEW, "Minutes," 6 January 1877. MS. Box 4, MSUEW Archives.
16) MSUEW, "Minutes," 6 January 1877. MS. Box 4, MSUEW Archives.なお、デュラントによる女性高等教育論は、Florence Morse Kingsley, *The Life of Henry Fowle Durant: Founders of Wellesley College*, (New York: The Century Co, 1924)の特に第XIX章を参照されたい。ちなみに、デュラントの第二の主張にある「高等教育を受けている女性はそれに耐えられないのではないかという一般に広がっている考え方」とは、エドワード・クラークによる『教育における性』(1873年)によって決定的に流布されるに至った——ただし、本章でも後に見るように、クラーク自身は女性の高等教育そのものに反対しているのではない——イデオロギーであり、実際、「協会」は後にこの問題への対応を迫られるよ

うになるのである。

17) Emily Talbot, "The Boston Girls Latin School." [n.d.] , MS. File 103, Box 2, The Talbot Family Papers. 下線部は原文のまま。なお、このタイプ打で20頁のマニュスクリプトは、ボストン公立図書館稀覯本室にそのオリジナルが、ボストン大学特別コレクションにはそのカーボンコピーが保存されている。執筆の日付は入っていないが、内容からして1898年か1899年頃の執筆と思われる。ボストン公立図書館稀覯本室蔵のマニュスクリプトは製本されており、ドナーとしてマリアン・タルボットの名前が記されており、1902年の寄贈になっている。恐らく、母エミリーの死去後、遺品を整理したマリアンが、自分たち母娘にとって関係の深かったボストン公立図書館に寄贈したものと思われる。

18) "The Boston Latin School; A Centennial Celebrated by Its Alumni— Speeches By Mr. Ralph Waldo Emerson and Hon. William M. Evarts," *New York Times*, November 11, 1876, p. 2.

19) この間の事情は、William J. Reese, *The Origins of the American High School*. (New Heaven: Yale University Press, 1995), pp. 1-15を参照。

20) MSUEW, "Minutes," 6 January 1877. MS. Box 4, MSUEW Archives.

21) MSUEW, "Minutes," 14 April 1877. MS. Box 4, MSUEW Archives.

22) MSUEW, "Minutes," 19 May 1877. MS. Box 4, MSUEW Archives.

23) MSUEW, "Minutes," 19 May 1877. MS. Box 4, MSUEW Archives.

24) MSUEW, "Minutes," 29 September 1877. MS. Box 4, MSUEW Archives.

25) Boston School Committee, "Petition for 'Girls' Latin," 9 October, 1877. Boston School Committee Papers, MS, Bos. SC. 2. I. 1877. Rare Books and Manuscripts Room, Boston Public Library.

26) Boston School Committee, "Petition for 'Girls' Latin," 9 October, 1877. Boston School Committee Papers, MS, Bos. SC. 2. I. 1877. Rare Books and Manuscripts Room, Boston Public Library.

27) Boston School Committee, Proceedings, 11 September 1877.

28) "Classical Education of Girls," *Boston Evening Transcript*, October 6, 1877, p.2.

29) "Education for Girls," *Boston Daily Advertiser*, October 6, 1877, p.2.

30) "Classical Education of Girls," *Boston Evening Transcript*, October 6, 1877, p.2.

31) "Classical Education of Girls," *Boston Evening Transcript*, October 6, 1877, p.2.

32) "Classical Education of Girls," *Boston Evening Transcript*, October 6, 1877, p.2.

33) "Young Women's Rights," *Boston Daily Globe*, October 6, 1877, p.4.

34) "Education for Girls," *Boston Daily Advertiser*, October 6, 1877, p.2.

35) "Young Women's Rights," *Boston Daily Globe*, October 6, 1877, p.4.

36) "Classical Education of Girls," *Boston Evening Transcript*, October 6, 1877, p.2.

37) *Fifty Second Annual Report of the President of Harvard College*, 1876-77, pp.145-149 より

算出。
38) "Classical Education of Girls," *Boston Evening Transcript*, October 6, 1877, p.2.
39) "Education for Girls," *Boston Daily Advertiser*, October 6, 1877, p.2.
40) "Education for Girls," *Boston Daily Advertiser*, October 6, 1877, p.2.
41) "Classical Education of Girls," *Boston Evening Transcript*, October 6, 1877, p.2.
42) "Classical Education of Girls," *Boston Evening Transcript*, October 6, 1877, p.2.
43) "Boston Public Institutions: Give the Girls a Fair Chance," *Boston Morning Journal*, October 6, 1877, p.2.
44) "Education for Girls," *Boston Daily Advertiser*, October 6, 1877, p.2.
45) "Education for Girls," *Boston Daily Advertiser*, October 6, 1877, p.2.
46) "Classical Education of Girls," *Boston Evening Transcript*, October 6, 1877, p.2.
47) "Classical Education of Girls," *Boston Evening Transcript*, October 6, 1877, p.2.
48) "Education for Girls," *Boston Daily Advertiser*, October 6, 1877, p.2.
49) "Education for Girls," *Boston Daily Advertiser*, October 6, 1877, p.2.
50) "Boston Public Institutions: Give the Girls a Fair Chance," *Boston Morning Journal*, October 6, 1877, p.2.
51) これについては、Glenn C. Altschuler, *Better Than Second Best: Love and Work in the Life of Helen Magill*, (Urbana and Chicago: University of Illinois Press, 1990), pp.13-14を参照。言うまでもなく、ヘレンにとっては楽しい学園生活であったはずがなく、アルツシューラーは、「自我形成期に自分と同い年の少女たちとの交際の機会を奪われて、彼女は『むしろ孤独で非社交的』であった。……ヘレンはボストン・ラテン・スクール時代についてほとんど語っていないが、彼女に注がれるまなざし、恐らくは少年らしい悪戯の対象にされることへの彼女の不快さは容易に想像できよう」としている。
52) "Education for Girls," *Boston Daily Advertiser*, October 6, 1877, p.2.
53) "The Education of Girls," *Boston Daily Advertiser*, Otober 16, 1877, p.2.
54) "Shall the Girls Enter the Latin School?" *Boston Morning Journal*, October 16,1877, p.4.
55) "Shall the Girls Enter the Latin School?" *Boston Morning Journal*, October 16, p.4.
56) "The Education of Girls," *Boston Daily Advertiser*, Otober 16, 1877, p.2.
57) "Shall the Girls Enter the Latin School?" *Boston Morning Journal*, October,1877, 16, p.4.
58) "Shall the Girls Enter the Latin School?" *Boston Morning Journal* October,1877, 16, p.4.
59) Sally Schwager, "'Harvard Women': A History of the Founding of Radcliffe College," Unpublished Ed.D. Dissertation, Harvard University . (1982), p.34.
60) Lucy R. Woods. *History of the Girls' High School of Boston, 1852-1902*, (Boston: Riverside Press, 1904), p.39. Schlesinger Library, Radcliffe College.
61) Olive B. White. *Centennial History of the Girls' High School of Boston*, (Boston: Paul Blanchard, 1952), p.33. Schlesinger Library, Radcliffe College.なお、筆者は、現在、ボス

トン・アティーニウム図書館が所蔵するサミュエル・エリオット・ペーパーの中にある彼の書き残した日記（Diary of Samuel Eliot, 1839–1898, MSS, Box 2, Samuel Eliot Personal and Family Papers, 1810–1910）を調べた。この日記の中で、彼は一貫して教育の質向上について真摯な考察を数多く残しているが、この一連の公聴会に関する記述はない。

62) "The Education of Girls," *Boston Daily Advertiser*, October 16, 1877, p.2.
63) "Shall the Girls Enter the Latin School?" *Boston Morning Journal* October 16,1877, p.4.
64) "The Education of Girls," *Boston Daily Advertiser* October 16, 1877, p.2.
65) "Shall the Girls Enter the Latin School?" *Boston Morning Journal*, October 16,1877, p.4.
66) "Shall the Girls Enter the Latin School?" *Boston Morning Journal*, October 16,1877, p.4.
67) "The Education of Girls," *Boston Daily Advertiser*, October 16, 1877, p.2.
68) フィリップスはハーバード大学出身の法律家で、奴隷制度廃止論者として有名になったが、すでに南北戦争以前より女性参政権への支持を表明していた。ジュリア・ウォード・ハウは彼女の回顧録で次のような興味深い逸話を証言している。1850年10月、ボストン近郊のウースターで女性の権利会議が開催された際、フィリップスはその主催者側の中心人物の一人であったのであるが、「彼は、会議に参加してくれるよう要請した彼の手紙に対してホレース・マンが断りの手紙を書いてきたと不満を述べた。ラルフ・ウォード・エマソンは、現在マーガレット・フラー伝を執筆中で忙しいので出席できないと言って来たが、会議はまさにそれ（マーガレット・フラーが生涯をかけた女性の地位向上の運動――引用者注）を目的にしていることを考慮してもよさそうなものだというのである。」Julia Ward Howe, *Reminiscences: 1819–1899*, (Boston: Houghton, Mifflin and Company, 1899), pp.157–158.
69) "Shall the Girls Enter the Latin School?" *Boston Morning Journal*, October 16,1877, p.4.
70) "Shall the Girls Enter the Latin School?" *Boston Morning Journal*, October 16,1877, p.4.
71) "Shall the Girls Enter the Latin School?" *Boston Morning Journal*, October 16,1877, p.4.
72) "Shall the Girls Enter the Latin School?" *Boston Morning Journal*, October 16,1877, p.4.
73) "Shall the Girls Enter the Latin School?" *Boston Morning Journal*, October 16,1877, p.4.
74) "Shall the Girls Enter the Latin School?" *Boston Morning Journal*, October 16,1877, p.4.
75) "The Education of Girls," *Boston Daily Advertiser*, October 16, 1877, p.2.
76) "Shall the Girls Enter the Latin School?" *Boston Morning Journal*, October 16, p.4.
77) "Boston's Treatment of Girls," *Boston Evening Transcript*, October 5, 1877, p.4.
78) "Boston's Treatment of Girls," *Boston Evening Transcript*, October 5, 1877, p.4.
79) "Classical Education for Girls," *Boston Daily Globe*, October 17, 1877, p.4.
80) "Classical Education for Girls," *Boston Daily Globe*, October 17, 1877, p.4.
81) "Classical Education for Girls," *Boston Daily Globe*, October 17, 1877, p.4.
82) "Classical Education for Girls," *Boston Daily Globe*, October 17, 1877, p.4.
83) "The Classical Education of Girls," *Boston Evening Transcript*, October 25, 1877, p.2.

84) "Shall the Girls Go to the Latin School?" *Boston Morning Journal*, October 25, 1877, p.3.
85) この点については、Henry F. Jenks (Ed.), *The Boston Latin School 1635-1880*, (Cambridge, Mass: Moses King, 1881), pp.13-14参照。
86) "Instruction for Girls," *Boston Daily Advertiser* October 25, 1877, p.2.
87) "The Classical Education for Girls," *Boston Evening Transcript*, October 25, 1877, p.2.
88) "The Classical Education for Girls," *Boston Evening Transcript*, October 25, 1877, p.2.
89) "Shall the Girls Go to the Latin School?" *Boston Morning Journal*, October 25, 1877, p.3.
90) "Instruction for Girls," *Boston Daily Advertiser*, October 25, 1877, p.2.
91) "The Classical Education for Girls," *Boston Evening Transcript*, October 25, 1877, p.2.
92) "The Classical Education for Girls," *Boston Evening Transcript*, October 25, 1877, p.2.
93) "Instruction for Girls," *Boston Daily Advertiser*, October 25, 1877, p.2.
94) "Shall the Girls Go to the Latin School?" *Boston Morning Journal*, October 25, 1877, p.3.
95) "The Classical Education for Girls," *Boston Evening Transcript*, October 25, 1877, p.2.
96) "The Classical Education for Girls," *Boston Evening Transcript*, October 25, 1877, p.2.
97) "How Does College Life Affect the Health of Women?" *Education*, Vol.3, May, 1883, pp.501-512.
98) "Shall the Girls Go to the Latin School?" *Boston Morning Journal*, October 25, 1877, p.3.
99) "Shall the Girls Go to the Latin School?" *Boston Morning Journal*, October 25, 1877, p.3.
100) Boston School Committee, "Petition, Girls for Classical Education," 23 October, 1877. Boston School Committee Papers, MS, Bos. SC. 2. I. 1877. Rare Books and Manuscripts Room, Boston Public Library.
101) 1通目の方は8名の署名に対して16名の娘がいることになっており、2通目は14名の署名に同じく16名の娘がいることになっている。タルボットの署名が見えるのはこの2通目の請願用紙である。
102) "Must It Not Be in the Latin School," *Boston Daily Journal*, October 20, 1877, p.4.
103) "The Latin School," *Boston Daily Advertiser*, October 25, 1877, p.2.
104) "The Latin School," *Boston Daily Advertiser*, October 25, 1877, p.2.
105) "The Latin School," *Boston Daily Advertiser*, October 25, 1877, p.2.
106) "The Latin School," *Boston Daily Advertiser*, October 25, 1877, p.2.
107) "Have Girls Any Rights?" *Boston Daily Advertiser*, October 26, 1877, p.2.
108) "Sex in Literature," *Boston Daily Advertiser*, October 26, 1877, p.2.
109) "The Latin School," *Boston Evening Transcript*, October 30, 1877, p.4.
110) "The Latin School," *Boston Evening Transcript*, October 30, 1877, p.4.
111) "What a Girl Thinks about It," *Boston Evening Transcript*, October 31, 1877, p.5.
112) "What a Girl Thinks about It," *Boston Evening Transcript*, October 31, 1877, p.5.
113) "The Latin School Questions," *Boston Evening Transcript*, November 2, 1877, p.6.

114) "The Latin School Questions," *Boston Evening Transcript*, November 2, 1877, p.6.
115) "The Latin School Questions," *Boston Evening Transcript*, November 2, 1877, p.6.
116) 以下のカラーの議論は、"The Education of Girls," *Boston Daily Advertiser*, November 2, 1877, p.4.; "The Classical Education of Girls," *Boston Evening Transcript* November 2, 1877, p.2.; "Shall They Be Admitted to the Latin School?" *Boston Daily Globe*, November 2, 1877, p.3.; "The Girls and the Latin School," *Boston Morning Journal* ,November 2, 1877, p.3.による。
117) "Shall They Be Admitted to the Latin School?" *Boston Daily Globe* November 2, 1877, p.3.
118) "The Education of Girls," *Boston Daily Advertiser*, November 2, 1877, p.4.
119) "The Girls and the Latin School," *Boston Morning Journal*, November 2, 1877, p.3.
120) "The Classical Education of Girls," *Boston Evening Transcript*, November 2, 1877,p.2.
121) "The Classical Education of Girls," *Boston Evening Transcript*, November 2, 1877, p.2; "Shall They Be Admitted to the Latin School?" *Boston Daily Globe*, November 2, 1877, p.3.
122) "The Girls and the Latin School," *Boston Morning Journal*, November 2, 1877, p.3.
123) "The Girls and the Latin School," *Boston Morning Journal*, November 2, 1877, p.3.
124) "The Girls and the Latin School," *Boston Morning Journal*, November 2, 1877, p.3.
125) "The Girls and the Latin School," *Boston Morning Journal*, November 2, 1877, p.3.
126) "The Girls and the Latin School," *Boston Morning Journal*, November 2, 1877, p.3.
127) "The Girls and the Latin School," *Boston Morning Journal*, November 2, 1877, p.3.
128) "The Education of Girls," *Boston Daily Advertiser*, November 2, 1877, p.4.
129) "The Education of Girls," *Boston Daily Advertiser*, November 2, 1877, p.4.
130) "The Classical Education of Girls," *Boston Evening Transcript* November 6, 1877, p.1.
131) この問題については、Barbara Meil Hobson, "Sex in the Marketplace: Prostitution in an American City, Boston, 1820–1880," Ph. D. Dissertation, Boston University, 1982 および、Barbara Meil Hobson. *Uneasy Virtue: The Politics of Prostitution and the American Reform Tradition*, (New York : Basic Books , 1987)を参照。
132) たとえば、New England Female Moral Reform Society や Home for Friendless and Fallen Women を挙げることができる。
133) たとえば、当時のベストセラー小説家でボストン在住のエリザベス・ステュアート・フェルプスの『囲い込まれて (*Hedged In*)』(1870年)などがそれにあたる。
134) "The Classical Education of Girls," *Boston Evening Transcript*, November 6, 1877, p.1.
135) "Sex in Education," *Boston Daily Advertiser*, November 6, 1877, p.1.
136) "Sex in Education," *Boston Daily Advertiser*, November 6, 1877, p.1.
137) "Sex in Education," *Boston Daily Advertiser*, November 6, 1877, p.1.
138) "Sex in Education," *Boston Daily Advertiser*, November 6, 1877, p.1.
139) "The Classical Education of Girls," *Boston Evening Transcript*, November 6, 1877, p.1.
140) "The Classical Education of Girls," *Boston Evening Transcript*, November 6, 1877, p.1.

141) "Co-education: Girls with Boys in the Latin School," *Boston Daily Globe*, November 6, 1877, p.3.
142) "Sex in Education," *Boston Daily Advertiser*, November 6, 1877, p.1.
143) *Thirty-Second Semi-Annual report of the Superintendent of Public Schools of the City of Boston*, (September 1877), p.44. なお、フィルブリックは1877年3月に刊行された教育長報告において、前年の5月末から6月にかけておこなった西部諸都市への視察旅行の報告を掲載している。彼はまず、訪問した諸都市のうち、シンシナティ、セントルイス、シカゴを、公教育制度の充実度という点で第1級のランクの都市であるとし、ピッツバーグ、ルイズビル、クリーブランドを第2級のランクの都市の代表であるとする。そして、訪問した各都市の学校委員会の構成、その権力、俸給、公教育の制度を紹介した後、以下のような指摘をしている。

「実際、(視察した)学校はほとんどすべて共学であり、男子あるいは女子のみの学校はきわめてまれな例外である。一方、ボストンでは、小学校より上の生徒たちの大多数が別学校に在籍しているわけである。この国においては男女共学が他の国にまして非常に普及しており、これをアメリカの教育の特質とみなしうるかもしれない。また、アメリカの教師たちの中にも共学制を推奨する人々もいるが、これが両性の最善の発達を保障するものかどうかは、すでに肯定的に決着したとはみなしえないのである。両性へのまったく同一の共学(identical coeducation)が、最善の男性らしさあるいは最善の女性らしさの発達にとって最善の制度であるかどうかは、アメリカの経験が実証したところのものであると認めることはできない。この重要な問題は、一般の人々の投票によってでも、また、教育会議の決議によってでも決着されないのであり、問題の決着は、教育科学の基礎にある諸科学の教えるところによってもたらされねばならないのである。」(*Thirty-First Semi-Annual Report of the Superintendent of Public Schools of the City of Boston*, (March 1877), p.82.)

144) William F. Warren, *Argument of President Warren on the Admission of Girls to Boston Latin School*. [Galatia Collection, Boston Public Library]. このパンフレットはウォーレン学長の公聴会での証言を「協会」が公聴会直後に出版したものである。当日の複数の新聞報道の内容とほぼ同一である。
145) Warren, *Argument of President Warren*, p.6.
146) Warren, *Argument of President Warren*, p.6.
147) Warren, *Argument of President Warren*, p.6.
148) Warren, *Argument of President Warren*, p.3.
149) Warren, *Argument of President Warren*, pp.6-7.
150) Warren, *Argument of President Warren*, p.7.
151) November, Wednesday 14, 1877. William Fairfield Warren Diaries, MSS, Box 7, William

Fairfield Warren Papers, Boston University Archives.
152）もっとも、フィルブリック自身はみずからの立場を変える必要をまったく感じていなかったようで、ウォーレン学長の証言が『ボストン・デイリー・アドヴァタイザー』紙に掲載されるすかさず反論を同紙に寄せている。その概容は以下のとおりである。

　共学賛成派は、共学制の利点を様々な経験によって裏付けているが、自分は20年間、ある場合は生徒として、また別の場合は教師や行政官として、別学・共学の両方の学校を経験してきたのであり、かつ、これまでどちらか一方の側に荷担するということもなかった。したがってむしろ自分こそ、経験によってものを語ることができるはずである。

　女子への大学準備教育の機会を保障することは賛成である。しかしラテン・スクールの門戸開放には反対する。

　ラテン・スクールが共学化することは「学校委員会がまったく同一の共学を正規の標準的な制度として採用し、これまで中断なく続いてきた別々の教育という方針を逆転させることに等しい」とする。さらにラテン・スクールに付属の女子部をつくることも、「請願者にとって共学の勝利と受け取られる」。

　共学賛成派の議論を吟味してみるならば、そこでは、「着実な推論が無視され、一貫したデータと事実が無視され、教育進歩の法則と歴史が無視され、当該の問題に関する科学的研究の成果がほぼすべて無視され、経験の成果が無視され、最も信頼すべき教育の権威の意見が無視されている」。こうして、フィルブリックは、共学賛成派の主張を27項目に分けて逐一、反論するのである。("The Girls and the Latin School?Mr. Philbrick's Argument," *Boston Daily Advertiser*, November 13, 1877, p.3.)

153）*Proceedings of the School Committee of Boston 1877*, November 27, pp.197-98; *Boston Evening Transcript*, November 28, 1877, p.3. この日の委員会の席上、メイ委員の他に、ハイスクール委員会の結論とは異なった同じく却下されることになる代替案を提出したのがハッチンス委員であった。彼の代替案は、ハイスクール委員会に「大学準備教育を望む女子のためにクラスを一つ編成し、副校長(サブ・マスター)の俸給と職階に匹敵する有能な教師を雇う権限をあたえ、さらに、当該クラスの教育課程の決定と実施の監督をラテン・スクールの校長(マスター)の手に委ねる」とするものであった。つまり、この代替案では共学に言及していないものの、新しくできる女子クラスの教育はラテン・スクールのそれと実質的に同じになるような制度的保証(校長が責任を負う)が盛り込まれているのである。なお、このハッチンス委員の発言とメイ委員の発言は、議事録原本(マニュスクリプト)と印刷刊行された議事録では逆になっている(つまり、原本では、上記の発言はメイ委員がしたことになっている)。筆者は、新聞報道と突き合わせた結果、印刷刊行された議事録の方を正しいものとして採用することにした。

154）*Boston Evening Transcript*, November 28, 1877, p.3.
155）Edward H. Clarke, *Sex in Education: or A Fair Chance for the Girls*, (Boston: James R.

Osgood and Company, 1873).なお、筆者は別の箇所で、クラークの議論を詳細に分析したことがある。拙著、『アメリカ大学史とジェンダー』（東信堂、2002年）、111–125頁を参照。

156) Clarke, Sex *in Education*, p.124.
157) Clarke, Sex *in Education*, p.47
158) Clarke, Sex *in Education*, p.59.
159) Clarke, Sex *in Education*, p.112.
160) Clarke, Sex *in Education*, p.127.
161) フィルブリックのスペンサー援用が、本当にスペンサーを理解した上でおこなわれたのか、それとも彼らは"俗流スペンサー主義者"でしかなかったのかは検討に値する問題であろう。スペンサー自身のジェンダー観は、Herbert Spencer,"Psychology of the Sexes," *Popular Science Monthly*, Vol.4, (November 1873), pp.30–38に最もよく見て取ることができる。フィルブリックがこの論文を読んでいたことはほぼ間違いがないと思われる。
162) カウフマンも指摘している。「彼（フィルブリック——引用者注）にとっては、学校組織は目的であって手段ではなかった。…彼は、幼稚園を推奨したが、それは、フレーベル理論へ関心を持ったからではなく、幼稚園が児童の小学校への入学を容易にするであろうという理由によるものであった」。 Kaufman, "Boston Women and City School Politics," p.95.
163) この点については、Solomon, *In the Company of Educated Women*, Chap.3参照。
164) 注17のタルボットのマニュスクリプトを参照。
165) この論点については、Sarah Deutsch, "Learning to Talk More Like a Man: Boston Women's Class Bridging Organizations, 1870–1940," *American Historical Review*, (April 1992), pp.379–404参照。
166) 彼女の議論に注目したのは、*Woman's Journal* を除き、*New England Journal of Education*のみである。同誌の Vol.6, No.16, (October 25,1877), p.186の論説を参照。
167) この論点はローゼンバーグに従う。Rosalind Rosenberg, *Beyond Separate Spheres: Intellectual Roots of Modern Feminism*, (New Haven: Yale University Press, 1982), p.xv.を参照。
168) *Harvard Examination Papers*. Collected and arranged by R.F. Leighton. 10th ed., (Boston, Ginn, 1886.) [Harvard Archives, HUC 7680.12.10] および、Printed Report to President Eliot, from the Committee on Revision of the Requirements for Admission, 1898 January 10. [Harvard Archives] による。
169) *Catalogue of the Scholars and Teachers of the English High School, Boston, Mass from 1821 to 1890*, (Boston: English High School Association, 1890), pp.xxiii–xxvi. [Boston Public Library]。

170) Rosenberg, *Beyond Separate Spheres*, p.3.
171) *Majority and Minority Reports of the Special Committee on the Subject of Co−education of the Sexes*. School Document No.19, 1890. [Rare Books Room, Boston Public Library]
172) "Girls Admitted by Boston Latin; All−Boys School Drops Its Bar After 337 Years," *New York Times*, September 10, 1972, p.35.同記事は言う。「『女子が入学してきたときには、かのイジーキエル・チーヴァー(ラテン・スクール初代校長)老人が墓の中で寝返りを打ったようです』とウィルフレッド・オライリー校長は語った。『ですが、彼が生きていたのは私たちのとは別の世紀ですし、ご承知のように、ものごとは確かに変わってしまったわけですから』」。この共学化実現の直接の原因は、その前年、マサチューセッツ州議会が可決した公教育におけるあらゆる性差別を禁止する法案であった。「ラテン・スクールだけは例外」と考えた人々がいたことは事実であるが——オライリー校長自身、州議会での聴聞で、共学化反対の証言をおこなっている——時代はもはや、そのような例外を許すものではなかったのである。
173) Michael Katz, *Reconstructing American Education*, (Cambridge, Mass: Harvard University Press, 1987), p.64.
174) *Boston Evening Transcript*, January 23, 1878, p.8.
175) この教育長の人事について、エリオットは彼の日記に、以下のように書き記している。「私は、これ(人事)を学校委員会が私にあたえたものとは見ない。もしそう見るのであったら、断るべきであろう。というのは、その任務は非常に重く、恐らく私がうまくやってゆくには重すぎるものであると知っているからである。……私はここに神の意志を感じる。……神が私に私が持っていないものを賜われんことを。」(Diary, January 23, 1878, Vol.K, Samuel Eliot Personal and Family Papers, 1810−1910. Boston Athenaeum Library.) なお、エリオットは教育長を1期務めただけで辞任するが、その理由は、孫のサミュエル・エリオット・モリスンによれば、「学校で使用するために大幅削除版の『アラビアンナイト』を出版したために再任を勝ち取ることができなかった。この職を欲しがっていたライバルが出版を、『東洋的専制君主の淫らな話で若者を堕落させている』とねじ曲げたからである」。Samuel Eliot Morison, *One Boy's Boston, 1887−1901*, (Boston: North Western University Press, 1983), p.3.

第2章 ハーバード女性試験の成立と終焉

1. はじめに

　アメリカ史にとって1872年という年は、一つの記念すべき年であった。同年の5月、ヴィクトリア・クラフリン・ウッドハル(1838-1927)が、女性として初めて大統領選挙に立候補——副大統領候補は、これまた初のアフリカ系アメリカ人の候補、フレデリック・ダグラス(Frederick Douglass, 1817-95、奴隷制廃止論者、奴隷出身)——したのである[1]。南北戦争が終結し、かつて奴隷の身分に束縛されていた人々は解放され、少なくとも名目上は参政権があたえられた。だが、同じく参政権を目指しつつも奴隷制廃止という大儀のために奴隷廃止論者たちと共闘してきた女性たちにとって、戦争の終結は、アンテベラム期に比べてさらなる自由を保障するものでは必ずしもなかった。それどころか、前章末でも確認したように、階級や血統や伝統といった、それまでの社会的地位決定のための力が衰えつつあった19世紀後半の時代は、一般に、社会の無秩序に対する最後に残った保証として、人々をして、かえってジェンダーによる区分に固執させることになったのである[2]。このような中、女性たちは、文化のさまざまな分野で、政治的にも多様な立場に拠りつつ、連帯しながら新たな活動を展開していったのである。彼女らは戦争の終結とともに、産業化や都市化、移民の流入などの新たな社会問題への取組みを開始したのである。女性参政権はおろか自由恋愛までも標榜したウッドハ

ルは、これらの運動家の中でもっともラディカルであった——それゆえに激しい攻撃に曝された——が、すでに本書前章で見た、エリザベス・ケイディ・スタントンとスーザン・アンソニーによる全国女性参政権協会(NWSA)は、彼女をその大会のスピーカーとして招いた。これに対して、同じくみずからを女性参政権論者と呼んだジュリア・ウォード・ハウやルーシー・ストーンらによって結成されたニューイングランド女性参政権協会(NEWSA)[3]、同じくハウやキャロライン・セヴァランス(1820–1914)らによって結成されたニューイングランド女性クラブ(NEWC)もまた、より穏健な運動をおこなっていた[4]。

しかし、以上のような"女権運動家"たちのグループとは異なり、世間に目立つことを避けつつも、女性のためにさまざまな文化的なあるいは教育的な様々な活動をおこなっていた人々もまた存在していた。これらの人たちは、政治的な立場については反・女性参政権論者であったとしても、「その本心はフェミニスト(feminists under the skin)」であったと評価されるように[5]、外面では伝統的な「真の女性らしさ」を信奉しつつも「女性の領域」の規定に対して疑問を投げかけ、これを拡大し変革することを目指していた人々であった[6]。

ウッドハルによる大統領選挙立候補の4ヶ月ほど前の1872年1月12日、ボストンのウエスレヤン・ホールでは、「より善き女性の教育に関心をもつ紳士淑女の会議」が開催されていた。主催したのは、女性教育協会(Woman's Education Association)であったが、これは会の存在を世間に知らしめた最初の公開講演会であり、この講演会への呼びかけの中心者がミセス・B. F. ブルックスとミセス・チャールズ・パースの二人であった。ブルックスは、ボストンの社交界で教育改革家として知られていた。また、パースはすでに本書第1章で言及したように、ハーバードの哲学者パースの妻であり、いずれも、ボストン・ブラーミンの世界に属する女性たちであり、同時にハーバード大学と密接な関係をもっていたのであり、この二人が女性教育協会結成にあたって呼びかけた女性たちもまた、彼女らと同じように、ボストンの上流階級の人々であった。

以下に引用するこの講演会への呼びかけ状、さらに当日の講師の顔ぶれは、一方で、伝統的な「真の女性らしさ」を信奉しつつも、同時に、適切な方法による社会変革への意志を表明するという、この女性団体の性格をきわめて雄弁に物語っている。

> 女性の義務と責任からして——その文明が日々複雑になっている社会における母と妻としての女性だけでなく、多くの慈善と改革の推進者・支持者として、より一般的に来るべき世代の教育者として、公立学校委員会の有望な委員として、そして、みずからの資財をなげうつ責任がある人々としての女性の義務と責任からして——現在の女性教育は、ばらばらで不十分で不満足なものであると私たちは思うものである。その改善のためにどのような適切な手段があるのか、この問題について真摯な考察をおこなっていた方々から示唆をいただくことを願うものである[7]。

同会場で講演をおこなったのは、以下の人々であった。

・サミュエル・エリオット（議長）（本書第1章参照）
・フランシス・ジェイムズ・チャイルド（Francis James Child, 1825-1896. 英語学者。ハーバード大学教授）
・フレデリック・ヘンリー・ヘッジ（Frederic Henry Hedge, 1805-1890. ユニテリアン聖職者、超越主義者、ドイツ文学翻訳者）
・エドワード・ハモンド・クラーク（本書第1章参照）
・アンドリュー・ディクソン・ホワイト（Andrew Dickson White, 1832-1918. 歴史学者、外交官、当時はコーネル大学学長）
・ジョン・ダッドリー・フィルブリック（本書第1章参照）

これらの講演者たちを、政治イデオロギーの上で一つにくくることは難し

いと思われる。しかし、少なくとも女性教育協会が掲げた「より善き女性の教育」の実現という運動目標にとっては、それぞれが一家言をもっていたわけであり、この協会に集った人々にとっては、傾聴に値するものであった。

　本章は、この女性教育協会がおこなった最初の運動の一つの成果である、ハーバード女性試験の成立について見てゆく。この試験制度の成立と終焉を見ることで、当時のボストンで、女性のための教育機会の拡大のために、女性たちがどのような努力をおこなわなければならなかったのか、そして、そのような努力に対して、男性の側、すなわちこの場合はハーバード大学が、どのようにこれに報いたのか——より正確に言えば、どのように報いなかったのか——を明らかにすることができるはずである。

　すでに見たように、女性教育協会が成立した1872年は、アメリカ合衆国の女性史にとっても節目の年であった。このことは、ボストンという地域にとってもそうであった。つまり、機は熟していたのである。そこで、以下にまず、女性教育協会の設立に至るまでに、ボストンでは、女性の高等教育がどのように制度化されていったのか、とくにハーバード大学においてはどうであったのかを瞥見し、そこで女性たちは何を獲得し何を喪失していったのかを確認しておきたい。

2．1860年代のハーバードにおける大学改革と女性

(1)エリオットと大学院構想

　1860年代のハーバードではより進んだ科学研究の必要性が認識され、これを実現するための手段が模索されていたが、この趨勢は1869年にエリオットが学長に就任するとより急速に進められるようになった[8]。大学院の設立に向けて、エリオットは前ヒル学長時代に開始されたユニバーシティ・レクチャーのシリーズに新たな可能性を見いだしていた[9]。このシリーズはもともと、ハーバードや他大学の卒業生や公立学校教員を対象に、ハーバードの

教員を中心に構成された教授陣が科学諸科を教授する講座であり、一般公衆に対してもわずかな受講料を支払うことで公開されていた。エリオットはこれをより完全な基盤にのせ——ハーバードの年間授業料にあたる150ドルの聴講料を払ってでも聴講したい者のみに公開し、この聴講料をもとに講師に手当を支払う——、さらに高度な内容にすることで、そのコースは大学院の学生にも有益なものになるであろうと考えたのである。すなわち、ハーバードの学士課程を修了した学生がさらにケンブリッジに残って系統的な学習（systematic study）を続け、「深淵で継続性と体系性をもった教育（systematic teaching）」をもとめる上級学生を外の地からも集めるようなコースを構想したのであった[10]。このためエリオットは、イェール大学からポーター（本書第1章参照）やドゥワイト（Timothy Dwight, 1828-1916. 聖職者、イェール大学学長）、フィッシャー（George Park Fisher, 1827-1909. 聖職者、歴史家）といった錚々たる学者たちを招くため接触もおこなったのである[11]。

　こうして再開された新ユニバーシティ・レクチャーのシリーズ——University Courses of Instructionと名称変更された——は、しかしながら、エリオットの期待を裏切るものでしかなかった。一年目のそれは155人の聴講生を集めたが、その大多数が、エリオットに言わせれば「ライシアム（一般聴衆を対象にした文化講演会——引用者注）の聴衆」であり、「十分な教育を受けた若い男性」と彼が認めたのは4人しかいなかったからである。

　二年目には、聴講料を大幅に値下げし開講科目についての改革がおこなわれ165人の聴講生を集めた。だがエリオットはこれを「絶望的な失敗」として、大学レクチャー・シリーズの打ち切りを宣言した[12]。

　聴講者の数そのものから言えば、順調な発展とすら言いうるであろう。だが、この165人の内訳は男性が75人に対して女性が90人であり、「十分な教育を受けた若い男性」が不在であり、「聴衆の質の平均が、完璧で高度に専門的な教育をあたえようとする試みを妨げることになった」のである[13]。

　聴講していた女性たちにとって、エリオットのこのような評価は二重の意味で理不尽なものと聞こえたことであろう。なぜ、女性が多いことが「完璧

で高度に専門的な教育をあたえようとする試みを妨げる」ことになるのか。さらに何よりもまず、この新しいレクチャー・シリーズは、エリオットが彼の学長就任(1869年)の演説の中で、ハーバードの門戸を女性に開放しない代償として——「(男女共学よりも——引用注)安全で将来性のある教育実験」として——特に女性たちに約束していたものであったはずである[14]。すなわち、この時代のハーバード大学では共学化の是非の問題が学内・学外で採り上げられるようになっていたのであり、女性の高等教育を求めていたボストンの女性たちもまた、エリオットがその学長就任演説で、この共学化の問題についてどのような発言をするか期待と不安をもって待っていたことであろう。「最善の知的訓練をあたえるのは言語なのか哲学なのか数学あるいは科学なのか、一般教育はおもに文学から成るのか科学から成るのか、といった果てしない論争は、今日のわれわれには何ら実際的な教訓となるものではない」[15]という、いわゆる科目選択制にかんする議論から始まる彼の長大な学長就任演説の中で、女性の高等教育に触れた部分はわずかワン・パラグラフだけ——彼自身が「簡単な説明」と断っている——であった。彼は言う。現在、女性の教育および女性の雇用についての議論がさかんにおこなわれている。女性はここアメリカにおいて、他のどの国よりもすぐれた過去と現在を享受してきた。通例のこととして、アメリカ人は、宗教、政治、社会のどのようなことであろうと、能力を奪われているということを強く嫌う。アメリカの家庭では、両性の平等がうるわしい風習である。しかしながら、「この大議論はこれからも続くであろうが、本学がとるべき方針とは、これを注意深く見守ってゆくことである。大学評議会は女性をハーバード・カレッジそのものに対してはもちろん、また、学問のために学内居住を必要とする専門学部にも入学させることはないであろう。まだ徳性が未熟で結婚適齢期の何百という若い男女を一緒に居住させることから派生する問題はきわめて深刻である。これに必要な規則や規制はきわめて煩雑である」[16]。このように、エリオットはおもに学生管理上の観点から、女性をハーバードに入学させハーバードを共学化することに反対するのである。

(2)エリオット対アガシ——二つの教育観の相克

　エリオットがおこなった、ヒル前学長のユニバーシティ・レクチャーへの改革から廃止という流れは、ハーバード大学内部の政治力学から見れば当然の結果であったかもしれない。ホーキンスが指摘しているように、大学レクチャーはもともと、ハーバードのローレンス科学校教授であり博物学者のルイ・アガシの構想になるものであり、これをヒル前学長が採用したものであったのであり、若い同僚であったエリオットの学長就任に公然と反対したのがアガシであったからである。さらにこれもまたホーキンスが的確に見て取ったように、アガシとエリオットは、その学問（科学）と教育についての考え方やスタイルが好対照といってよいほど異なっていたからである[17]。

　大学院の構想自体は、すでに前学長のヒルも温めていたものであり、彼は上述のアガシの提言にその可能性を見いだした——換言すれば、エリオットの提言には耳を貸さなかった——のである。上記に引用したエリオットの『学長報告』からの一節からも理解できるように、彼がみずからの教育の理想を語る際に頻繁に登場するキーワードの一つにsystematicという語がある。エリオットのハーバード大学改革というとすぐ連想される科目選択制度も、あるいは前述の大学院構想もまた、大学教育のシステム化の一環として捉えることができよう。これに加え彼の年来の主張であった試験制度の導入は、第一学年から第四学年で構成される学士課程に、さらに大学院課程に、一貫性と継続性をもたらすものであった。

　これとは対照的に、アガシにとっての教育は、弟子が一人の偉大な師と親しく交わりつつ、師の言動に啓発されつつ一人前の研究者として成長してゆくというものであり、これはエリオットの教育観から見るならばまさにsystematicの対極にあるものであった*。

* 進化論を否定し、自然界に「神が創りだした秩序」を見いだすことを強調するアガシの科学観はその後の科学史の流れから見れば明らかに時代遅れに

なりつつあった。Akira Tachikawa, "The Two Sciences and Religion in Ante-Bellum New England: The Founding of the Museum of Comparative Zoology and the Massachusetts Institute of Technology.," University of Wisconsin-Madison, Ph. D., 1978 を参照。しかしながら教師としてのアガシは、類い希な力と人望を持って多くの弟子たちを育てた。これについては、Lane Cooper, *Louis Agassiz as a Teacher; Illustrative Extracts on His Method of Instruction, with Introductory Note by Lane Cooper*, (Ithaca, N. Y. The Comstock Publishing Co., 1917)を参照。

 アメリカ大学史の流れから見るならば、その後の大学"改革"の重要な機軸は、まさにエリオットの構想が端的に示しているように学士課程—大学院課程への系統性・体系性の導入による教育と研究の高度化であったわけである。

(3) ジェンダーの視点から見た大学改革の帰結

 だが、この"改革"のもたらした帰結は男性と女性とでは異なったものとなった。シュワッガーが指摘したように、「上級研究を大学院の中へと制度化することで、女性は、たとえいかに限られたものであったとしてもそれまでは享受していたライシアム的レクチャーと(ハーバードの教授に研究指導を受ける――引用者注)非公式な取り決めの機会を失うことになった」[18]のである。

 この時代、どの大学・研究機関にも属していなかった――そこでポストを得ることができなかった――女性たちにとって、最新の知識を吸収し当代一流の学者に指導を仰ぐことができるほとんど唯一の機会は、当該の大学にとっては周辺的な位置を占めるに過ぎなかった公開講座においてであった。たとえば、マサチューセッツ工科大学は1865年の開学後、正規の課程の他にロウエル自由レクチャーを開設したが、これは男性だけではなく女性にも開放され、そこは女性にとって、たとえば定性分析といった化学実験をおこなうことができるきわめて貴重な場であったのである*。

 *ちなみに、1867年のロウエル自由レクチャーの担当者の一人がエリオットで

あった。またこの講座も1872年の秋、突如閉鎖されることになる。Caroline Louisa Hunt, *The Life of Ellen H. Richards, 1842-1911*, (Washington, American Home Economics Association, 1980), pp. 58-59.

　ハーバード大学の場合も、公開講座であった大学レクチャーの大学院への制度化は、女性たちを閉め出すことになった。そして、このようにして閉め出された学生の中に、やがて女性教育協会を結成することになる二人の女性がいたのである。すなわち、ブルックスは1869年度のユニバーシティ・レクチャーの受講者であり、メルジナ・フェイ・パースは、1860年から61年にかけて、ルイ・アガシの学生であったのである。

3．ハーバード女性試験の成立

(1)女性教育協会内部の不協和音——パース構想の挫折

　女性教育協会はその結成後、会の目的として、以下の二つを掲げた[19]。
①若い人々の教育にあたる人々（母親、教師、その他すべての人々）の啓蒙活動、そのための講演会などの開催
②現在の教育のあり方を改善すること

　このために、4つの常設委員会(Intellectual Education、Industrial Education、Aesthetic Education、Moral and Physical Education)を設置したが、協会の成立に奔走したパースは、このうち最初の委員会の委員長でもあった。
　パースはハーバードの教育を女性に開放するために一つの計画を立案する。パースの証言に拠れば、女性教育協会はその結成の直後にエリオットを招いて、なぜハーバードへの女性の入学が不可能なのかその理由を詳しく尋ねたのであるが、その席上、
　　　私自身（パース——引用者注）は彼に、女性がしかるべき教養を身に

つけハーバードの全課程の年次試験を受けて合格すればハーバードは彼女らに学位を出してくれるかどうか尋ねた。「ああ、それならば、難しいことは何もありませんな」と学長は言ったのである。当時、協会の(Intellectual Committeeの——引用者注)委員長であった私はただちに、女性がハーバード学位を取得できるというこの機会を利用しようと懸命になったのであり、私の委員会は十人以上にものぼるハーバード大学教授とボストンの教育者と相談した結果、少女たちがボストンにおいてハーバードの課程を全日制で履修し、ハーバードには試験のみしか煩わせないという計画を慎重にたてたのであった。この計画が十分練られたとき、再び学長に、この計画にある大学クラスの費用を支払えば、"教養"課程を履修した少女たちにハーバードの学位が報奨としてあたえられるかどうか尋ねた。すると彼は今度は、「ハーバードの学位に関してはとやかく言えません。まず評議会に相談をしなければ。評議会はまず絶対認めるはずがないことは分かっているし、かりに評議会が認めたとしても私は反対です。これを認めるならばハーバードの教育課程は男性だけでなく女性にも向いていると私が言っているのに等しいことになる」[20]。

このパースの証言は二つの点で重要である。すなわち、第一に、パースの元々の計画では、「ハーバードの課程を全日制で履修」すること——その場合、この課程の教育をパースが助言を求めた「ハーバード大学教授」や「ボストンの教育者」がおこなうかどうかは別にして——、つまり、試験の前にどのような形式であれ教育がおこなわれることである。第二に、エリオットの反対論の論拠が、ハーバードの教育課程は男性向けのものであり女性には向いていないとしていることである。

女性教育協会の年報はパースの提案、すなわち「少女たちが課程を修了しハーバード・カレッジのそれに相当する学位」を取得するという計画は、「この提案に関心を持ちその実現を望んできた多くの人々には気の毒であるが、

女性教育協会としてはその実現にとても責任を負えない壮大な企てである」[21]とするだけで、その立案過程の詳細については何も語っていない。パースの構想に代わって女性教育協会が推進することになった計画は、サミュエル・エリオットが示唆したものである。それはイングランドの大学の女性試験のアメリカ版をつくるというものであった。

イングランドの大学の女性試験の制度を女性教育協会に紹介したサミュエル・エリオットの意図がどこにあったのかは明らかでない。しかしながら、女性教育協会の年報はこの試験制度の効用について以下のような説明をしている[22]。

　　　　学校を改善するもっとも直接的で確実な方法は、よりよい教師を供給することにあることはあまりにも明白である。そして、当協会がイングランドで「女性への大学試験」として知られている企てに着目するのもまさにこの事実を見てのことである。

そして、ケンブリッジ大学とロンドン大学が、毎年、試験のために学習すべき科目やその参考図書などを試験スケジュールとともに発表しており、この試験は18歳を越えるすべての女性に開放されており、合格者には合格証が授与されることを紹介している。

　　　　4年間の実験の結果、女性たちは自分が学習したものをテストするためにこの機会を利用しようという熱意をもっていることが明らかになったと同時に、この大学合格証の取得者にたいしては熱心な求人があり、それは需要が供給を上回るほどである。このような企画は教育半ばで教職に就いた多くの教員に手を差し伸べるもっとも手っ取り早い手段を提供するものと当協会には思えるのである。これらの人々の大多数は、生活の糧をただちに得なければならなかったために、たとえすべてのカレッジが門戸を開いていたとしてもそこで過ごすことは

できなかったであろう。しかし、大学試験のための科目の受験準備学習を一つか二つかおこなうのであれば、それは仕事を中断することなしにできるであろうし、その合格証は市場価値を持つことがすでに分かっているのであり、これが努力の励みとなり勤勉と忍耐の報いとなるであろう。

予想される他の効用とは、このように(試験のための――引用者注)勉学のアウトラインが示されその後に試験がおこなわれることが、若い女性たちがおこなっている多くの学習に対して、要点と一貫性を示すことになるということである。現在、これらの人々がおこなっている学習は、外的な目標がないために、確かに善意で努力しているのだがあまりにも的外れだからである。

(2)ハーバードの対応

女性教育協会はイングランドのそれをモデルにした女性試験を創設すべく、ハーバード大学と交渉を開始する。エリオット学長が女性教育協会に宛てた7月21日付書簡には、以下のような文言が見える。

(ハーバードの――引用者注)教員たちあるいは教員たちで構成する委員会と相談しましたが、少女あるいは女性への試験の目的と方法に関して意見の相違がきわめて大きいのです。したがって、この問題を詳細にわたって検討し、実行できるなにがしかの計画について合意のようなものを得るためには長い時間が必要でしょう。バケーションの時期はこの種の議論には不適当です。皆は疲れているか何か別の用でふさがっているからです。これらのディベートには10月あるいは11月も必要でしょうか。少女や女性たちへ周知徹底するには時間が短いこともあります。最初の試験は、一年間、延期せざるをえません。望むよ

うに手早くことを進めることができないことを私は遺憾に思います。遅れがでたとて、あなた方の熱望が冷やされることはないと信じます[23]。

しかしながら実際には、ことは急速に進み、1872年8月7日、女性教育協会はハーバード大学当局に対して試験の準備と実施について正式の請願を出す。この請願には、試験実施にかかわるすべての費用、および、試験問題の出題と採点をのぞく他のあらゆる業務を女性教育協会が負担することが明記されている。8月7日、ハーバード大学側はこの請願を採択し、「若い女性のための年間地方試験の創設と実施」を決定する[24]。

以上のような女性教育協会の"妥協"は、Intellectual Committee の委員長であったパースの期待を裏切るものであった*。彼女は委員長を辞任し、その後、協会そのものからも脱会する[25]。

* なぜ女性教育協会はこのように大幅な譲歩をしたのか。ダグラスもシュワッガーも、この協会の構成メンバーがボストン・ブラーミンの家系に属する上流階級の女性たちであり、女性参政権論者の言動に典型的に見られるように、世間の注目を浴びるようなおもてだった行動や論争を極力さけたかったこと、特にハーバードに対しては公然と敵対的な立場を採りたくなかったことを理由としている (Salie Robert Douglas, "The Harvard Annex Experiment in the Higher Education of Women: Separate But Equal?" Unpublished Ph. D. Dissertation, Emory University, 1976, pp. 39-40.; Sally Schwager, "'Harvard Women': a History of the Founding of Radcliffe College," Unpublished Ed. D. Dissertation, Harvard University 1982, pp. 112.)。この論点は確かに重要で、筆者自身もかつて、この時代の女性の高等教育拡大運動の根底に流れていた主要テーマの一つを"Quietly and Unobtrusively"であるとしたことがある (Tatsuro Sakamoto, "To Help Daughters Quietly and Unobtrusively: The Campaign for Higher Education for Women in Late 19th-Century Massachusetts." Paper presented at the Annual Meetings of the American Educational Research Association, Division F, Chicago, Illinois, March 28,

1997.)。だが、パース自身もまさにこのような上流階級出身の女性であり、かつ、非女性参政権論者であったわけであるから、女性教育協会の妥協については、この説明だけでは不十分ということになろう。筆者の暫定的な仮説としては、女性試験について協会に伝えたサミュエル・エリオットが果たした(これまでの研究では明らかにされていない)役割にあったのではないかと考えている。

4．ハーバード女性試験の実施

(1)試験実施の準備

女性教育協会の側の準備

1873年4月に入ると、女性教育協会は、女性試験の実施のために具体的な諸活動を開始する。まず、先のエリオット書簡でも指摘されている「少女や女性たちへ周知徹底する」ために、概要を世間に発表するために回状を刊行する準備にかかる。この間、エリオット学長は、回状の文言や試験見本の印刷部数、さらに広告の出し方など、細かい注文を出している[26]。たとえば、以下の書簡は受験料についての照会への回答である。

　　広報と回状について相談をいただきました。合格証は幾ばくかの価値があるとしても10ドルというところでしょうか。10ドルの支払は困難という少女へは、特別の規定を設けるべきでしょう。教員への回状の配布はすでに始まっています。この計画と、特に(ハーバード大学と――引用者注)女性教育協会との関係を明記した新聞広告を出すべきです。広告や回状の見出しは「ボストンの女性教育協会」とすべきです[27]。

エリオットの最後の指摘は、ハーバード女性試験の主催は女性教育協会である――したがって、ハーバード大学当局ではない――ことを確認したもの

史料2—1　ハーバード女性試験の広告例

RIDPATH'S U. S. HISTORIES.
Endorsed as THE BEST by Educators everywhere.
100,000 COPIES IN USE.
Teachers and School Officers are cordially invited to send for Specimen pages, including samples of the Maps, Charts, Diagrams, etc.
JONES BROTHERS & CO., Publishers,
CHICAGO, PHILADELPHIA, CINCINNATI.

Harvard Univ. Examination for Women.
CAMBRIDGE, JUNE, 1878.
For information, address Secretary of Woman's Education Association, 114 Boylston St., Boston, Mass.　140 c

Kindergarten-Training Class.
MRS. GARDNER will reopen her class for training KINDERGARTEN Teachers, on Monday, Nov. 5th, at 154 West Concord Street. A thorough English education, good general culture, ability to sing, and testimonials in regard to character will be required.
140 d　Address: 154 West Concord St., Boston.

School of Vocal Physiology.
Term opens Oct. 16. Class and private instruction. Lisping, Stammering, and other defects of speech corrected. Lessons in Bell's Phonetic, or Universal Alphabet. For information, address ALEX. GRAHAM BELL or L. ALONZO BUTTERFIELD, 7A Beacon St., Boston, Mass., *School of Oratory* Rooms.　139 m

最上段のリッドパス（John Clark Ridpath, 1840–1900. 教育者、一般向け歴史書の著者）の合衆国史（*History of the United States, Prepared Especially for Schools*, (1875)）の広告を除き、以下はいずれも、いわゆる3行広告である。ハーバード女性試験の広告の下一つおいて、ベル教授（Alexander Graham Bell, 1847–1922. スコットランド生まれのアメリカ合衆国の科学者。電話機の発明者として知られる。当時は、ボストン大学教授）の発声生理学のクラスの広告が見える。
出典：*New England Journal of Education*, Vol. VI, No. 17, (November 1, 1877), p. 1.

である。

　女性教育協会は上述の回状を印刷発行し、「マサチューセッツ州のすべてのハイスクール教師に、ニューイングランド地域の名のあるアカデミーや女子校に送付した。さらに、希望者には25セントで回状を送付するとの広告を日刊紙、週刊紙に掲載した。『オールド・アンド・ニュー』誌、『マサチューセッツ・ティーチャー』誌では、試験のより詳しい説明を述べた」[28]とする（**史料2—1**のハーバード女性試験の広告を参照）。

『オールド・アンド・ニュー』誌は、その1873年5月号に、「ハーバード女性試験」と題する紹介記事を掲載している。同記事は冒頭で、以前、同誌に発表された、ケンブリッジ女性試験の記事に触れつつ、「ハーバード大学が主催および保証し、女性教育の改善を願う地域の協会が協力する、同種の企画が、本国でもおこなわれる予定である」[29]として、以降、女性教育協会の年報とハーバード大学が公にした1874年女性試験の回状にもとづいて、試験の概要を説明している。

この報道は、細かく見れば事実と反する箇所が散見する(たとえば、上に引用した、「ハーバード大学が主催および保証し、女性教育の改善を願う地域の協会が協力」という表現は、このままではハーバード大学が女性の高等教育のために積極的なイニシアティブを採ったことになってしまう)。だが、この記事で注目すべき点は、同記事によれば、「教職を志す若い女性に対してこの合格証がもつ有望な市場価値からいって、同企画は、直ちに成功を収めることが期待できる。アマチュア学生もまた、最終的にはこの試験に魅力を感じるかもしれないが、現在のところ、何と言っても、主に関心を持つのは教職志望者であろう」[30]、さらに、「ハーバード大学学長が署名をした合格証は、ただちに、最有力の推薦状となるであろう」[31]として、ハーバード女性試験は教職志望の女性(あるいはすでに教職にある女性)の実力認定のための資格試験であるという認識がなされていたことである。このような認識は、ひとえにこの雑誌だけではなく、この試験に対する一般の人々の認識を代表したものと言えよう。

しかしながら、ハーバードの側——少なくともエリオット学長——はそのようには考えていなかった。女性教育協会のミセス・ローリングへの7月1日付の書簡で、エリオットは、「女性試験(の成否——引用者注)は、少なくとも4年経たないと十分に試されたとは言えません。最初は不十分であることは仕方がないことでしょう。何と言っても、少女たちがにわかに試験準備をおこなうことはできませんから」とした上で、以下のような指摘をしている。

　　　すでに教職に就いている人々にとっては試験の時期が不適切である

とのあなたの批評はまったくそのとおりだと言えます。しかしながら、このような人々は、本試験が主なる対象として意図した階層ではないと言うべきです[32]。

　ハーバード女性試験はどのような女性たちを対象にしたものなのか——この問いに対して、女性教育協会は、すでに見たようにその年報で、試験の第一の効用を、「よりよい教師を供給すること」——新採用の教師であれ現職教員であれ——としていた。これを受けるかたちで、ハーバード女性試験について紹介したジャーナリズムもまた、「主に関心を持つのは教職志望者であろう」としていたのである。しかし、それはエリオットの意図とは異なっていたのである。

ハーバードの側の準備

　他方でハーバードでは、学部長であったチャールズ・ダンバー（Charles Franklin Dunbar, 1830–1900.『ボストン・デイリー・アドヴァタイザー』紙共同社主兼編集者を経て、ハーバードの経済学教授に就任。アメリカ合衆国の大学における経済学の樹立に貢献）を委員長とする委員会を発足させ、試験問題の作成などの実務に取りかかる。この結果、以下のような試験の形式がつくられる[33]。

　試験は、予備試験と上級試験の二段階からなっており、受験者はまず予備試験に合格した上で上級試験に進む。

予備試験の科目

　英語、フランス語、自然地理、植物学か物理学、算数、代数（二次方程式まで）、平面幾何、歴史、さらにドイツ語・ギリシア語・ラテン語のいずれか一カ国語選択で、計９科目。

上級試験の科目

　上級試験は以下の５つのセクションからなる。

①語学（英語・フランス語・ドイツ語・イタリア語・ラテン語・ギリシア語の中から２カ国語選択）

②自然科学（化学・物理・植物学・鉱物学・地質学）

③数学(空間幾何学、代数、対数、平面三角法、および、解析幾何学・力学・球体三角法／天文学の3つから一つを選択)
④歴史(「宗教改革期(1517–1648)のヨーロッパ大陸の歴史」あるいは「1688年から18世紀末までの英米国史」のいずれか一つ)
⑤哲学(精神哲学・道徳哲学・論理学・レトリック・政経のうちの3科目)。

試験合格のルール
①すべての科目で最低40％の点数を獲得すること
②試験全体の平均点で最低50％を獲得すること
③最低点に達しない科目が2科目以上あった場合は不合格
④一部科目に不都合があった場合は条件付き合格とし、該当科目については次年度以降、再受験できる。

　このうちルール①と②については、後述のような経緯により一部科目受験が可能になったために、1878年よりそれぞれ50％と60％に引き上げられる。とともに、合格した科目には単位(credit)があたえられることになった。

(2)ハーバード女性試験の拡大

　第1回目の試験は1874年6月17日にボストンでおこなわれた。試験終了後、『アトランティック・マンスリー』誌には、この試みについての短評が掲載される。そこには、試験結果概要と同時に、この試験がもついくつかの欠陥が指摘されている。

　まず、受験者は、当初の予想を下回って7名であり、そのうち4名のみが合格点に達して予備試験の合格証明書を授与された。植物学か物理学のいずれかの選択については、これも当初の予想に反して7名全員が物理学を選択した。語学の選択については、ギリシア語選択が1名、ラテン語が3名、ドイツ語が3名であった。その答案は概して、「カレッジにおける同種の平均的な答案に比べ、きちんと書かれており、スペルや文法のミスを免れていた」[34]と試験官は述べたとのことであった。

　今年の受験者の中には、教職志望で合格証明書を希望する者、たんに学ぶ

ことが好きだからという者、学問的な栄誉をえたいという者などさまざまであったが、試験の準備には長期間の学習が必要なはずで、試験実施の発表があってから実際の試験が行われるまで時間が短かったこと、また、最初の試みということで受験を見合わせた者もいたことを考え合わせると、来年度は受験者が激増することが考えられる。とするならば、もっと受験者の便宜がはかれないものか。今回は一日につき5時間というスケジュールであったが、これは厳しすぎる。一日あたりの時間を軽減して実施日数を増やせないものか。遠方から来る受験者にはかえって負担増になるかもしれないが、「6日間続けての努力を要求することは、若い女性の忍耐力の限界を超えて耐えられないもの」[35]であるならば、10日間か二週間にしたほうが望ましいのではないか。

　これに対して、女性教育協会は、次年度の年報(1875年1月)で、最初の試験について、以下のような自己評価をしている。

　受験者7人というのは、「この企画がまったく目新しいものであったこと」「準備期間の短さ」、さらには、「(試験のための——引用者注)教授を受けることが困難であったこと」を考え合わせれば、少ないとは決して言えない。不合格者がたった一人であったこと、しかもこの女性は落胆せずに、次年度、もう一度受験する旨の希望を述べていたことは、「完全な学習へ向けての努力を鼓舞するという、よろこばしい効果」があったことを意味する[36]。

　この企画は短期間で目に見える成功をねらったものではない。すでに、三年後、あるいは五年後に受験する予定であるとの書簡が寄せられている。女性教育協会は、試験そのものを「機械的に崇拝する」のではなく、そのような機械的崇拝は、「大西洋の両岸(イングランドとアメリカ合衆国での女性試験を指す——引用者注)の多くの善良な学習者の手足を縛るものである。いかなる試験もそれ自体では教育の手段たることはできないのであり、ましてや賞賛すべき目的たることもできない。試験の真正の効用は、われわれの現下の不十分な方法でもそれが工夫されれば、適切な手段が価値ある目的を達成するために賢明に利用されている、ということを示すテストあるいは証明——恐ら

く最善のとしてテストあるいは証明——なのである」[37]。

「きわめて限定された学校の教育以上の学習を求める大多数の女性にとって、この目的は彼女らを教員として準備させることであり、そのような働きにおいて、こういった試験は、価値ある合格証とともに、もっとも有益なのである」[38]。

このように述べた後、同年報は、試験実施のためにはもっと基金が必要であり、会員に寄付を求めている。とりわけ、ハーバード女性試験を「教師になるつもりの学問好きの少女たちの手の届くところに」おくためにも、女性教育協会の会員の貢献は少なくないとする[39]。

翌75年以降、ハーバード女性試験は、ハーバード大学の地元のケンブリッジでおこなわれた。しかし受験者はかえって減って横這い状態(1875年4名、1876年5名——ただし内1名は再受験者)であった。そこで、1877年からはニューヨークの地方会場を加えて試験をおこなう。このため、受験者は一挙に24名(このうち、ニューヨーク地方会場での受験者が18名)になる。それとともに上記の『アトランティック・マンスリー』誌の批判に応えるかたちで、受験者の負担を減らすため、二回に分けての受験が可能になり、合格した一部の科目には単位があたえられるようになった。

女性教育協会の1878年度の『年報』には、次のような説明がされている。

> ニューヨークの女性(受験者——引用者注)の中の4人は35歳以上であり、これまでずっと教職についていた。9人が教員志望である。5人は自身の改善のために学習している。ケンブリッジで受験した6人の中では、4人が教師になる予定である。第5回目の試験は、ケンブリッジ、ニューヨーク、フィラデルフィアとシンシナティで、1878年6月の第一週と第二週にかけておこなわれる予定である。さらに、シカゴの女性たちからは、当地でも恐らく6人の受験希望者がいるので、試験官を送ってほしいとの希望が寄せられている[40]。

このような『年報』の説明を見るかぎり、ハーバード女性試験がまずなによりも、教員志望あるいは現職教員のための試験であると女性教育協会が位置づけていたことが読みとれる。実際、現在、ラドクリフ・カレッジ・アーカイブスに残されているハーバード女性試験の受験申し込み票には、末尾に、「教職志望の有無」を書き込む欄が設けられているのである[41]。

　シカゴの地方会場は、結局、実現しなかったものの、四会場制にした結果は明らかに受験者の激増につながった。すなわち、1878年6月の試験には、ケンブリッジ10名、ニューヨーク16名、フィラデルフィア20名、シンシナティ5名の女性たちが受験している[42]。この結果を受け、女性教育協会の『年報』は以下のように指摘する。

　　これまでに試験に臨んだ人々の数をもって、この問題に対する各地の関心の程度を計ってはならない。毎年、はるかに多くの名前が、委員会（女性教育協会のハーバード女性試験委員会——引用者注）のリストに載せられている。興味や関心の欠如ではなく、やむを得ざる理由で、もともとの意志を曲げざるを得なくなった女性たちがいるのである。これらの人々の幾人かは依然として受験達成を望んでいる。
　　当委員会が取り交わす書簡を合計すると大きなものになり、それは全国におよんでおり、受信発信数は何百通になる[43]。

　他方、ハーバードの側も、ダンバーが大学当局への報告の中で、次のような総括をしている。本委員会としては、この制度が完全に成功したかどうかを今言うことは、たとえそれが責務であっても差し控えたい。もともと大学がこの制度を開始したときには、女子教育の手段がきわめて不足しており、この実験の正否の結論を出すには時が必要であろうということであった。ただし、試行第4年次、第5年次において人数が顕著に増加していることは、新たな発展の段階に入ったことを意味し、試験制度の直接的な成果を確認するにはさらに時間がかかるであろう。しかし、この制度の間接的な影響につ

いてみるならば、本委員会は、予期されたよりも早くにその有用性が証明されたと報告せざるをえない。「全5年間を通じて、女子教育に関係するあるいは関心を持つ人々の間で、本問題について強い関心が見られるのであり、それは全国のすべての州から寄せられる照会に見て取れる。この関心は、新たな要求や新たな志望を創出し、教師生徒双方に新たな努力を喚起したなど、学校改革に重要な影響をあたえたと信じる根拠がある。多くの事例で、教授の課程が、本学によって指示された学習計画を採用するようになったり、外的な明確な基準が存在するので、教師の側は生徒へ貴重な刺激をあたえることができ、生徒の課業に適切な指示をあたえることで、その努力を強化することができるようになったのである」[44]。

5．ハーバード女性試験への批判

(1)パースらの批判

　以上見たような、いわば主催者の側の楽観的な見通しとは裏腹に、ハーバード女性試験へはその開始の当初から、特にハーバードの教育そのものを求めていた人々から厳しい批判がおこなわれた。
　『ウーマンズ・ジャーナル』はハーバード女性試験が開始される以前より、『スプリングフィールド・リパブリカン』紙の特派員の報告として、以下のような手厳しい批判を掲載する。

> 　　ハーバード大学について言えば、この計画は、教育を求める女性に何一つ、試験がおこなわれ教室さえも——というのも、ボストンにせよ他のどこかにせよ、要するに試験はケンブリッジ以外のどこかでおこなわれるのである——提供するわけではない。……機知に富んだある教授が言うように、それは、今度のクリスマスに慈善団体が貧しき人々に対して、「今年は差し上げるお金はまったくないのです。燃料

もなければ雇用も、学校教育も差し上げられません。でも、もしあなたがたが、領収書や出費分を帳簿につけられ、それを届けていただければ、来年、会計監査をいたしましょう」と言うようなものである[45]。

　この試験が間接的にではあれ、中等学校の教育水準を向上させる効果がある、という主張に対して、この特派員の報告は、「水準を向上は、このような試験がなにがしかの成果をあげるもっと前に、ニューイングランドのカレッジの大多数に女性を入学させることによってはるかに効果的になされるであろう」[46]としている。

　さらに、当時、女性の高等教育の熱烈な支持者として知られていたヒギンソン[47]（1823-1911、社会改革者、陸軍大佐、著述家。後半生はとくに女性の権利の擁護のために多くの文筆活動をおこなった）は、ハーバード女性試験を、「寒さで震えている人に暖炉の火ではなく体温計をすすめるようなもの」[48]と酷評した。

　前述のパースは、もしエリオットの言うようにハーバードの教育課程が女性向けのものではないとすれば、エリオットがそれを女性にあたえようはずがなく、「ハーバード女性試験」は実際にはいかなる意味でもハーバードの教育とは何ら関係をもたないものである。「したがって、女性教育協会が多大な手間と資金を投じている試験の合格証も実際にはハーバードではなく"C. W. エリオット"合格証とでも言うべきものである」[49]とした。

(2) フィラデルフィア試験に対する批判

　ハーバード女性試験への批判は、1878年、すでに見たようにフィラデルフィアにも地方会場ができることになると、さらに手厳しくなってゆく。そのきっかけは、フィラデルフィアの地方委員会を代表して、サラ・B・ウィスター（1835-1908、著述家・詩人、小説家オーエン・ウィスターの母）が『ペン・マンスリー』に試験の紹介記事を寄稿したことであった。同記事は基本的には、これまでの経過と1878年試験の概要を紹介するのであったが、その中では幾つか、大

学関係者にとっては看過できない言明を含んでいた。

まず、1878年試験の試験科目とその合格基準あるいは要件——それぞれの科目で、どのような力が試されるのか、試験範囲としての指定テキスト（とその巻数、ページ数など）を紹介される。そして、ハーバード女性試験は、「どのようなカレッジの入学試験あるいは入学以降の試験とも、その目的も科目選択も異なったものである」というハーバード大学側の説明を引用した後、以下のような解説を加えている。

> 平面幾何について、1878年度のハーバードの入学試験と比較すると、後者（ハーバード大学の試験）の方が進んでいる。代数と幾何について言えば、ほぼ同等である。物理については、女性コースの方がずっと進んでいるが、（ハーバード——引用者注）カレッジは男性たちに（物理に——引用者注）加えるに化学も要求している。英作文では、若い女性への諸課題は若い男性のそれらに比べ、多くの熟考と広範囲わたる事前の読書を要求している……。したがって、総じて言えば、女性試験はハーバード・カレッジの受験生への試験に比べて、大部分の課題における実際に獲得した知識量（actual having）を証明するという点で、さらに先を行っている[50)]＊。

＊ ハーバード女性試験がハーバード大学入学試験とレベル的にどのように異なるのか、という比較論はハーバード女性試験が開始された当初から人々が関心をもっていたようである（たとえば、Elizabeth Briggs, "Notes (on Harvard Examination for Women)," MSS, Woman's Education Association Records, 1872–1951, Radcliffe Archives.; Thomas Wentworth Higginson, "Written Examinations," *New England Journal of Education*, Vol. 1, No. 2, (January 9, 1875), p. 21.）この試験の成立事情から考えるならば——特にエリオット学長らハーバード大学関係者の立場から言えば——元々、まったく別の試験であるはずなのであるから、比較は無意味ということになろう。ただし、そのタイトルが示すように「ハーバードと関係がある試験」という

史料2-2　ハーバード女性試験の問題例

算数
1. 187と153の最大公約数を求めよ。また、両者の最小公倍数も求めよ。

2. 1080億に2000を乗じた上で、その答えの立方根を求めよ。

3. $\dfrac{\frac{4}{3}}{1\frac{4}{7}}$ に $\dfrac{8\frac{1}{2}-2\frac{2}{3}}{9}$ を加えよ。

4. 縦30フィート、横20フィートの地下室を掘っている。どれだけ深く掘れば50立方ヤードの土が掘り起こされることになるか。

5. 340ドルを3％の半年複利で1年3ヶ月おくと元利合計はいくらになるか。

6. ある男は一日8時間、週6日働いて18ドル支給される。この率で一日9時間、週5日働くといくら支給されることになるか。

7. ある水槽は、縦4メートル、横24デシメートル、深さ80センチメートルある。この水槽には、何立方メートルの水を入れられるか。またそれは、何リットルになるか。何立方センチメートルになるか。何グラムになるか。何キログラムになるか。

8. 私の土地は、一方が長方形で縦64ロッド、横34ロッドあり、もう一方の土地は面積が同じで正方形である。両者に垣根をつくる場合、後者に比べ前者は何フィート余分な垣根が必要か。

代数
1. 方程式　$x-3=4x-\dfrac{15-x}{x}$　を解け。

2. 消去法の3つの方式とは何か。以下の方程式をこのうちいずれか2つの方式を使って解け。

$$6x+\frac{1}{2}y=0$$
$$2(4x-1)=3(y-8)$$

3. MとNの現在の年齢比はa：bであらわすことができる。C年前、MとNの年齢比はa′：b′であった。二人の現在の年齢を求めよ。

4. $1-\dfrac{2}{x}\cdot\dfrac{1-x}{x-3}$ を $\dfrac{x^3-5x}{(x-3)(x+2)}$ 　－Xで除せ。

5. $(a^2b-\dfrac{\sqrt{6}}{2a})$ の第4項を見つけよ。

史料2-3　ハーバード大学の試験問題例

算数

1. 48と130の最大公約数を求めよ。

2. $\frac{1}{2}$, $\frac{5}{6}$, $\frac{7}{12}$ および $\frac{11}{18}$ の最小公倍数を求めよ。

3. $1\frac{1}{2}$ を $1\frac{1}{8}$ で除せ。また積を求めよ。

4. 49.2804の平方根を求めよ。

5. 1000ドルを1年2ヶ月12日、年8％の単利でおくと元利合計はいくらになるか。

6. ある男は一時間の.05あたりに64ロッド進む。この男が1マイル進むにはどれだけの時間を要するか。

7. 縦12フィート4インチ、横2フィート3インチ、厚さ4インチの厚板はボード尺で何フィートになるか。

8. 20フィートの石壁を10日で築くのに6人の男が必要であるならば、同じ石壁360フィートを90日で築くには何人の男が必要か。

代数

1. $a^3+2a^2x+2ax^2+x^3$ と $a^3-2a^2x+2ax^2-x^3$ の積を求めよ。

2. $-6x^4+96$ を $-3+6$ で除せ。

3. $-3p^2q^2$ の4乗はいくらか。

4. $\frac{4(x^2-y^2)(a+b)}{3m^2}$ を $2a(x+y)$ で除せ。

5. $\frac{ab-bx}{a+p}$ を $\frac{ac-cx}{a+p}$ で除せ。

6. $-729a^6b^3c^{12}$ の立方根を求めよ。

7. ある農夫が5頭の雌牛と7頭の雄牛をある男に370ドルで売った。同じレートで10頭の雌牛と3頭の雄牛を別の男には355ドルで売った。雌牛、雄牛それぞれの価格はいくらか。

8. 二項定理により、$(2a-b)^4$ を求めよ。

点では、多くの人々——とりわけハーバードの教育を求めていた女性たち——にとって、ハーバード大学入学試験との近似性は重大な関心事であったはずである。なお参考までに、**史料2—2**、**史料2—3**に両者の試験問題例を代数と算数について掲げる。

　ハーバード女性試験は通常のカレッジ入学試験ともカレッジ内のさまざまな試験とも、その目的も設定科目も違ったものであるというのがハーバード大学側の説明であった。その観点から言えば、上記の引用文はまったくの自家撞着である。ハーバード女性試験は確かに、この筆者が言うように、「どれだけの知識を獲得したのか」をあるいは証明するかもしれない。しかし、この記事の筆者は、女性コースということばを使用しているが、ハーバード女性試験は、コースが意味するところの課程も講座ももたない、たんなる試験にすぎないはずである。

　さらにウィスターは以下のような言明をしている。

　　ハーバード（女性——引用者注）試験は、正統な権威がおこなう試験である。ヴァッサー・カレッジや最近設立のカレッジの修了証は同等の価値を持ち得ない。これらの大学は時の試練を受けていないからである。10年間の経験では、たとえそれがどれほどめざましいものであっても、250年の業績に立ち向かうことはできない[51]。

　ヴァッサー・カレッジの修了証(diploma)は、ヴァッサーでの教育＝学習の修了証であり、それは試験の合格証(certificate)と比較して「価値を持ち得ない」という判断は本来できないはずである。では、ここで言う「同等の価値」とは何か。先に『オールド・アンド・ニュー』誌が指摘した、（教職志望の）若い女性にとっての「有望な市場価値」のことなのであろうか。

　女性の高等教育振興の一助として、ハーバード女性試験をフィラデルフィアでも成功裡に実現しようとする著者ウィスターの熱意は、きわめて真摯な

ものとして、この記事の行間から読みとることができる。しかし、以上のような問題は、これまでハーバード女性試験を支援してきた女性教育協会の関係者の間では黙して語られなかったものであったと言えよう。それが、ここでは図らずも、そのような問題の一端が顕わになったわけである。

　ヒギンソンの批判

　「ハーバード・マンの一人として、『ペン・マンスリー』1877年12月号に掲載されたミセス・ウィスターの記事を遺憾に思う。これは、これまでにハーバード試験をかえって傷つけてきたような申し立ての一つである。というのは、恩着せがましい上から見下すような調子で書きつつ、これらの試験に対して、本来あるはずもなくあるべきでもない名声をあたえているからである」[52]という書き出しで始まる反論が、翌年の1月12日付の『ウーマンズ・ジャーナル』に掲載された。執筆者は、先にも引用した同誌の編集者の一人であるヒギンソンであった。

　彼は言う。ハーバード女性試験にそれなりの価値があるとしても、これをイングランドの女性試験に匹敵するものとすることは、かえってその価値を貶めることになる。ミセス・ウィスターは、記事の冒頭で、「イングランドにおいては、女性へのより完璧な教養教育を求める広く世間一般にわたる絶え間ない要求が、力強い手応えを引き起こしたが、今、わが国でも繰り返されつつある」としているが、これはそもそも誤解か視野の狭さに基づく見解である。事実は全く逆であり、アメリカ合衆国における女性の高等教育の振興がイングランドに伝わったのである。すなわち、アメリカ合衆国におけるハイスクールが生みだした成果が、イングランドの女性試験の成立に影響をあたえたのであり、ブライス教授らがヴァッサー・カレッジを訪問したこともまた、ガートン・カレッジの設立に重要な影響をあたえたのである。このように、女性の高等教育ということにかけてはアメリカ合衆国がリーダーシップをとっていることが、イングランドでは5年前からきわめて率直に認められているのである。

　「ヴァッサー・カレッジの修了証は、ハーバード女性試験の合格証と同等の

価値を持ち得ない。なぜならば、時の試練を受けていないからである」というミセス・ウィスターの議論はまじめなものではありえない。この議論でゆけば、ニューポートにある創立百年の小さなレッドウッド図書館の方が、25万冊蔵書があるボストン公立図書館（アメリカ最初の公共図書館。1854年の設立──引用者注）よりも、学者にとって価値ありということになる。

　オクスフォード、ケンブリッジ両大学は、イングランドで独自の地位をもつものであり、これに匹敵する大学はアメリカには存在しない。「他方で、イングランドにおける女性のための学校は、最近でもなお、きわめて惨めな状態にあり、ここに、大学試験が彼女らにとってきわめて有益な理由がある。これに対して当地では、こういった深い溝はまったくないのである」[53]。私自身、20年前に、ニューベリーポート、ウースターのハイスクールで、ハーバード女性試験の予備試験よりももっと難しい学科を含む試験をおこなった経験がある。ミセス・ウィスターが掲げているところを見れば、ハーバード女性試験は、全体としては、ハーバード大学の入学試験にほぼ匹敵すると言えるが、ニューイングランド地方には、このレベルまで生徒を準備させている多くの共学校がある。

　こうしてヒギンソンは、以下のように結論する。

　　　単純な事実は次のようなものである。さまざまな理由によりカレッジ課程を履修できない多くの若い女性がおり、これらの人々のためにはハーバード試験は有益である。しかし、本当によいカレッジにゆく余裕のある女性たちにとっては、むしろ別のところに──ボストン大学、コーネル、ミシガン、スワスモア──あるいは、両親が別学を望むのであればヴァッサーやウエルズレイに──ゆく方がよい[54]。

　オクスフォード、ケンブリッジ両大学は別格としても、アメリカ合衆国には女性の高等教育について、すでにイングランドよりもはるかによい教育機会があるのに、なぜ、イングランドの女性試験を導入する必要があるのか、

というのがヒギンソンの批判の論点である。

スティールの批判

『ペン・マンスリー』誌のお膝元であったペンシルバニア大学の学長スティール（Charles Janeway Stillé, 1819–1899. 歴史家、ペンシルバニア大学第10代学長。その就任演説、*The Claims of Liberal Culture in Philadelphia*,（1868）で構想した大学改革を推進し、同大学の中興の祖となった）はこの機会を逃さず、ハーバード女性試験に対してもっとも総合的で辛辣な批判を展開した。新たにフィラデルフィア会場でも試験が行われようとしたまさに直前になって提起された彼の批判は、ハーバード女性試験を紹介するウィスターの記事を批判するかたちをとっており*、上で指摘したような問題も含め、このハーバード女性試験の黙して語られざる前提を批判したものであったが、その矛先はさらに、以下に見るように、明らかにハーバード大学そのものに向けられていた。

* この問題の背後には、以下のような事情があったことを考え合わせなければなるまい。
(1) ウィスターが別の箇所で明らかにしたように、ボストンの女性たちに呼応するかたちで、フィラデルフィアの女性たちも、女性の高等教育拡大のための運動をおこなっていた。そして、彼女たちは、同種の試験を、最初、ペンシルバニア大学が実施するように請願した。しかしこれは拒否された (Sarah B. Wister, "Harvard Examination for Women," *Nation*, (February 21, 1878), pp. 133–134.）。
(2) さらに、地元のペンシルバニア大学は、きわめて不完全なかたちでしか女性の就学を許可しなかった。
　　以下のスティールの議論では、上の(2)については、女性を"特別学生"として入学許可したとして、むしろペンシルバニア大学の先進性の論拠として挙げられている。しかし、より正確には、女性は"特別学生"としてしか入学させなかった、と言うべきであった。このように、女性を"特別学生"として入学許可し、共学が大学全体にわたらないように女性を隔離する政策は、この時代のアメリカ合衆国大学史にきわめて頻繁に見られる。詳しくは、坂本、『アメリカ大学史とジェンダー』(東信堂、2001年)、第3章を

参照されたい。

スティールの批判は、以下に見るように、ハーバード女性試験の効用として関係者が喧伝してきたところの一つ一つが、実際にはまずありえないことであることを主張している。

①ハーバード女性試験が網羅している学科目は、学校外の個人的学習によって習得できるものである。
　　　実験や実習を伴うはずの物理学や化学はもちろん、歴史学などについても、「その女性が、それ以前に完全に（歴史の——引用者注）教育を受けていない限り、また、たぐい希なほど歴史教育に有能な教師の恒常的な指導の元にその課程が置かれていない限り」、たとえどれほど多く読書を積み重ねても、「『宗教改革期の中央ヨーロッパの歴史』といった課題を理解するのに不可欠な多くの事項の知識をえること、ましてや、それについて小論文を書くこと」は不可能である[55]。
②ハーバード女性試験の実施によって、若い女性のための私立学校の教育法の改善が可能になる。
　　　若い女性のための私立学校の教育法の改善という目標は賞賛すべきものであるが、およそ教育施設にせよ教員にせよ、上級試験の5分野にわたって生徒を準備させるためには資金が必要である。私立学校は営利事業であり、受験者の数がきわめて限られているなかで、学校は果たして余分な投資をするのであろうか[56]。
③教職志望者あるいはすでに教職についている女性にとって、その能力を証明するものである。
　　　たとえハーバード女性試験の合格証を取得しても、少なくともフィラデルフィアでは、まったく無意味である。なぜならば、当地で教職をえるためには、州教育局が実施する試験に合格することを条件としており、かつ、教職についてはすでに需給のバランスが供給過多——

1876年の時点で、州教育局試験に合格したにもかかわらず教職に就けなかった女性が210人もいる——になっているからである[57]。

④ハーバード女性試験は、英国における女性試験のアメリカ合衆国版であり、英国におけるそれに匹敵する高い権威をもっているとする前提は疑わしい。およそ試験の権威と評判は、一般世論には、試験の出題・採点担当者の人物に大きく左右されると思われているが、この点、ロンドン大学の女性試験は、ハクスリー教授(Thomas Henry Huxley, 1825-95、動物学者、英国における進化論の普及者)が長年にわたって試験委員の一人を務めており、それにふさわしいものであろう。ハーバード女性試験の委員には、パース(Benjamin Peirce, 1809-1880、数学者——引用者注)やヘッジ(Frederic Henry Hedge, 1805-1890、ユニテリアン聖職者、ドイツ文学者——引用者注)、ラヴァリング(Joseph Lovering, 1813-1892、数学・物理学者——引用者注)やロウエル(James Russell Lowell, 1819-1891、外交官、文人——引用者注)といった著名教授たちがいるのであろうと世間では思われているようであるが、これはまったくの誤りである。実際に担当しているのはハーバード大学の若い教員たちである[58]。

⑤われわれは、女性への高等教育を熱烈に願う啓発された人々とその意志を共にするものである。だが、学問に王道なしである。有能な教師の指導の元、長期間にわたる完全で体系的な学習こそが、男性であれ女性であれ、真の教育の名に値するものなのである。女性への高等教育という目的を実現するものを、われわれは、マサチューセッツ州以上に、ここペンシルバニア州にすでにもっているのである。

〇900人の生徒を擁する女子師範学校がそうである。すでに四年生の課程を持つようになった同校では、ハーバード女性試験の上級試験が要求するすべての科目を——ただし外国語は除く——体系的に学習できるのである。

〇近年、フレンド会の設立になるスワスモア・カレッジがそうである。男女共学制によるこのカレッジは、リベラル・アーツだけでなく現代

第2章　ハーバード女性試験の成立と終焉　129

的な諸科目をも教授しており、その学問レベルはきわめて高い。実際、四年間の課程を忠実に修了したどのような学生にとっても、ハーバード試験の問題に解答することはきわめてたやすいことであろう。
○ペンシルバニア大学は、最近、女性を特別学生として登録を認めるようになった。これは男性の特別学生と同じ扱いであり、入学のための試験および科目最終試験をおこなっている。医者あるいは教員志望の女性にとって、化学、物理学、歴史を大学の課程で学ぶことがきわめて有益である[59]。

　だが、このような実際的実務的な問題以上にスティールがより根底的な問題として批判したのは、ハーバード女性試験が前提としている大学教育観であり、さらに翻ってはハーバード大学の教育そのものであった。そしてこれこそが、後に見るように、ハーバード大学当局をして、反批判に乗り出させたものなのであった。
　スティールは次のような疑義を呈する。教養（culture）ということばを使うことがきわめて流行している。ハーバード女性試験でもその目的を、「教養のテスト」としている。しかし、「『無制限の選択科目』制度のもとでは、現在は四年課程のあとで男性に授与されているハーバードの学位が、かつてはそうであったような『教養のテスト』であるのかどうか、疑うべき十分な理由がある。このような課程へのたんなる準備の諸科目についての試験に首尾よく受かったからと言って、それが女性への『教養のテスト』となるのかどうか——そのように考えない私たちは責めを負うべきであろうか」[60]。
　ここでスティールが批判しているのは、ハーバード大学の教育、より正確には、エリオットによって進められつつあった教育改革構想そのものである。科目選択制度は、エリオットがその学長就任演説で、彼の不動の信念として実現を提起したものである。しかもエリオットは、スティールがまさに強調して批判したように、「無制限の選択科目」制度を理想としたわけである。1872年、4年生のみ全科目選択制を実現したエリオットは、この論争がおこなわ

れたすぐ後の1879年には、3年生にも全科目選択制を広げていた。彼は最終的には、学長就任から30年後に、全学年・全科目選択制を実現してみせる。科目選択制はやがて全国の大学で程度の差こそあれ採用されてゆくのであり、この時代においても、多くの大学で——スティールが学長を務めるペンシルバニア大学でも——採用されていた。しかし、ついには全学年・全科目選択制にまでゆきつくところの、エリオットの考え方そのものは、未だ論争中の事項であったのである。「過去何年の間、ハーバードで採用された学士課程学生のための教育制度は、ニューイングランド地域のほぼ全カレッジで(控えめに言っても)異端と見なされているのである」[61)]とスティールが言うとき、彼の脳裏にあったのは、ハーバード大学の教育そのものに対する批判であった。「教養」の人をつくるためには、すべての人が必ず学ばねばならない一定の課程があり、それらは無制限に分割して選択することが許されないものである。再びスティールの言い方を借りれば、「ハーバード・カレッジの領地の外に住んでいる人々にとって、(ハーバードの——引用者注)第一学年に入学するためにすべての男子に要求される知識量を『教養のテスト』と見なすことはできない」[62)]のである。このような思考法は、彼の時代には多くの大学人にとって未だ当然とされたものであったであろう。

　スティールのこのような批判は、続いて、上級試験に対しても向けられる。すでに前節で見た上級試験の5つのセクションを挙げた後、彼は次のようにことばを続ける。

　　そして、もしも当該の女性が、これらの科目のどれか一つで、試験官たちに対して満足な解答をするならば、彼女は合格証を受ける資格があるということ、つまり、ハーバードの教養のテストの水準に到達したということを意味するわけである。このことばの意味するものは先に行けば行くほどますます不分明になってくるが、次のことは明らかである。つまり、ハーバードでは教養ということばは、チャニング博士の時代、あるいは彼の地のマシュー・アーノルドの時代とはまっ

たく異なった意味をもっていると考えぬ限り、この計画は教養を獲得するための奇妙な方法ということになろう[63]。

さらにスティールは第二の批判の論点を提起する。

> 教育の大きな目的は訓練であり、(上級試験が対象とする——引用者注)知識の五つの領域のどの一つの試験でも、受けた訓練についての試験でない限り無価値である。……大学教授ならば誰でも知っているように、現今の教育制度の最大の悪弊は、少年たちが上級課程のために拙速かつ未熟、系統立たない準備をおこなうことである。こうした準備で少年たちは、しばしば優秀な成績で入学試験に合格するものの、ひとたび入学すれば、刺激がなくなり惰性的になり、反動がやって来て、その最後の状態は最初よりもずっとひどいことになる。……われわれが現在、このような制度で少年たちを破滅させているのだとすれば、少女たちは同じ運命から救いだすべきである。彼女らがパンを求めるのならば、彼女たちに石ころをあたえるようなことをしないだけでなく、それがパンであると見せかけるようなことをすべきではない[64]。

このように、「教育(訓練)なくして試験なし」というのがスティールによる批判の第二の論点であるとすれば、以下に見る第三の論点は、一種の能力心理学に立脚した批判と言える。すなわち、人間の精神は諸能力(faculties)をもった単一の能動的実体であって、複数の能力すべてが訓練されなければならないのである。

> 知識の獲得は、それが有用な目的のために使われるとしても、長期にわたる漸進的な骨の折れる吸収の過程であり、その間に、精神のすべての能力が恒常的訓練によって鍛えられねばならないのである。精神の他の能力を犠牲にして記憶を不当に重視するような制度は、かり

にある目的のためにはなにがしかの益があるにせよ、また、その制度を奨励する人々の元々の動機が何であれ、（ハーバード女性試験が効用として挙げる——引用者注）優れた教師、優れた母親、さらには真の教養を身につけた女性をつくる方法ではないことは実証済みである[65]。

われわれが強調したいのは、真の教育はつねに自然で健全な成長でなければならないということである。早咲きの不自然な発達を強いるような温室栽培からは、人間生活の糧となり安寧となるようなどのような果実も実を結ばないのである。われわれが必要とするのは、女性が心身ともに、均整がとれ壮健になることである。われわれの結論が誤っていないとすれば、男性が、真の妻、よき母の理想として描くタイプというのは、まさにこういった女性なのである[66]。

ダンバーの反批判

このように、フィラデルフィアにおいてもハーバード女性試験をおこなおうとしていたまさにその矢先に、当のペンシルバニア大学学長からなされたこの批判を論難としてとらえたダンバーはスティールの批判に反論を加える[67]。ダンバーにしたがって、その反批判を三つの論点に要約すると以下のようになろう。

① スティール学長は、ハーバード女性試験は、学校やそこで教師がおこなう教授に取って替わろうとしているとして、これを有害であると非難している——この試験は他の諸力を犠牲にして記憶力を不当に重視するものであり、試験の合格によって教育が完成したと考えるのは誤っている。促成栽培からは健全な人間は生まれない。学問に王道無しである——としているが、これは誤解である。もともとの意図は、既存の女性高等教育のあり方に異議を唱えるものではない。現在、中等学校に在学中の若い女性たちには、「はっきりとした目標があればあたえられるはずの刺

激が欠如しているため、知力の向上の機会を失っている。このような刺激は、有名な大学から授与される合格証によってもっともよくあたえうると思われる」。すなわち、女性たちに勉学のための一つの目標を掲げるためのものなのである。
②スティール学長は、「およそ試験の価値というものはその試験官の評判に大きく依存している。世間では、ハーバードの著名教授がハーバード女性試験の出題と採点をしていると漠然と考えられているが、実際には若手教員の手に委ねられているのである」と非難している。だが、「ハーバード大学では、すべての試験がその試験科目の授業をおこなった教員によっておこなわれねばならないとされている」のであり、女性試験もこの方法でおこなわれている。
③スティール学長は、「フィラデルフィアには女子師範学校、スワスモア・カレッジ、ペンシルバニア大学と、女性に高等教育の機会をあたえている教育機関が存在するのであり、特にペンシルバニア大学では、近年、医者・教員志望の女性を特別学生として入学させている。このような現状ではハーバード女性試験は不要である」としている。これらの教育機関がそれぞれのメリットを有していることは間違いないであろう。だが世間には大規模な教育機関——特に男女共学の機関——に若い女性を送ることを望まない親たちもいるのである。

このような反批判は、一つ一つを検討すれば、それなりの説得力をもっていることは事実であろう。だが、ダンバーが黙して語らなかったことは、スティールがおこなったより根底的な批判に対する見解であった。そのことは言い換えるならば、ハーバード女性試験が前提としている女性高等教育観とは何であったのかという論点であり、それは従来の男性高等教育観とどのように異なるのかという点である。

ハーバード女性試験に対するスティール学長の根本的疑念は以下の三点に要約できる。

①私たちがこれまで欠かすことができないものとして語ってきたような教授と訓練が、果たして、学校外の自学自習で獲得できるものなのであろうか。
②この計画によれば、学校は現在は明らかに欠陥がある教授法の改善のための刺激を受けるということであるが、その可能性はどうであろうか。
③目指すべき大望としてにせよ、教員として雇用される手だてとしてにせよ、あるいは教養としてにせよ、ハーバード女性試験は結局のところ、その本当の価値は何であるのか。

「歴史は、類い希なほど有能な歴史教師の日常的な指導助言がなければ十分に学習しえない」というようなスティールの議論に色濃く見られる彼の教育観は多分に伝統的なものであり、歴史の学習法についての彼の見解はアガシの教授法のそれを思い起こさせるものであろう。また、女性をペンシルバニア大学に「特別学生」として入学させることで女性に男性と同じ高等教育の機会をあたえたとする彼の見解は自己破綻しているといえよう。

　しかしながら彼が、ハーバード女性試験がもっていた基本的な問題点——女性たちが求めたのは高等教育の機会であり、試験はそのようにしてあたえられた教育の結果の評価であるはずなのに、教育の機会を保障することなしに試験のための自学自習が可能であるとして、教育の機会を剥奪する論理のすりかえ——を指摘したことは間違いないところであろう。

6．ハーバード女性試験の変容とその受験者たち

(1)ハーバード女性試験の変容
　ハーバード女性試験は、その成立当初から、いくつかの改訂が加えられていく。すでに見たように、予備試験においては二回に分けての受験を認めることはその一つと言える。また、1879年6月の試験では、歴史の試験の出題範

囲が軽減され、1658年までの英国史のみが課されることになるなど、内容にも変更が見られる。しかし、1879年以降は、そもそもの試験の目的や意義にかかわるような重大な変更が行われてゆく。その最大の変更は、1882年度(1881年6月実施)の試験から、従来の予備試験、上級試験に加えて、新方式と呼ばれる試験が導入されたことである。この新方式の試験とは、ハーバード・カレッジへの(男性向けの)入学試験と同一の問題――ただしギリシア語については、ドイツ語あるいはフランス語の代替をも認める――を使用した試験である[68]。

男性向けの入学試験と同一のこの新たな試験に合格した女性は、男性と同じ資格でハーバードに入学できたのであろうか。むろん、それはありえないことである。

もともと、ハーバード女性試験は、「(男性)大学への入学試験とは異なる、別種のもの」という前提で成立していたはずであり、このことは、ハーバード女性試験への批判とそれへの反批判の論争で何度も確認されたものである。しかし、ここにいたって、当のハーバード・カレッジへの入学試験と同一の問題を使用したということは、当初の試験の意義や目的についての説明そのものが破綻したことを意味する。では、この新しい試験は何のために設置されたのか。実は、スティール=ダンバー論争がおこなわれた1878年という年は、ハーバード女性試験にとって、その受験者数の多寡という点ではまさに絶頂期であった。すなわち、フィラデルフィア会場を増設した効果は着実に現れたのである。しかし以降、受験者数は減り続け、再び絶頂期に復することはなかったのである。明らかに、ハーバード女性試験が受験者にとって、さほど魅力あるものとは映らなくなっていったわけである。女性教育協会はむろん、この問題に無関心であったわけではない。新方式による試験が間もなく始まろうとしていた1881年度の年報では、この間の事情を以下のように総括している。

> ハーバード女性試験は、(ハーバード――引用者注)大学が発行する合格証が(英国と同様に――引用者注)こちらでも同じく熱烈な需要があり、世間一般によって同じように高く評価されるとの期待で始められ

たものである。しかしながら、この期待は実現しなかったのである。

　もしも受験者の数が増え続けるならば、私たちは違った結果を期待したであろうが、1878年には51名に増加したものの、翌年には29名に、さらに1880年には21名へと落ちてしまった。問い合わせも激減してしまった[69]*。

* すぐに見るように、この数字には実は留保が必要である。確かに、1879年の受験者は29名、1880年は21名であるが、ここには再受験者がそれぞれ半数近く含まれているわけである。したがって、ハーバード女性試験への新規の受験者は大幅に減っている計算であり、「問い合わせも激減」したのは当然であろう。

　試験のすべての運営を担当してきた女性教育協会にとっては、まことに気の毒な結果である。だが、新方式にすれば、受験者が増加するのであろうか。この問題に関連して、ハーバードの側では、ダンバーが次のような説明をしている。従来の方式であると、共学校の場合、一方では大学進学希望の男子生徒に入学試験のための準備を、他方でハーバード女性試験の受験を希望する女子生徒にはこれとは異なった準備をさせなければならず、教員の負担が増えてしまう。しかし、新方式ならば、男女ともに同じ入学試験の準備をさせればよいことになり、おまけに、「(新方式による試験の――引用者注)合格証が意味する達成水準が一般によりたやすく理解されることにもなろう」[70]。しかし実際には、この期待はまったくの失望に終わる。1884年度の年報では、この問題にさらに踏み込んでゆく。同年報に拠れば、

　　1882年、フィラデルフィア(ハーバード女性試験――引用者注)委員会のレディたちが、なぜこの試験がもっとも広く受け入れられないのか、その理由を確かめようと試みた。この提言に従い、二種類の質問票が用意され、最初の約100通が元受験者に対して、別の約700通が全国の公立・私立学校教員に送られた。

教員から戻ってきた192通の回答のうち、肯定的なのはたった18%であり、残りは、関心がない、否定的、受験者を用意できない、というものであった[71]。

　同年報は、「関心がない、否定的」のさらに詳細なデータは掲示していないので、回答者の真意は推察するのみである。しかし、その推察はさほど難しくはなかろう。次節で確認するように、ハーバード女性試験は実際に合格がきわめて困難な試験である。そのような難関を克服した女性たちには、それでは、何が約束されたのであろうか。これこそが、「関心がない、否定的」という意見の核心部分ではなかったか。特に新方式の試験になった場合――ダンバーはきわめて楽観的に述べているのであるが――男女とも同一の入学試験の準備をして、同一の試験問題に取り組んだとしても、その結果、一方は大学教育が保証されるが他方はこれをまったく拒否される、というのであれば、何のために困難な試験を受けるのか。こうして同年報は、1884年以降の試験の打ち切りすら勧告する――ただし、実際には、後に述べるような新制度の発足とともに、その目的を変更して存続する――のである。ちなみに、ハーバード女性試験の実施は、費用の面でも、女性教育協会にとって大きな負担となっていたことは間違いなかろう。すでに確認したように、ハーバード大学はこの試験に対して1セントも支出していない。すべて、女性教育協会がまかなうとの条件で始められた事業である。この試験の絶頂期である1879年度の予算を見るならば、会費収入281ドルに対して、ハーバード女性試験関係経費は150ドルと、全収入の半額以上が消化されてしまう計算である[72]。繰越金(同年度は約432ドル)があるとは言え、これだけ大きな予算を投入するからには、それなりの成果が期待されて当然であろう。

(2) ハーバード女性試験の受験者たち

　それでは、ハーバード女性試験を受けたのはどのような女性たちであったのか。予備試験の受験者について、以下の**史料2-4、2-5**を参照されたい*。

史料 2-4 ハーバード女性試験の受験者一覧(1874-1880年)

試験会場	No.	年齢	出身校	受験準備の方法
1874年				
ボストン	1	18	私立学校	自学自習
	2	19	＿ハイスクール	自学自習
	3	20	＿ハイスクールおよびMr.＿の学校	自学自習
	4	20	＿ハイスクール	Mr.＿の学校
	5	19	＿大学	W.＿大学
	6	19	＿ハイスクール	自学自習
	7	21	＿ハイスクールおよび＿訓練校	自学自習
1875年				
ケンブリッジ	[2]			
	8	18	＿セミナリー	語学のみ教師の指導
	9	19	公立学校	自学自習
	10	20	公立学校	自学自習
	11	21	＿ハイスクール	自学自習
1876年				
ケンブリッジ	[9]			
	12		再受験	No.8参照
	13	19	私立学校	数学のみ教師の指導
	14	18	アカデミー	B.アカデミー
	15	19	アカデミー	B.アカデミー
	16	19	Miss Hの学校	Mr.H
1877年				
ケンブリッジ	17	26	Miss＿の学校	個人教授
	18	20	私立学校	
	19		再受験	No.14参照
	20	22	私立学校	Miss B.の学校
	21		再受験	No.10参照
	22	19	私立学校	Mrs.＿の学校
ニューヨーク	23	19	＿アカデミー	自学自習
	24	23	S．カレッジ	Mr.＿
	25	18	私立学校	Prof.＿
	26	39	公立学校	自学自習
	27	18	＿インスティテュート	St.＿ホール
	28	18	家庭学習	仏語のみ教師の指導
	29	35	＿セミナリー	自学自習
	30	16	私立学校	私立学校
	31	18	Rev.Mr.＿の学校	
	32	20	Mrs.＿の学校	仏語のみ教師の指導
	33	21	＿師範カレッジ	自学自習
	34	19	＿インスティテュート	St.＿ホール
	35	40	＿セミナリー	自学自習
	36	19	Miss＿の学校	個人教授
	37	18	Dr.＿の学校	
	38	21	＿師範カレッジ	自学自習
	39	28	＿セミナリー	
	40	17	家庭学習	仏語のみ教師の指導
1878年				
ケンブリッジ	[17]			
	[18]			

第2章　ハーバード女性試験の成立と終焉　139

教職志望？	英	仏	独	希	羅	算	代	幾	物	生	自	歴	判定
いいえ	優	合	合			優	合	優	合		合	合	**合格証**
はい	合	合					優	合	否	否	合	合	2条件
いいえ	合	合	合				合	合	合		合	合	**合格証**
いいえ	合	合			合	優	優	合	合		合	合	**合格証**
はい	合	合	合				否	否	否	否	合	合	3条件
はい	合	合			合	合	合	否	否		否	合	不合格
現地職員	優	合		合		合	合	合	合		否	合	**合格証**
								合	合				**合格証**
恐らく	否	否	否			否	否	否		合	合	合	不合格
はい	否	?			合	合	合	合		合	合	合	2条件
はい	否	否			合	合	否	合			合	合	不合格
はい	合	合	合			合	合	合			合	合	**合格証**
		合	合										**合格証**
	合	否	合			合	否	合		合	合	否	不合格
はい	合	優	優			合	合	合		優	合	合	**合格証**
はい	否	合			合	合	否	合	否		合	否	不合格
恐らく	否	合			合	合	否	否	否		合	否	不合格
いいえ	合	優	優				優	合	合	合	合	優	**合格証**
いいえ	優	優	合			合				優		合	6単位
	合	合	合			合	合	否			合	否	1条件
	合	合			合	合	合	否	合		合	否	**合格証**
	優					合	合	否		合	合	優	6単位
	合	否			否	否	否	否	合		否	合	不合格
いいえ		優	優			否	否						4単位
現職教員	合					優	優	優	優				5単位
はい	合	?				合	合	優	否	優	合	合	2条件
	合	合				合	合	合	合		合	合	**合格証**
現職教員	合	合	合				否	合					4単位
いいえ	合	合			合							合	4単位
		合				合	合	合					4単位
はい						合	合	合		優	合		5単位
いいえ	合	優	優								合		4単位
いいえ	合	否	合								否		0単位
いいえ		否				否				合	合		0単位
はい						合	優	合		合			4単位
いいえ						合	優	合	合		合		5単位
現職職員	優	優			合	合	優	合		合	合	合	**合格証**
いいえ	合	優	合										4単位
はい	合	否			合							合	3単位
はい						合	優	合			優		4単位
現職職員	合		優				否					合	3単位
恐らく			合			否	否	否					0単位
							合	合		合			**合格証**
						優		合					**合格証**

140 6．ハーバード女性試験の変容とその受験者たち

試験会場	No.	年齢	出身校	受験準備の方法
	41	18	＿ハイスクール	Miss＿の学校
	42	20	私立学校	個人教授
	43	19	＿ハイスクールおよびMiss＿の学校	自学自習
	44	19	私立学校	Mrs.＿の学校
	45	19	私立学校	Mrs.＿の学校
	46	20	ハイスクールおよびMr.＿の学校	Mr.＿の学校
	47	20	ハイスクール	
	48	22	＿師範アカデミー	Mr.＿の学校
	[22]			
ニューヨーク	49	21	私立学校	
	50	19	私立学校	Miss＿の学校
	51	17	公立学校および私立学校	Miss＿の学校
	52	24	私立学校	希語のみProf.＿の指導
	[26]			
	[27]			
	53	19	＿セミナリー	数学のみMr.＿の指導
	54	18	＿学校および＿カレッジ	カレッジ
	55	18	＿学校および＿カレッジ	カレッジ
	56	24	Mr.＿の学校	個人教授
	57	22	セミナリーおよびMiss＿の学校	自学自習
	58	19	私立学校	Miss＿の学校
	59	24	私立学校	希語のみProf.＿の指導
	60	16	私立学校	Miss＿の学校
	61		再受験	希語のみProf.＿の指導
	62	24	＿セミナリー	自学自習
フィラデルフィア	63	30	公立学校	仏語および希語のみ教師の指導
	[24]			
	64	19	私立学校	自学自習
	65	22	私立学校	自学自習
	66	32	＿師範学校	自学自習
	67	21	私立学校	Prof.＿およびMiss＿
	68	19	＿インスティテュート	個人教授
	69	30	私立学校	個人教授
	70	19	私立学校	Mrs.＿の学校
・	71	39	O.カレッジ	自学自習
	72	25	S.カレッジ	Prof.＿
	73	23	私立学校	仏語のみ教師の指導
	74	18	＿セミナリー	St.＿ホール
	75	18	私立学校	Prof.＿
	76	18	私立学校	私立学校
	77	25	私立学校	
	78	20	私立学校	Prof.＿
シンシナティ	79	27	＿ハイスクール	
	80	20	公立学校および私立学校	Miss＿の学校
	81	20	＿カレッジ	Miss＿の学校
	82	20	私立学校	Miss＿の学校
	83	22	＿ハイスクール	
1879年				
ケンブリッジ	84	20	＿女子ハイスクール	自学自習
	[42]			
	85	22	＿グラマー＆ハイスクール	＿ハイスクール

第2章 ハーバード女性試験の成立と終焉 141

教職志望？	英	仏	独	希	羅	算	代	幾	物	生	自	歴	判定
いいえ	合				合	優	優	合					5単位
はい	合	合			否	合		否	合	否			4単位
はい	合	優	優			合	合	合		合	合		**合格証**
いいえ	否	優		否			否			否			0単位
いいえ	合	優			合				合		合		5単位
いいえ	合	合				合	合						4単位
はい					合	否	否			合			0単位
はい	合	合			合	合	否	否	合		合	合	3条件
	合				否		否			合	否		1877年次とおなじ単位を認定
いいえ	合	合	合		否								3単位
					合	否	否			合			0単位
いいえ	否		否		合				優		否		0単位
いいえ	優	合		合									4単位
					合		合	合		合	合		**合格証**
					合	合	合	合		合			**合格証**
いいえ	優	優				否				合			3単位
						否			合				病気のため試験を途中で棄権
		否		合	否	否							0単位
	合	合	合		優	合	合	合		否	合		1条件
未定	合	合	合		合	合	合	合		合	合	合	**合格証**
いいえ	合	合		合	合	否					合		5単位
いいえ	合	合		合							合		4単位
いいえ	否		否			否	否				否		0単位
		否			否	否	否			否			0単位
はい	合				優	合	否			否			3単位
現職教員	合	合			合	合	優			合	合		1条件
		合					合						**合格証**
いいえ	合				否					合			0単位
現職教員	合				合		合			合	優		5単位
現職教員	合	合			合		合			合	優		6単位
いいえ	合	合		否	合	否	否	合		合	合		3条件
いいえ	合	合			合	合	合						5単位
恐らく				優	合	合	優						4単位
いいえ	合				否	合	否	否					0単位
現職教員		合			合	合	否	否					3単位
はい	合	合	優				否						3単位
いいえ		合			否		否						0単位
はい	否	優			否	否		否		否		合	0単位
いいえ	否				否	否		否			否		0単位
はい					合		合	合		否			3単位
はい					合		否			否			0単位
はい	合	合		合	否		否	否		合	合		5単位
いいえ	合				否	合	合		合				4単位
はい					合	合	合			否			3単位
はい		合			合		合						3単位
はい		優	合		合		合						4単位
はい	合			合	合	合	優			合			6単位
はい	合			合	否	否	否			合			3単位
					否		合	合		合	否		1878年次とおなじ単位を認定
未定				合	否	合	優	合					4単位

試験会場	No.	年齢	出身校	受験準備の方法
	[45]			
	[47]			
	86	17	Mr.__の学校	Mr.__
	[48]			
	87	19	公立学校	Miss__
	88	18	__グラマー&ハイスクール	__ハイスクール
ニューヨーク	[50]			
	[56]			
	89	18	__フリー・アカデミー	個人教授
	90	23	私立学校	
	[58]			
	[59]			
	91	35	主に自宅	自学自習
	[68]			
	92	25	__カレッジ	
	[65]			
	[66]			
	[69]			
	[71]			
	[73]			
	93	23	__カレッジ	
	94	26	__学校	自学自習
シンシナティ	95	18	Miss__の学校	Miss__
	96	18	Miss__の学校	Miss__
	97	19	__ハイスクール&__大学	独語のみ教師の指導
	[83]			
1880年				
ケンブリッジ	98	20	__ハイスクール	
	99	19	__ハイスクール	__ハイスクール
	100	25	__セミナリー	自学自習
	[86]			
	[87]			
ニューヨーク	101	22	__師範インスティテュート	羅語・仏語は教師の指導
	[28]			
	102	18	__公立学校	自学自習
	[90]			
	[103]	19	__インスティテュート	Mr.__
	[104]	17	__インスティテュート	Mr.__
	[61]			
フィラデルフィア	105	18	Miss__の学校	
	106	25	__インスティテュート	Prof.__
	[65]			
	107	19	Miss__の学校	
	[83]			
	108	21	__セミナリー&__カレッジ	
	109	23	__カレッジ	自学自習
	[97]			
	110		Mrs.__のセミナリー	Mrs.__

第2章　ハーバード女性試験の成立と終焉　143

教職志望?	英	仏	独	希	羅	算	代	幾	物	生	自	歴	判定
						合	合	合			合		**合格証**
					合	合	合	否			合		4単位
いいえ		合			合	合	?				合		4.5単位
						合	否				合		1878年次とおなじ単位認定
希望あり	?	合				優	優	合			合		5.5単位
はい				合	合	否	否	否		合			3単位
						否	否	否	否		否		1878年次とおなじ単位認定
											合		**合格証**
いいえ	否	合	優			合	否	否			合		4単位
恐らく	合	優	合						否			合	4単位
						合	合	合		優			**合格証**
						優	優	合	合		合		**合格証**
現職教員	合	優	合			優	優	否		合	優	優	8単位
										合			**合格証**
はい	否					否	否	否		否	否		0単位
		合			合			否	否				1878年次とおなじ単位認定
			合				合	合					**合格証**
	合	優						合		合	合		**合格証**
	否					合	合		否	否	合		1878年次とおなじ単位認定
	合	合			合					合			4単位
いいえ	合												棄権
はい					優	合	否	否					3単位
いいえ				合	合	否							0単位
恐らく					否	合	合		合				3単位
現職教員	合				否	否		合		合			3単位
		合							否	合			1878年次とおなじ単位認定
はい	合	合			合	優	否			合	合	否	6単位
はい	合			?		合	否		合				3.5単位
はい	合	合		合		優	合	合		合	合		**合格証**
		合					合	合	優		合		**合格証**
	合			合			合				合		**合格証**
はい	合	合			合	合	合	優		合			**合格証**
	合		優						優	合	合		**合格証**
現職職員	合	合	合			優	合	否	否		合	合	8単位
						合	合	合	合		合		**合格証**
いいえ				否	合	否	合						0単位
はい		合				合	合	合		優			5単位
		合	優			否	否	否					3単位
いいえ	合	合				合	否					合	4単位
はい	合	優				合	合			合			4単位
	合					合		合			合		**合格証**
いいえ	合	優				合	否					合	4単位
	合									合	合		**合格証**
はい	合			否			合						0単位
はい	合		合	合					合				4単位
		合									合		**合格証**
はい	?	合			否	合	合	合		合	合	否	6.5単位

出　典：Harvard University, *Annual Reports of the President and Treasurer of Harvard College, 1877–1878*, Appendix VI. Examinations for Women, pp. 154–156. およびHarvard University, *Annual Reports of the President and Treasurer of Harvard College, 1879–1880*, Appendix V. Examinations for Women, pp. 146–147.

史料2—5　ハーバード女性試験の受験者の父親の職業

	1881	1882	1883	1885	1886	1887
聖職者	1	0	0		2	3
医者	0	0		1	6	2
法律家	2	1	2	0	3	3
大学教員	0	1	1		0	0
経理担当	1	1	1		1	1
事務	0	1	1			
銀行	0	1	1	2		
出版・編集	1	2	2	2	1	
図書館員	0	1	1			
教師	1	1				1
商業(卸・仲買・小売)	2	3	1		6	3
製造業		1	2	4		3
農業	1	3	2	3	1	
技師	2	0				1
工場主	0	1				
工員	0	2				
大工			1			1
その他	1	3	1	1	1	0
無記入	3	4	3	1	2	
死去	1	0			3	1
計	16	26	20	14	26	20

＊　二つの表の項目が異なるのは以下の理由による。史料2-5は筆者がRadcliffe College Archives, Publicity Office, Registration of Record Group, Records of the Admission Office, RG XI, Ser 2 の中に収録されている当時の受験者の願書（Folder 1 2 Application for Examinations, 1 8 8 1 - 1 8 8 7; Folder 1 3 Application for Examinations, 1888- 1895)より集計したものである。願書は、①氏名、②父親の氏名、③父親の職業、④どこで試験の準備をしたのか、⑤出身校、⑥教職志望の有無、の六項目から成っている。

　　これに対して、史料2-4はダンバーによる作表であるが(Harvard University, *Annual Reports of the President and Treasurer of Harvard College, 1877- 1878*, Appendix VI. Examinations for Women, pp. 154- 156. および Harvard University, *Annual Reports of the President and Treasurer of Harvard College*, 1879- 1880, Appendix V. Examinations for Women, pp. 146- 147.)、

この期間1874年から1878年の受験者データは、同じRecords of the Admission Office, RG XI, Ser 2 のBox 1, Folder 8のStudent Grades, 1874-90の中に名前と得点のみ、見ることができるが、あとのデータはない。

なお、すでに述べたように、受験者は二年度以上にわたって受験した結果、最終的に予備試験の合格証を取得するわけであるが、史料2-5は、重複分を除いていない。また、上級試験の受験者もいたが、これはきわめて少数であり、本章での考察の対象からは除外した。

まず、史料2-4は、試験開始時期の1874年6月から、徐々に会場を増設し、これがフィラデルフィア会場を含む4会場制に拡大された1878年──すでに確認したように、最大の受験者数を集めた年度──の試験を経て、1890年までを扱ったものである。

初年度は、すでに引用した女性教育協会の年報の肯定的な自己評価（7名という受験者数は、「『この企画がまったく目新しいものであったこと』『準備期間の短さ』、『(試験のための──引用者注)教授を受けることが困難であったこと』を考え合わせれば、少ないとは決して言えない」）を裏付けるものである。ただし、より正確に言えば、完全な合格者は4名であり、「(不合格となった──引用者注)女性は落胆せずに、次年度、もう一度受験する旨の希望を述べていた」にもかかわらず、結局、再受験を断念したわけであり、条件付き合格者のうち、後に再受験して合格したのは1名のみであった。

1875年、1876年両年の受験者の成績は、再受験組を入れてまずまずであり、合格率はよくて50％というところである。すべての科目を一回でパスする（すべての科目で最低40％の点数を獲得し、全体の平均点で最低50％を獲得する。かつ、最低点に達しない科目が2科目以上あった場合は不合格）ことがいかに難しいことであったのかを伺わせる結果である。

以上の初期3年間の受験者の年齢は18歳から21歳までの間におさまる。また、教員志望者(現職教員を含む)が圧倒的に多い(約73％)のが特徴である。さらに、試験準備のための学習法は「自学自習」が半数を占めている。

一部科目受験が可能になった翌1877年および1878年は、受験者数の激増と

ともに、上に検討した受験者の属性にも大きなばらつきが見られるようになる。

　すなわち、分割受験が可能になったにもかかわらず一度ですべて合格する受験者が出る一方で、一部科目受験であったにもかかわらずまったく単位が取れない受験生——たとえば、表の31番など。この受験生は、英語とドイツ語には合格しているが、「すべての科目で最低50％の点数を獲得すること」「試験全体の平均点で最低60％を獲得すること」の(新)条件を満たせず、結局、ゼロ単位となった——も続出している。

　年齢幅も見られるようになり、最若年が16歳、最長年(ただし現職教員)が39歳である。受験者の教職志望も下がっており、現職教員も含めても約54％が「はい」(あるいは「恐らく」)と答えるにとどまっている。さらに、試験準備のための学習法のうち、「自学自習」は約24％に下がり、これを補うように10％強の受験者が「個人教授」と答え、指導を受けた特定の教員名を挙げた受験者をも含めると、約40％の受験者が、何らかの個人的な受験指導を受けており、この数値は学校に通っての補習を受けた受験者数(約36％)を上回っている。

　以上の1874年度から1878年度までの全体の傾向を、まず受験科目で見てみると、ドイツ語・ギリシア語・ラテン語のいずれか一ヵ国語選択では、ギリシア語選択が圧倒的に少ない。すでに本書第1章で見たように、この当時は、若い女性のギリシア語学習そのものを疑問視する風潮もあったわけであるから、この選択はやむをえないところであった。ちなみに、女性にとっては"鬼門"とされたギリシア語を敢えて選択した受験生はすべて、当該科目に一度で合格している。

　さらに、受験者の出身学校に注目すると、私立学校出身者が圧倒的多数であり、公立のハイスクール出身者は全体の15％弱に過ぎないことが分かる。

　続いて、参考までに受験者の父親の職業を抽出したのが史料2-5である。本来ならば、父親の職業をアパー・ミドルクラス(プロフェッショナル、公務員、製造業、自営など)、ミドルクラス(職人、自作農など)、ロワー・クラス(工

員、小作農など）に分けて分析すべきなのかも知れないが、遺憾ながら、願書の「父親の職業」欄はきわめて不完全な情報しか提供してくれない。しかし、ごく大まかには、ロワー・クラスに属する家庭の出身者はきわめて少なく、全体としてむしろ、アパー・ミドルクラスの方に寄っているというのが、筆者の見方である。

当時の著名人の娘たちも多く受験しており、たとえば、マサチューセッツ工科大学数学教授であったランクル（本書第１章参照）の娘（1882年度、1883年度）、法律家であり外交官でもあったチョート（Joseph Hodges, 1832–1917）の娘（1886年度）、あるいはまた、聖職者であり著述家であったベーコン（Leonard Woolsey Bacon, 1830– 1907）の娘で、後に津田梅子の招きで来日し日本の英語教育の発展に尽力することになるアリス・ベーコン（Alice Mabel Bacon, 1858–1918, 1881年度）などがいる。

7．おわりに

なぜハーバード女性試験がもっとも広く受け入れられなかったのか——フィラデルフィア委員会の女性たちの調査も女性教育協会の年報も、その根本的な原因には言及していない。しかし、彼女たちはすでにこの試験に向けられた数多くの論難をつうじて、それを痛切に自覚してことであろう。もともと多くの女性たちが望んだのは、優れた教育——ハーバード・カレッジのそれに匹敵する教育——である。このような優れた教育が確保されてのみ、「現在の教育のあり方を改善すること」も可能になるし、「若い人々の教育にあたる人々——とりわけ教師——の啓蒙活動」も格段に進むはずである。ところが、ハーバード女性試験は、どのように理屈をつけようと、実際にはきわめて粗末な代替品に過ぎなかったのである。

ハーバード女性試験の特異性は、試験が系統的な教育＝学習と実質的に切り離されてしまっていることである。すなわちこの試験は、特定の学科や教

育課程の教育＝学習の成果の証明でもなければ、特定の学科や教育課程の教育＝学習をおこなうための適性や準備を証明するものでもなかったのである。

ハーバード女性試験は、特定の学科の教育＝学習の成果の証明なのか。この問いにイエスと答えた場合、では、ハーバード女性試験の合格証はそもそも、ハイスクールの卒業証書とどのように違うのか。それよりももっと高いレベルの学業達成を証明するものなのか。恐らく、そのように位置づけるのことが、その正当化の根拠としてもっとも可能性があったのであろう。しかし実際には、ハーバード女性試験は、個々の学科の実力試験ではなく、まさにスティールが論難したように、全体として、ある種の"教養"のあかしという位置づけがなされたり、あるいは、女性教育協会がその最初から主張してきたように、教員としての力量(その背景には、やはりある種の"教養"が前提とされている)を証明するものである、という論理が働いていたわけである。だがこれは、ダンバーの反論をもってしても、説得力のある議論にはなりえなかった。また、教職志望者の比率は、後年になると落ちている。

他方でハーバード女性試験は、特定の学科や教育課程の教育＝学習をおこなうための適性や準備を証明するものなのか。通常の(男性のための)入学試験はまさにこれである。しかし、ハーバード女性試験の合格によって、より高いレベルの教育＝学習が制度的に保証されているわけではまったくなかったのである。

ちなみに、英国の側からは、このハーバード女性試験はどのように見られていたのか。1893年、アメリカ合衆国の女性教育の現状を視察するためにロンドンのギルクリスト信託財団が派遣した調査団の報告は興味深い指摘をしている。まず、「アメリカの教育者の間では、試験に反対する感情が根深い」のであり、「棋界の多くの権威は、教師自身あるいは教育長がおこなう進級試験ですら、有害であると考えている。したがって、公立ハイスクールは、ハーバード女性試験のような試験には生徒を送るようなことはしない」[73]としている。そして、「その(ハーバード女性試験の——引用者注)シラバスは、ロ

ンドン大学の入学試験のそれに類似しているようであるが、二回に分けて受験可能であるがゆえに、恐らく同程度の難易度ではないと私たちには思える」[74)]としている。こうしてこの報告は、アメリカ合衆国の教育界にある試験への嫌悪が、ミシガン大学が最初に採用したとされるハイスクール卒業証による入学(高い質の教育をおこなっていると認定されたハイスクールの卒業生は無試験で入学させる)という制度が普及していった原因としている[75)]。

「試験ではなく教育と学習が重要」という自覚は、実は、女性教育協会の運営委員たちにも共有されていたものであり、彼女たちが、ハーバード女性試験の停滞とほぼ同時に、打開策として模索していたものであった。それが、学位や修了証には結びつかないものの、若い女性たちのためにリベラル・アーツ諸学科の完全な課程を少数の教員が私的に教授するという試みであった。ハーバード大学の関係者の娘たち27人から始まった、この非公式で私的なレッスン——やがて"ハーバード・アネックス"と呼ばれるようになった——は、1882年、エリザベス・ケリー・アガシ(Elizabeth Cabot Cary Agassiz, 1822–1907. ラドクリフ・カレッジ創立者)が会長に、ウイリアム・バイヤリー(William Elwood Byerly, 1849–1935. 数学者)が理事長に就任した、女性への大学教育協会(Society for the Collegiate Instruction of Women、発足時の1880年には、「女性のための私的な大学の教授(Private Collegiate Instruction for Women)」と呼ばれた)の法人化に結実する[76)]。そして、この協会が主催するコースへ登録するためには、まず試験に合格する必要があり、その試験とはまさに、新方式によるハーバード女性試験——すなわち、ハーバード・カレッジへの入学試験——なのであった。

ここにいたって初めて、ハーバード女性試験は、特定の学科や教育課程の教育＝学習をおこなうための適性や準備を証明するという位置づけにシフトすることが可能になったのであった。大学レベルの教育課程を履修するためには試験に合格しなければならない。また、ハーバード女性試験が創設時からそうであったように、ギリシア語の代替としてフランス語やドイツ語でも受験できたが、その場合は、"入学"後にギリシア語コースを履修することは一切許されなかった[77)]。すなわち、当然、「ついてゆけない」ことが予想され

るからであり、逆に言えば、一定水準のギリシア語の語学力がある女性のみが、ブリッグス教授(LeBaron Russell Briggs, 1855-1934)のプラトンやホーマーの授業に、あるいはグッドウィン教授(William Watson Goodwin, 1831-1912)のアイスキュロスやアリストテレスの講読に出席できたのである。

後にラドクリフ・カレッジの設立へと発展するこれ以降の歴史に言及することは本章の範囲を超えるものであり、他日を期したい。だが、女性教育協会の女性たちは、一方で、多大な犠牲を払ったにもかかわらず、自分たちが責任を取りようがないことが原因で失敗を運命づけられていた妥協の産物としてのハーバード女性試験という制度を押し進める中、他方で、教育という意味でより実質的な、新たな機会を確保していったのである[78]。

しかしながら、大学教育の機会を試験によって代替できるとの発想そのものは、他所で続いていた。ニューヨークの女性たちの懇願により、コロンビア大学がようやく実施を認めた女性大学課程試験がそれであった。

1885年、この試験を受けたアニー・ネイザン・メイヤー(Annie Nathan Meyer, 1867-1951. 文筆家、反女性参政権論者、バーナード・カレッジ創立者)の体験は、この発想に支えられた試験制度の基本的矛盾を、さらにはこの時代に大きく変化しつつあった大学史の潮流を証言するものとなった。

当時のコロンビア大学女性大学課程試験では、受験者に対して秋と冬にそれぞれ一回ずつ、教授との個人面談がおこなわれ、そこで学習すべきテキストの章や頁が指定される。この面談を受け、該当範囲を学習した後、試験に臨んだのである。メイヤーは言う。

> 最初に試験問題を読んだとき、私を襲った、打ちのめされるような心細さを私は決して忘れることができない。この世界が――これまでの親しみやすく賛嘆すべき世界が――足下に崩れていったのである。私は課題として出された本の全頁を忠実に細心に読んでいたわけであり、その内容を知っていると自信があったはずである。にもかかわら

ず、私は問題を前にしてなすすべがなかったのである！

　少し冷静になると、私はこの困った事態の原因が何であるのかに気づいた。教授は私にこれこれの頁を読むようにと言い、私はそのとおりにしたのである。しかし彼は、課題テキストではなくクラスでおこなった彼のレクチャーに基づいて平然とすべての問題作成をおこなったのである。むろん私は、彼のレクチャーに出ることを許されていない[79]。

　決められたテキストを暗記しそれを教室で復元するという、大学での有力な教授法としての復唱(レサイテイシヨン)が採用されていた時代はもはや終わりを告げようとしていたのである。これに代わって、未だテキスト化されていない内容を教授者の独創性を発揮しながら教えるというレクチャーやセミナーこそが新しい時代のカリキュラム・教授法であり、エリオット学長が推進したのもまさにこのような大学教育改革であったはずである。決められたテキストの内容を"マスターする"ことを前提としたハーバード女性試験は、たとえパースが構想したとおりに実現したとしても、それは早晩、大学の教育としての矛盾を露呈する運命にあったのである。

注

1) ウッドハルについては、Marion Meade, *Free Woman: The Life and Times of Victoria Woodhull*, (New York : Knopf, 1976)を参照。
2) Rosalind Rosenberg, *Beyond Separate Spheres: Intellectual Roots of Modern Feminism*, (New Haven: Yale University Press, 1982), p.3.
3) NEWSAについては、Woman's Suffrage Bazaar Association. Records in the Woman's Rights Collection, 1871. Microfilm, M-133, Reel D49を参照。なおこの時期は、その後女性参政権獲得を目指してそれぞれ独自の道を歩むことになる二つの全国組織——アメリカ女性参政権協会(American Woman Suffrage Association)と全国女性参政権協会

(National Woman Suffrage Association)——が結成されている(いずれも1869年)ことからも理解できるように、新たな女性運動の始動期であった。

4) Julia A. Sprague, *History of the New England Women's Club from 1868 to 1893*, (Boston: Lee and Shepard, 1894), pp.2-5.

5) Karen J. Blair, The *Clubwoman as Feminist: True Womanhood Redefined, 1868-1914*, (New York: Holmes & Meier Publishers, 1980), p.1.これらの女性たちをブレイアーはDomestic Feminism の信奉者であったとする。Nancy Cott, *The Bonds of Womanhood: "Woman's Sphere" in New England, 1780-1835,* (New Haven: Yale U. P., 1977), p.125 ff. も参照

6) このような女性団体のうち、ボストンを拠点に二つの団体——女性の大学教育を支援するマサチューセッツ協会と女性教育協会——が存在した。この前者については本書第1章および拙著、『アメリカ大学史とジェンダー』(東信堂、2002年)、第2章を参照されたい。なお、後にパース自身が語ってみせるように、女性の大学教育を支援するマサチューセッツ協会が女性参政権論者をも会員に加えていたのに対して、女性教育協会の方は反・女性参政権論者のグループであった。Patricia M. King, "The Campaign for Higher Education for Women in 19th-Century Boston," *Proceedings of the Massachusetts Historical Society*, Vol.XCIII, (1981), pp.71, 77を参照。

7) "Better Education for Woman," *Boston Daily Advertiser*, (January 13, 1872).

8) Charles Homer Haskins, "Graduate School of Arts and Science," Samuel Eliot Morrison (Ed.), *Development of Harvard University, Since the Inauguration of President Eiot, 1869-1929*, p.451.ff.ヒルによる大学レクチャー・シリーズをもってハーバードの教養大学院(School of Arts and Sciences)の萌芽とする見解は、ここに論拠として挙げたハスキンズをはじめ、ハーバード大学の歴史を書いた多くの歴史家の一致するところである。

9) ヒル自身は彼の1863-64年度の『学長報告』で、ハーバードが「アメリカ初のユニバシティ」になる可能性について言及している。つまり、彼にとって「ユニバシティ」とは、たんに「知識の普及」ではなく「堅実な学習の拡大」をおこなう教育機関であった。これは、「特定のプロフェッショナルではない学問をおこなうために数年間ケンブリッジに残り、ある期間の後、試験を受けこれに合格し、課程修了時に適当な学位やディプロマを取得するresident graduates」のための計画であった。*Annual Report*, 1863-1864, pp.14-15.さらに、William G. Land, *Thomas Hill: Twentieth President of Harvard*, (Cambridge, Mass: Harvard University Press, 1933), pp.141-142.

10) *Annual Report*, 1871, p.11.

11) Henry James, *Charles W. Eliot, President of Harvard University, 1869-1909*, Vol.1, pp.248-250.

12) *Annual Report*, 1872, pp.13-14.

13) *Annual Report*, 1872, p.14.

14) *Addresses at the Inauguration of Charles William Eliot as President of Harvard College,*

Tuesday, October 19, 1869, (Cambridge: Sever and Francis, 1869), p.51. [Harvard Archives].
15) *Addresses at the Inauguration of Charles William Eliot,* p.14.
16) *Addresses at the Inauguration of Charles William Eliot,* p.49.
17) Hawkins, pp.24–25.
18) Sally Schwager,. "'Harvard Women': a History of the Founding of Radcliffe College," Harvard University, Ed.D., 1982, p88. [Gutman Library, Harvard Graduate School of Education].
19) Woman's Education Association. *First Annual Report,* (1873), p.7. Schlesinger Library, Radcliffe College.
20) Zina Fay Peirce, "Harvard Examination for Women Exposed," *Woman's Journal,* Vol.6, (April 17, 1875), p.124.
　さらに、Mary Hume Maquire, "The Curtain Raiser to the Founding of Radcliffe College", Cambridge Historical Society *Publications*, Vol.36(1957), p.32.も参照。
21) Woman's Education Association, *First Annual Report,* (1873), p.9. Schlesinger Library, Radcliffe College.
22) Woman's Education Association. *First Annual Report,* (1873), pp.13–14.
23) Charles W. Eliot to Mrs. A.C. Martin, dated 21 July 1872. Folder 2, Box 1, Radcliffe College Archives, Publicity Office, Registration of Record Group, Records of the Admission Office, RG XI, Ser 2.
24) Corporation Minutes, 7 August, 1872, Corporation Record, Vol.11, pp.402–403; Overseers Record, Vol.II, pps.64–65, 68–70, 72. Harvard Archives.
25) パースは女性教育協会に対して、次のような痛烈な批判をしている。「第一に、その組織は協調組合――あるいはたんなるクラブ――であって、会員の一人が推挙し他会員の賛同がないと誰人といえども入会できないのである。私にとってこのような成り行きは驚きであり屈辱であり失望であった。男性の参政権を女性にもあたえることに私以上に反対している者はいないであろうが、ミセス・ジュリア・ウォード・ハウやミセス・キャロライン・ドール、ミセス・エドナ・チェイニィ、ミセス・エリザベス・ピーボディ、ミセス・ホーレス・マン、ミズ・アビィ・メイなどの人々が、『女権論者』であるという理由で占めるべき席がない組織が、ボストンの女性の教育協会であるなどとは夢想だにできなかったからである」。Peirce, "Harvard Examination for Women Exposed," *Woman's Journal,* Vol.6, (April 17, 1875), p.124.
26) Charles W. Eliot to Mrs. Charles P. Loring, dated 15 April 1873; Charles W. Eliot to Mrs. Charles P. Loring, dated 9 May 1873; Charles W. Eliot to Mrs. A.C.. Martin, dated 21 May 1873. Folder 2, Box 1, Radcliffe College Archives, Publicity Office, Registration of Record Group, Records of the Admission Office, RG XI, Ser 2.
27) Charles W. Eliot to Mrs. A.C. Martin, dated 19 May 1873. Folder 2, Box 1, Radcliffe

College Archives, Publicity Office, Registration of Record Group, Records of the Admission Office, RG XI, Ser 2.
28) Woman's Education Association, *Second Annual Report, 1873–74*, p.8.
29) "Harvard Examinations for Women," *Old and New*, Vol. 8, (May 1874), p.371.
30) "Harvard Examinations for Women," p.373.
31) "Harvard Examinations for Women," p.374.
32) Charles W. Eliot to Mrs. Charles P. Loring, dated 1 July 1873. Folder 2, Box 1, Radcliffe College Archives, Publicity Office, Registration of Record Group, Records of the Admission Office, RG XI, Ser 2.
33) Charles F. Dunbar, "Harvard Examination for Women," (October 1874), MSS, Woman's Education Association Records, 1872–1951, Radcliffe Archives.
34) *Atlantic Monthly*, Vol.34, (September, 1874), p.383.
35) *Atlantic Monthly*, Vol.34, (September, 1874), p.383.
36) Woman's Education Association, *Third Annual Report for 1874*, (1875), p.5.
37) Woman's Education Association, *Third Annual Report for 1874*, (1875), p.6.
38) Woman's Education Association, *Third Annual Report for 1874*, (1875), p.6.
39) Woman's Education Association, *Third Annual Report for 1874*, (1875), p.6.
40) Woman's Education Association, *Sixth Annual Report for 1878*, (1878), p.6.
41) Radcliffe College Archives, Publicity Office, Registration of Record Group, Records of the Admission Office, RG XI, Ser 2, Box 1を参照。
42) Woman's Education Association, *Seventh Annual Report for 1879*, (1879), p.5.
43) Woman's Education Association, *Seventh Annual Report for 1879*, (1879), p.6.
44) *Annual Reports of the President and Treasurer of Harvard College*, 1877–78, p.153.
45) "Harvard Examination for Women," *Woman's Journal*, Vol.4, (July 26, 1873), p.235.
46) "Harvard Examination for Women," *Woman's Journal*, Vol.4, (July 26, 1873), p.235.
47) ヒギンソンについては、Tilden G. Edelstein, *Strange Enthusiasm : A Life of Thomas Wentworth Higginson*, (New Haven: Yale University Press, 1968). および M. A. DeWolfe Howe, "Thomas Wentworth Higginson," *Dictionary of American Biography*, Vol.5 (1932) を参照
48) Thomas Wentworth Higginson, "Written Examinations," *New England Journal of Education*, Vol.1, No.2, (January 9, 1875), p.21.
49) Fay Peirce, "Harvard Examination for Women Exposed," *Woman's Journal*, Vol.6, (April 17, 1875), p.125.
50) S. B. Wister, "Harvard Examination for Women," *Penn Monthly*, (December 1877), pp.947–948.
51) "Harvard Examination for Women," p.950.

52) Thomas Wentworth Higginson, "The Penn Monthly of Harvard Examinations," *Woman's Journal*, Vol. IX, No.2, p.1.
53) Higginson, "The Penn Monthly of Harvard Examinations," p.1.
54) Higginson, "The Penn Monthly of Harvard Examinations," p.1.
55) C.J.S, "The Higher Education of Women, and the Harvard Examinations," *Penn Monthly*, (February, 1878), p.93.
56) C.J.S, "The Higher Education of Women," pp.98–99.
57) C.J.S, "The Higher Education of Women," p.101.
58) C.J.S,. "The Higher Education of Women," pp.100–101.
59) C.J.S, "The Higher Education of Women," pp.100–103.
60) C.J.S, "The Higher Education of Women," p.93.
61) C.J.S, "The Higher Education of Women," p.100.
62) C.J.S, "The Higher Education of Women," p.94.
63) C.J.S, "The Higher Education of Women," p.95.
64) C.J.S, "The Higher Education of Women," p.96.
65) C.J.S, "The Higher Education of Women," p.97.
66) C.J.S, "The Higher Education of Women," pp.103–104.
67) Charles F. Dunbar, "The Harvard Examinations for Women," *Penn Monthly*, (December 1878).新しく設定されたフィラデルフィア会場で試験をおこなおうとしていた矢先に、当のペンシルバニア大学学長からなされたこの批判は、ダンバーおよびハーバード大学関係者にとっては晴天の霹靂であったことであろう。現在、ハーバード・カレッジ・アーカイブスには、ダンバーの名が付されたファイルに、彼が掲載した『ペン・マンスリー』の反論が同誌から切り取られたページとしておさめられているほか、この反論をもとに作成した小冊子が、ラドクリフ・カレッジ・アーカイブスの初期学籍記録関係文書の中にも収録されている。後者は恐らく、抜き刷りとして、フィラデルフィアで関係者に配布されたものであろう。Radcliffe College Archives, Publicity Office, Registration of Record Group, Records of the Admission. 本章で使用するのは、『ペン・マンスリー』1878年12月号に発表された論文であり、頁数も同誌のそれにしたがう。
68) Harvard University, *Annual Reports of the President and Treasurer of Harvard College*, 1879–1880, Appendix V. Examinations for Women, p. 148.
69) Woman's Education Association. *9th Annual Report*, (1881), p.9.さらに後年のことであるが、受験者数の伸び悩みについて、女性教育協会は以下のように反省している。「実際に受験する女性の数は、しかしながら、これに比例して増えていない。その理由の一部は、試験の時期が、教員にせよ生徒にせよ、学校での課業を離れられない季節におこなわれることであり、さらに最悪の場合、女子の学校での準備が——とくに語学の——十分おこなわれないという理由である。」("Report of the Committee on Harvard

Examinations for Women, Jan. 1, 1884," MSS, Box1, Folder 3, WEA Records of Harvard Examination Committee, 1874–84.)

70) Harvard University, *Annual Reports of the President and Treasurer of Harvard College*, 1879–1880, Appendix V. Examinations for Women, pp. 148–149.
71) Woman's Education Association, *12th Annual Report*, (1884), p.13.
72) Woman's Education Association, *7th Annual Report*, (1879), p.12.
73) Sara A. Burstall, *The Education of Girls in the United States*, (London: Swan Sonnenschein & Co., 1894), p.66.
74) Burstall, *The Education of Girls in the United States*, p.67.
75) Burstall, *The Education of Girls in the United States*, p.68. エリオットはその学長就任演説の中で、入学試験について次のように指摘している。「過去10–20年の間で、入学試験の重要性への認識はもはや決定的な方向へと動いている。入試の重要性の認識はプレップ・スクールの改善へとつながった。もはやアメリカ合衆国のプレップ・スクールはドイツのギムナジウムに比肩するまでになっており、今や、アメリカ合衆国カレッジが、ドイツ大学の哲学部に匹敵するものになるのではないかとの期待すらある。現在のアメリカ合衆国の大学入試は、フランスの大学の第一入試にきわめて近いものである。フランスで、若い男子たちの学校生活の最終段階に来るのがこの試験であり、これは文学士・理学士の取得のためである。この学位は、未だ大学教師から教えを受けたことがない、学校卒業したばかりの若い男子たちに授与されるのであり、この授与者の大多数は大学に進学しない。われわれの大学にやってくる若い男子たちは、フランスの文学士・理学士の取得者よりも年長である。この試験は、特定の学位に結びつくものではないが、彼らの能力をテストするばかりではなく、彼らの出身校の質をもテストするものであり、一世一代の出来事である。」(*Addresses at the Inauguration of Charles William Eliot*, p.24. なおエリオットは、学長就任前の"浪人時代"に渡欧し、現地の教育制度を視察しているが、就任演説のこの部分は、この視察における見聞に基づくものであろう。Charles W. Eliot, "The New Education: Its Organization," *Atlantic Monthly*, (February, 1869), pp.203–220; "The New Education," *Atlantic Monthly*, (March, 1869), pp.368–367も参照)。エリオットは、一方では、伝統的な、個別の口頭試問を大学の通常の試験形式とすることを拒否した。1880年代には、口頭試問に取って代わるような勢いを見せつつ普及しつつあった集団的筆記試験に対しても、その「画一性の強調、すなわち、『拘束服のような制度』のゆえに」、多くの批判がなされ始めていた。このような批判に応える有力な改革案が、ギルクリスト信託財団報告も指摘する「卒業証による入学」という方式であったが、エリオットは他方で、このような「卒業証による入学」に対しても強く反対した (I. L. Kandel, *Examinations and Their Substitutes in the United States*. Bulletin No. 28, (New York: Carnegie Foundation for the Advancement of Teaching, 1936), pp.27–28.)。

76) Barbara Miller Solomon, *In the Company of Educated Women*, (New Haven: Yale University Press, 1985), pp.54-55.
77) Private Collegiate Instruction for Women in Cambridge, Mass., *Courses of Study for 1880-1881, with Requisitions for Admission and Report of the year, 1879-1880*, p.9. [Radcliffe College Archives].
78) ちなみに、ソロモンも指摘しているように、1894年のハーバード大学によるラドクリフ・カレッジ設立認可も実は妥協の産物である。ハーバードの大学評議会は女性にハーバードのB.A.学位を授与することを望まなかったが、"ビジター"としての任務を果たすことに、そして、ハーバード学長にラドクリフのディプロマへ連署させることに同意したのである。つまり、一方でラドクリフそれ自体では学位を出す力をもたないのであり、他方でハーバード学長が連署したラドクリフのディプロマは、ハーバードのB.A.学位であるよりもむしろ、ラドクリフの学位であるという矛盾したものであった。Solomon, *In the Company of Educated* Women, p.55.
79) Annie Nathan Meyer, *Barnard Beginnings*, (Boston and New York: Riverside Press, 1935), p.18.

第3章 セミナリーからカレッジへ
── マウント・ホリヨークにおける"改革"とそのパラドックス

1. はじめに

　1839年6月、メアリ・ライアンは草創期のマウント・ホリヨークについて以下のように語っている。

　　本セミナリーの特筆すべき長所は、その特に高い知的水準という点にあります。(16歳未満の学生は入学不可という──引用者注)入学年齢制限は生徒全体により高い知的な力をあたえ、入学に高度な学力が必要ですので、本校は高い学問的水準を確実にしています。一年未満の在学を希望する者は一切入学させないという計画は、系統的で完全な知的訓練ということに貢献するでしょうし、学資が低廉ですので、多くの父親は娘の教育について、他のどこでもなく本校で、正規の教育課程を学ばせようと、きっと出費を惜しまなくなるでしょう。このような状況ですので、現在、セミナリーはまだ揺籃期にありますが、すでに高い学問水準を採用することが可能になっているのです。ただ、さらに向上の余地はあります。そして、本校の役割や施設から言って、さらにさらに向上することをめざすべきなのです[1]。

　この文面からは、マウント・ホリヨークが、その創立時の「女子セミナリー」

1. はじめに

という名称にもかかわらず、男性カレッジに匹敵する教育をおこなう機関として構想されたことが読みとれる。マウント・ホリョークのコミュニティにいる人々がそれを自負しただけでなく、外部の人々にとっても、「高度な教育」こそが、マウント・ホリョークを語る際の決まり文句であったのである*。

* たとえば、1854年度のマウント・ホリョークの(公開)口頭試問について報道した『ニューヨーク・タイムズ』の記事には、以下のような一節が見える。「恒例の年次口頭試問が先週、火曜日から木曜日までおこなわれた。これらの口頭試問はいつも、おしなべて興味深いものがある。この学校の大きな特徴の一つに、教授課程の完璧さが挙げられる。すべての生徒がその学習する学科を理解させられるのである。ここの制度では、半ダースほどのさまざまな学科目をざっと生かじりはするが一つもしっかり理解しないということは許されないのである。生徒たちに没頭を求め、その精神から全エネルギーを引き出し、取りかかった学科はすべてマスターすることを可能にさせるのである。これは、今回の一連の口頭試問に遺憾なく現れている。教師の前にはテキストが開かれて置かれており、そこに含まれている全学科がいくつかの簡単な質問で試されるのであるが、それは実際上、これまでの履修科目の復習であり、生徒たちがいかによく理解しているかは、そのてきぱきとして包括的な答によく示されている」(傍点は原文ではイタリック体。"Mount Holyoke Female Seminary," *New York Times*, August 14, 1854, p.3.)。

したがって本論文でも後にみるように、ライアンの逝去後20余年が経過し、カレッジ昇格を願う声が特に同窓会から澎湃としてあがってきた際、マウント・ホリョークの理事会や教員グループもまた、女性のカレッジを創るということがすでに創立時の将来構想として定められていたものと解釈したとしても何ら不思議ではなかろう[2]。

マウント・ホリョークでは、ほぼ創立50周年(1887年)を契機にして、カレッジ昇格への具体的計画が浮上してくるのであるが、1880年代になると、このセミナリーはもはや女性の高等教育のリーダーではありえなかった。1865年

に開学したヴァッサーを皮切りに、ウエルズレイ(1875年)、スミス(1875年)、ブリンマー(1885年)と、創立時にはマウント・ホリヨークに影響されつつも、セミナリーとは一線を画する新しい女性の大学が続々と誕生していったからである[3]。

本章は、マウント・ホリヨークがセミナリーからカレッジへと変貌を遂げつつあった時代に行われた制度とカリキュラム"改革"の具体的様相を検討することで、マウント・ホリヨークが陥らざるをえなかった女性の高等教育改革をめぐるパラドックスを明らかにすることにある。

上記の目的のために本章は以下のような構成をとっている。

まず、マウント・ホリヨーク・セミナリー設立の経緯を検討することによって、マウント・ホリヨークがアメリカ合衆国の女性の高等教育史に残した遺産、とりわけ、セミナリーのエートスとは何であったのかを明らかにする。

次に、セミナリーからカレッジへの昇格を希求したマウント・ホリヨークが、どのような"改革"をおこなっていったのか、特にカリキュラムの問題を中心にみてゆきたい。

続いて、マウント・ホリヨークのカレッジ昇格に伴うカレッジ設立認可状の賦与の問題がマサチューセッツ州議会に上程された際におこなわれた議論を分析することで、カレッジ昇格に関連して何が障壁とされたのかを明らかにする。

2．マウント・ホリヨーク・セミナリー設立の歴史的意義

(1) マウント・ホリヨーク・モデルの影響力

マウント・ホリヨークは、いわゆるセブン・シスターズ・カレッジの中で、最初にセミナリーとして設立(1836年、翌年開校)されたにもかかわらず、カレッジとしての設立認可状は最後に——1893年。ただし本章では、1888年にセミナリーを組織として残したままカレッジに昇格する時点までを扱う——

取得するにいたっている。しかしながら、セミナリーの時代より、女性の高等教育への影響力はきわめて大きかった。卒業生たちは教師・宣教師として合衆国の内外に散ってゆき、各地にマウント・ホリヨーク・モデルの文字どおり「姉妹校」を創ってゆくことになる*。さらに、こうして卒業生たちによって直接つくられた教育機関だけでなく、「マウント・ホリヨーク・モデル」は他の女性の教育機関へ多くの影響力をあたえることになる。

> *「マウント・ホリヨーク・モデル」によるおもな学校名あるいは設立地は以下のとおりである[4]。
> 1843年、ペルシア
> 1851年、チェロキー・セミナリー
> 1852年、ミルズ・セミナリー(カリフォルニア、後のミルズ・カレッジ)
> 1855年、ウエスタン・セミナリー(オハイオ)
> 1856年、レイク・エリー・セミナリー(オハイオ)
> 1867年、ミシガン・セミナリー
> 1868年、トルコ
> 1874年、南アフリカ
> 1875年、ウエルズレイ・カレッジ
> 1885年、金沢

このセミナリーはすでに創立間もない時点で、以下に挙げるような特徴を持っていた。これらは、「メアリ・ライアンの天才の一部は、彼女のパーソナリティと教育ビジョンの双方を制度化したことに見ることができる」[5]と指摘されるように、創立者であるライアンの才知と実行力に多くを負っている[6]。

①女性による起業。トロイ女子セミナリー(1821年設立、現在のエマ・ウイラード・スクール)およびその創立者エマ・ウイラード(1787–1870)に関するスコットの研究が指摘するように[7]、「フェミニスト的価値観はより伝統的な価値観と共存しえただけでなく、このようなフェミニスト的価値観

が、"正しい"女性観と注意深く結び合わせられた時に、よりたやすく広まった」[8]のである。すなわち、表向きはその時代において承認された伝統的な価値観を掲げつつも、それを社会変革につながりうるフェミニスト的価値観と共存させることで、学校創設が可能になったのである。本章冒頭で見たように、男性の大学に匹敵する教育内容を準備しつつも、カレッジではなくセミナリーという名称を採用したのも、このような女性による起業のための戦法の一つであったといえよう。

② "単一スポンサー方式"によらないセミナリー。19世紀の多くのセミナリーが一人の篤志家の援助によって設立されていたため、スポンサーの都合によって閉鎖や廃校のやむなきに至ることが多かった。この点、マウント・ホリヨークは後述の設立プランに見るように、多数の人々への募金によって成立し永続的な教育機関を志向していた。

③「応接間の装飾品」としての女子教育[9]（知的アクセサリーとしての女性の教育）を否定し、同時に、裁縫や礼儀作法を教えないセミナリーであった。

④宗教的な福音主義の重視

⑤教員あるいは宣教師養成、そのために（あるいは、それにもかかわらず）、男性のカレッジに匹敵する高度のカリキュラムに規律のシステムを結合させている。以下に見るように、男性のカレッジのそれに匹敵する数学と科学を卒業のための必修としただけでなく、科学教育の課程に実験室実習や野外観察を取り入れている。

(2) マウント・ホリヨークの設立理念

 以上の特徴は、セミナリー設立にあたって、この時期にメアリ・ライアンが相談すべき有力者たちに宛てた書簡や、1835年6月15日付けの「キリスト教徒公衆への呼びかけ」（募金のための設立趣意書）に具体的に見ることができよう。これらに述べられた八項目のマウント・ホリヨークの主要設立理念は以下のとおりであった[10]。

① 通常のカレッジと同様な永続的（教師が亡くなれば廃校という従来のセミナリーではない——引用者注）セミナリー
② キリスト教の原理に完全に則ったセミナリー。すなわち、女性の教育のための徳と経験をもった教師は必要ではあるが、「最も輝かしく決定的な特徴はキリストのための学校」であること。
③ （至便な）サウス・ハドレイの地に創られるべき
④ 150人から200人の女性が寄宿可能な大きさの建物
⑤ 生徒たちに「伝道的な精神」を——「神のために生きるべきであり、教師として、あるいは神意が命じるままに何事かをなすべきであるとの感情を」——育成すること。
⑥ 必要とされる図書館などの付属施設をもつこと。生徒たちが家事の一端を分担すること。家政は「女性にとってきわめて重要で女性本来のものであるので、その知識なしには、他にどんな教育を受けようとも、法外な価格ということになる」。
⑦ 必要な基金がキリスト教徒の公衆の手によって賄われることによって、中間層の人々（middle walks of life）*にとって手の届く学校にすること
⑧ 少なくとも三万ドルの寄付金が必要であること。すでにサウス・ハドレイ村から八千ドルの寄付があり、他と合わせると目標総額の三分の一は集まっている。

 ＊ ライアンは、マウント・ホリヨークが対象とするのは「中間層の人々（middling classあるいはmiddle walks of life）」であると何度も言っているが、この概念は、19世紀のアメリカ合衆国に独特のものである。すなわち、いわゆるミドルクラスとは異なり、職業的には、農民、職人から小売店主、商人、さらに専門職までを含むものである（Lisa Natale Drakeman, "Seminary Sisters: Mount Holyoke's First Students, 1837–1849," Ph. D. Dissertation, Princeton University, (1988), pp. 13–14; Charlotte King Shea, "Mount Holyoke College, 1875–1910: The Passing of the Old Order," Ph. D. Dissertation, Cornell University, (1983), p. 54.）なおこの点に関連して、それではなぜ、「中間層の人々」で

ある女性たちが、かくも多くマウント・ホリヨークに入学したのか、という論点について、注目を集めた論文を発表したのがアルマンディンガーである（David F. Allmendinger, "Mount Holyoke Students Encounter the Need for Life Planning, 1837-1850," *History of Education Quarterly*., 1979 19(1)), pp. 27-46.）。この論文によれば、19世紀のニューイングランド地域においては、一方で土地の稀少化と農家の貧窮化が、他方ではコモンスクールの興隆と普及による教師への需要が着々として進行していったのであり、これが相俟って、生家を出ざるをえなくなった女性たちが、結婚と家庭形成までの「待機期間」としての教職を手に入れようとして、マウント・ホリヨークへと集った、としている。確かにどのような時代でも、人は人生選択にあたって、社会経済的な状況をまったく無視することはできないし、農家の貧窮化が若い女性を教職へと目を開かせたという面もありうる。ただし、このことを人生選択の根本動因とすることは逆に皮相な見方であると言わざるをえまい。上に引用したドラクマンは、マウント・ホリヨークの姉妹たちをセミナリーに集わせたのは「純然たる知的好奇心」であったとしているが(Drakeman, "Seminary Sisters," p. 28.)、本書の筆者もこれに賛同する。さらに筆者は、およそ人をより善い生き方——その中にはむろん、さらなる知的な意欲も含まれる——へと向かわせるには、それを可能にする精神的な条件が必要なのであり、次節で見るセミナリーのエートスとカレッジの教育課程を兼ね備えていたマウント・ホリヨークは、結果として、このような条件を大きく満たすものであったと考えるものである。実際、マウント・ホリヨークのような高度なカリキュラムは、コモンスクールの教師を務めるには必要なかったはずである。また、アルマンディンガーの議論だけでは、マウント・ホリヨークに多くの現職教師が入学したことを説明できないはずである。

3．セミナリーのエートスとカレッジの教育課程

セミナリーはアメリカ合衆国女性教育史の中で、女性への高等な——すな

わち、初等学校の教育課程よりも上の——教育をあたえる機関として、とくに19世紀の中葉までに興隆を極めたことが知られている。しかしすでに確認したように、マウント・ホリヨークは、幾多の女性のためのセミナリーとは異なり、知的アクセサリーとしての女性の教育ではなく、男性のカレッジに匹敵する高度のカリキュラムを備えていたわけである。だが、もともとこのような男性のためのカレッジの教育課程は、男性を将来のプロフェッションに準備させるものであったはずであり、この点で、プロフェッションへの途が閉ざされていた女性にとってそぐわないものであった。他方でマウント・ホリヨークは、その名前にふさわしい、セミナリーのエートスと呼ぶべき顕著な特徴を持っていた[11]。以下、本節ではまず、このようなセミナリーのエートスを抽出してみたい。

(1)セミナリーのエートス

a. 姉妹の絆

　マウント・ホリヨークに集った人々は、姉妹の絆(sisterhood)で結び合わされていた。ここで言う姉妹の絆とは、二つの意味があり、一つは、文字どおり、血縁関係をもった女性たちがともに学習する機会を得たことであった。姉が先にセミナリーに入学し、妹もその後を追う、あるいは全く逆に、セミナリーに学んでいた妹が、すでに"学齢期"をとうに過ぎた姉に入学を勧め、ついに姉を呼び寄せる——このようなパターンが、従姉妹たちや他の親族——1838-39年度という最初期の入学生であり後に教師として残ったルーシー・ライアンはメアリ・ライアンの姪であった——にも及んでいったのである*。

* 初期のマウント・ホリヨークを研究したドラクマンによれば、1837-1849年の期間にマウント・ホリヨークに入学した女性たちの中で姉妹の可能性がある——姓と出身地が同一である——女性たちは65グループであるとしている (Lisa Natale Drackman, "Seminary Sisters: Mount Holyoke's First

Students, 1837-1849, " Ph. D. Dissertation, Princeton University, 1988, pp. 238-252.)。彼女は言う。「姉妹たちはまた、故郷の姉妹たちに学校の善さを褒めそやすというリクルーターでもあった。キャロライン・ルコンテはセミナリーの生活を非常に楽しんだので、姉のメアリに是非とも来るようにと説いた。彼女が指摘するには、年齢は入学の何らの妨げにならないのである。『ここには、お姉さまと同じくらいの歳の女性が少なからずいます。お一人は、30歳よりちょっと下とのことです』。キャロラインは姉のために準備計画をつくり、この冬には算数を、次の夏には他科目の受験勉強をするようにと言う。『是非おいで下さい』とキャロラインは訴える。『姉妹で一緒にここにいられるのはとてもすてきです』。そして、彼女はメアリに対して、後悔することは決してないだろうと請け負ったのである」(Drackman, "Seminary Sisters, " p. 68.)。

　「姉妹の絆」の二つ目の意味は、自分の家を離れ、マウント・ホリヨークにやってきた新入生たちは、血縁関係はなくとも、"姉妹"として、迎え入れられたということである。このために、マウント・ホリヨークでは、以下に見るように、セミナリー全体が疑似家族として機能するように構成されていたのである。
　さらには、マウント・ホリヨーク理念に基づく教育の普及と宣教のために世界各地に散っていった卒業生たちは、母校の教員生徒たちと緊密なネットワークを維持していた。彼女らは、基金だけでなく、絵画や彫刻といった現地でしか入手できないものをセミナリーでの教材や鑑賞用として寄贈したのである。これを受け取ったセミナリーでは、以下のような記載が残されている。

　現在、日本で宣教師をしている前の生徒たちからの贈り物である日本のブロンズがあります。ヨハネの黙示録に出てくる野獣のように醜い龍で、口からは蒸気のようなものを吹き出しており、その中央から弁天様という名の女神が出現しています。このようにしてこの女神は

生まれたという言い伝えがあり、それはちょうど海の泡からヴィーナスが生まれたのと似ています[12]。

これとは逆に、南アフリカでの宣教活動*に赴く卒業生に、セミナリーの側もまた、物心ともの援助を忘れなかった。

　私たちの昔の望遠鏡は――今もなお申し分のないものなのですが――彼女と一緒に南アフリカのユグノー・セミナリーへ渡ることになりました。ウイリストン氏は（マウント・ホリヨーク――引用者注）セミナリーはそれを彼女に贈呈する余裕がないと思ったのか、代金を支払ってくれました。そこで望遠鏡は、母校がこれまであれほどの関心と愛情を注いできた遠くの学校への同氏の贈り物となったのです[13]。

* マウント・ホリヨーク卒業生の南アフリカでの活動は、当時の多くの人々が注目するところであったようで、『ニューヨーク・タイムズ』も以下のように報道している。「メアリ・ライアンのプランによって創られマウント・ホリヨークの卒業生たちが配置されるセミナリーは、この英領の湾岸都市の一つで、ここ二、三年、成功裡に運営されており、近隣の街には、同様な計画による複数の入学準備校がすでにつくられてきた。あと一年以内に、もう一つのセミナリーがグラーフ・ライネットのコロニーに創られることが決定している」("American Teachers in Africa.; Rapid Progress of the Mount Holyoke System in Cape Colony– The Arrival and Reception of Teachers from this Country," *New York Times*, December 14, 1876, p. 2.）。すでに指摘したように、「マウント・ホリヨーク・モデル」のセミナリーが、卒業生たちによって運営されているのである。

b. 疑似家族

マウント・ホリヨークでは、学習・祈り・仕事・休息のための適切な場所としての家族用の家に似せて建物が造られていた。建築史家のターナーは指摘する。

これら(初期の女性カレッジおよびセミナリー——引用者注)について建築学的にもっとも顕著な特徴は、通常すべての施設——教室、寄宿舎、食堂、事務室、さらには教員の宿所まで——が一つ屋根の下におさまるよう設計されていること、すなわち、一つの巨大な建物としてつくられているか、いくつかの建物が互いに緊密に結合されていた、ということである。……ジェイムズ・レンウイック(引用者注——James Renwick, 1818-95. 建築家。ゴシック・リバイバルの建築様式で知られる。スミソニアン博物館を設計)の設計で1860年代の初期に建設されたヴァッサーの建物はさらに壮大で、フランスのマンサード屋根構造(引用者注——屋根の両面において上部が緩勾配で下部が急傾斜した形をなす屋根形式)のもとにカレッジのほとんどすべての機能を収容しており、ワシントンの国会議事堂ができるまでの短期間ではあったが、合衆国最大の建物であると評判をとっていたのである[14]。

さらに、マウント・ホリヨーク・セミナリーの各年の要覧には「家族的宿泊施設」という一項が掲載されており、そこでは以下に引用するように、学生だけでなく教師もまた一緒に住むことで、生活と教育・学習、信仰が一体化されることが謳われている。

　　教師も生徒もすべて学校内に寄宿すること。誰人も他所に寄宿することは許されない。家庭と学校が同じ全体の構成部分となるよう組織され、それぞれがさらに相手を裨益し、所帯をよりよいものにし、慰安と喜びを増進するよう結びついているのである。時間の配分と改善、教育を授け受けること、さらに社交に関係したあらゆることが、学校制度につきものの制約的規則というより、一家の成員としてもつべき誠実さのあらわれなのである[15]。

こうしてマウント・ホリヨークでは、生徒と教師の家庭的共同体を創出す

べく、全員が文字どおり一つの屋根の下で"家庭"を形成したのである。これは、女性の高等教育のもう一つの形態である共学制の校舎配置と鮮やかな対照を見せている[16]（**史料3-1、3-2を参照**）。

さらに、家事をおこなうことが義務であった。これは、家事そのものを教える――それは家庭でおこなわれるべきとされる――ことを目的としているのではなく、それぞれが得意の仕事をしてセミナリーという"家族"に貢献すると同時に健康維持のための運動という位置づけであった[17]。

母子二代にわたってマウント・ホリヨークに入学した女性たちもいた。1880年、マウント・ホリヨークの教師の一人は書いている。昨年、サウス・ハドリーの村の中に、マウント・ホリヨークに入学するための予備学校が開設されたが、その経営者の娘が、その学校の主任教員であり、彼女はマウント・ホリヨークの卒業生であった。今や、年齢が上の教員たちにとっては、セミナリーに入学したある生徒について、「彼女の母親と私はクラスメートだった」とか、さらには、「彼女の母親は私の先生だった」と言えることは、「純粋な喜びです」[18]と。

c. セミナリーの時間とその厳守

近代学校が「学校の時間」とでも呼ぶべき時間の区切り方――学校での生活はあらかじめ決められた時間の区切り方にしたがっておこなわれる――を生みだしたことはよく知られた史実であるが[19]、マウント・ホリヨークにおける時間厳守は、以下の**史料3-3**に見るように秩序と展望をあたえる一連の日課の周知徹底をはかるものであった。15分の倍数によってリズムが刻まれており、ベルが鳴った。また、規律遵守を監視する監督生はいなかったが、代わりに毎日、みずからの良心に従って70余の規律に違反しなかったかどうかの「自己報告」をおこなうセッションが設けられていた。このような「自己申告」制はもともと、メアリ・ライアンの同僚であったジルファ・グラントがアダムズ女子アカデミーで考案したシステムであったが、当時のメアリ・ライアンは、その効果について次のように書簡で述べている。

史料3-1　マウント・ホリヨーク・女子セミナリー（1837年）

一つの屋根の下にすべてを収容している。
出典：Arthur C. Cole, *A Hundred Years of Mount Holyoke College. The Evolution of an Educational Ideal*, (Yale University Press, 1940), p. 30.

史料3-2　オバーリン・カレッジ（1846年）

分散型の校舎配置になっている。図の左から、オバーリン・ホール（1833年の最初の建物）、レディズ・ホール（女性寮）、コロニアル・ホール（教会、教室、男性寮を収容）、タッパン・ホール（教室と男性寮を収容）、オバーリン長老派教会
出典：Robert Samuel Fletcher, *A History of Oberlin College. From Its Foundation Through the Civil War*, (Oberlin, Ohio: Oberlin College, 1943), frontispiece.

生徒の中にはとても怠惰でやっかいなものがいるかもしれません。でも私は、中には手の掛かる生徒がいたとしても、彼女らとて好機をよりよいものにしようとする気になったのですから、結局は、皆がより善くなったと思います。生徒たちが特に勉強する気になるというのは、自分たちが見られているということだと思います。これはほとんど予期できなかったことです。しかしこれは多くをミス・グラントの特別な管理方式に負っています。この学校の規則は、私たちにできる

史料3－3　1843年当時の日課

起床	5時15分前
着替え、火起こしなど	5:15
「ハーフアワー」	5:15—5:45
6時の朝食までの学習	6:00
部屋の整頓（6時30分完了）	6:30
1時間半の学習（8時まで）	8:00
レトリック復唱	8:00
学習	8:45—9:00
セミナリー・ホールにて礼拝	9:00
歴史復唱	9:30
散歩（10時15分まで）	10:15
学習	11:00—11:45
体操	11:45—12:00
読書室で読書	12:00—12:05
ディナー	12:05
絵画	1:00
家事	2:00
文法	3:00
セミナリー・ホール	3:50
セクション・ルーム	4:15
読み方練習	4:30
夕食	5:15
学習時間	6:30
「ハーフアワー」	7:00
セクションごとの祈祷	8:00—8:15
学習時間	8:15-9:15
退出	9:15
就寝	9:25

出典："Class of 1847 Daily Schedule," Regulations, 1841–1920, Box 2, Folder 1, Origins and Governance Records, 1834– . Series 4: Statutes, Rules and Regulations, Mount Holyoke College Library/Archives.

だけ秩序と決まった手続きを保障するものです。この決まった手続きと秩序によって、生徒たちは献身と忠実という習慣が可能になるのです。課程がはっきりと決められ何か課題があたえられれば、どんなにしてもやり遂げねばならないと感じるようになります[20]。

このような規律を遵守したかどうかの「自己申告」制は、マウント・ホリヨークの生徒たちを長きにわたって支配することになった。マウント・ホリヨークの歴史家コールは言う。

> マウント・ホリヨークにおける規律は、「オーナー」制度に類似しているが多分に宗教査問的な側面を持つ厳格な「自己申告」制に基づいていた。「自分の良心を除いて、監督生は一人もいません」とある真面目な生徒は説明しているが、ニューイングランドのピューリタン・スタイルの良心こそ、もっとも過酷な監督者でありえたのである[21]。

d. 模倣すべき適切なモデルをあたえる教師陣

マウント・ホリヨークを卒業した女性たちの職業キャリアの筆頭は、宣教師と教師であったが、彼女らの中にはそのまま母校に残って学生たちの格好の役割モデルとなった。ただし、このような学生から教師への直接的シフトは、後に見るように、セミナリーがカレッジへと昇格する際に、教員のアカデミックなキャリア不足(すなわち、大学院レベルのトレーニングを受けた教員の絶対的不足)という問題として、マウント・ホリヨークに桎梏を課すことになる。

e.「女性の領域」の(外面的な)遵守、男性をとおしての改革と要求実現

「教えるのは女性、管理するのは男性」という論点は、教育史家タイアックが提起したものであったが[22]、この論点はマウント・ホリヨークにはきわめてよく符合するものである。以下の**史料3-4**に見るように、同セミナリーの理事会はすべて男性で占められ、女性はただの一人も含まれていない――

史料3－4　1848年のマウント・ホリヨークの理事会・教師陣

Trustees
　Rev. Roswell Hawks, President.
　Rev. Edward Hitchcock, D..D. L. L.D., of Amherst.
　Rev. William Tyler, of Northampton.
　Hon. William Bowdoin, of South Hadley Canal.
　Dea. Andrew W. Poter, of Monson.
　Hon. Joseph Averey, of Conway.
　Hon. Daniel Safford, of Boston.
　Hon. Samuel Wiliston, of Easthampton.
　Rev. E. Y. Swift, of Northampton.
　Rev. Samuel Harris, of Conway.

Teachers
　*Miss Mary Lyon, Principal.
　Miss Mary C. Whitman, Assistant Principal.
　Miss Sophia D. Hazen.
　Miss Lucy M. Curtis.
　Miss Mary W. Chapin.
　Miss Rebecca W. Fiske.
　Miss Martha O. Scott.
　Miss Harriet Johnson.
　Miss Emily Jessup.
　Miss Aurilla Wellman.
　Miss Helen Peabody.
　Miss Hannaii O. Scott.
　Miss Mary A. Hunson.
　*逝去

出典："Twelfth Annual Catalogue of the Mount Holyoke Female Seminary, 1848-1849", p. 3. [Mount Holyoke College Library/Archives].

　創立者とも言うべきメアリ・ライアンすら入っていない――という徹底ぶりである。さらに、式典でのスピーチはもちろん男性がおこない、理事会への校長の年次報告も男性が代読(校長は同席して"拝聴")、食前・食後の感謝の祈りさえも、たまたまテーブルに男性が同席しているのならば彼に譲ったのである[23]。

(2) カレッジの教育課程

　すでに述べたように、「高度な教育」は、マウント・ホリヨークの誇りであっ

た。そのためにライアンも語ったように、厳格な入学試験をおこなっていた。その結果、その教育課程とそこで使用された教科書は、男性カレッジのそれらに匹敵するものであった。マウント・ホリヨークの教育課程で使用された教科書をアマースト・カレッジのそれらと比較すると、古典語——とりわけギリシア語*——は除外して、その教育課程は当時のアメリカ合衆国のカレッジで使用されていた代表的なテキスト——たとえば、デイ[24]の数学教科書、オームステッド[25]の自然哲学、さらに、最新の成果を盛り込んだとされているシリマン[26]の化学書やヒッチコック[27]の地質学など——に準拠していることが理解できる[28]。

* 本書第1章の「ボストン・ラテン・スクール論争」でも確認したように、「ギリシア語は女子に不向きである」「ギリシア語の精神的"色調"は女子には危険である」という言説は、19世紀中葉以降も根強く残っていた。マウント・ホリヨークでも、ラテン語はまだしもギリシア語は、カレッジ昇格のための動きがおこるまで、カリキュラムに加えられていなかった。これに対して、生徒たちの中にはギリシア語の学習を望む者もいたようで、1871年の卒業式典では、ある卒業生代表の作文が読み上げられた際、この希望が述べられている。すなわち、「(卒業生代表の——引用者注)作文が、火曜と水曜の二回にわたって読み上げられたが、今朝、読まれた作文が多大な関心を集めた。それは、女性にも、男性に許されているのと同じ自由をもって、教育課程に入ることを求める雄弁な訴えであった。作者は、自分はこれまで長きにわたって、どれほどギリシア語の学習を熱望したのか、それにもかかわらずそれを果たすことができなかったのかを語り、当然のことながら、なぜ許されないのかを問うたのである。」("Mount Holyoke: Thirty-Fourth Anniversary of the Ladies' Seminary at South Hadley, Mass. Examinations and Exercises of the Graduating Class Meeting of the Alumni, " *New York Times* (July 9, 1871, p. 5.)

4. セミナリーからカレッジへ

　マウント・ホリヨークでは1880年代半ばになると、その創立50周年も間近になり、かねてから教員、同窓会の一部にあったカレッジへの昇格希望が多数の声となってくる。**史料3－5**から理解できるように、学生数は着実に増えていった。すでに1870年代末に、マウント・ホリヨークは近隣のカレッジに比べてより多くの学生数を集めていた――1875年には女性大学であるヴァッサーの125人に対してマウント・ホリヨークは288人。この時期のアマースト、イェール、プリンストンの年平均学生数が270人程度であった。ハーバードは1870年代末には500人に達していた――のであり*、マウント・ホリヨークが名実ともに女性の高等教育機関として認知されることがセミナリー関係者にとっての共通認識になりつつあったのある**。

　　　* ただし、シィアは、1870年から1881年の間、四年ごとに平均在学生数を計算すると、それぞれ11％減となり、マウント・ホリヨークの登録学生数は着実に漸減していったとして、これが、セミナリーのままでいる危機感につながったとする (Shea, "Mount Holyoke College," pp. 89-91.)。

　　** マウント・ホリヨークのカレッジ昇格が決定したすぐ後の1888年5月、同窓生に向けた広報で、次のような証言がおこなわれている。カレッジ昇格に踏み切った理由は、まず、外国の地で宣教師として働く女性にとって、カレッジ学位がないため当局より学校開設の認可がとれないというケースがままあること、さらには、「『女子教育』という問題についての人々の感情がそれを容認するようになったらできるだけ早く、完全に設備の整ったカレッジになるべきである、というミス・ライアンのよく知られた念願と決意」があったからである。Mount Holyoke Journal Letter (March 5, 1888), Mount Holyoke Journal Letters and Journal Memoranda. [Mount Holyoke College Library/Archives].

史料3-5 マウント・ホリヨークの学生数の推移

(1838〜1861年)

年	教師数	助教数	第3学年	第2学年	第1学年	学生総数	寮費・授業料
1838	4	3	4	34	78	116	64
1839	5	3	12	31	60	103	60
1840	6	4	17	40	62	119	60
1841	5	3	10	27	70	113	60
1842	8	3	15	50	107	172	60
1843	13	2	16	50	118	184	60
1844	12	1	34	66	106	206	60
1845	18	2	51	72	123	246	60
1846	16	1	42	69	71	182	60
1847	13	2	44	59	85	188	60
1848	12	2	47	62	126	235	60
1849	13	2	23	58	138	219	60
1850	16	0	34	69	121	224	60
1851	13	2	60	55	129	244	60
1852	16	2	31	59	162	252	60
1853	16	1	46	49	163	258	60
1854	17	2	43	55	180	278	68
1855	19	1	57	73	162	292	68
1856	19	2	49	70	156	275	75
1857	18	0	59	68	139	266	80
1858	20	1	57	71	147	275	80
1859	19	1	56	70	150	276	80
1860	22	1	42	70	148	260	80
1861	22	1	66	65	157	288	80

(1862〜1887年)

年	教師数	助教数	第4学年	第3学年	第2学年	第1学年	学生総数	寮費・授業料
1862	23	1	56	43	70	85	254	80
1863	23	0	40	47	87	127	301	80
1864	23	1	51	41	98	153	343	80
1865	23	1	38	47	87	117	289	125
1866	24	1	60	40	87	100	287	125
1867	24	0	59	38	59	124	280	150
1868	24	0	45	31	64	122	262	150
1869	25	0	38	30	64	136	268	150
1870	26	0	33	40	84	111	268	150
1871	27	0	37	34	77	132	280	150
1872	29	0	42	40	74	118	274	150
1873	28	0	48	40	75	108	271	150
1874	30	1	37	42	74	148	301	150
1875	27	1	29	36	95	128	288	150
1876	27	0	39	55	77	113	283	175
1877	28	0	44	31	73	114	262	175
1878	27	0	29	41	84	97	251	175
1879	28	1	31	38	86	118	273	175
1880	27	1	33	48	68	77	226	175
1881	26	1	47	35	84	83	249	175
1882	28	0	30	29	90	118	267	175
1883	28	0	42	45	81	121	289	175
1884	29	1	47	43	78	119	287	175
1885	30	0	27	56	70	116	269	175
1886	30	0	53	48	73	120	294	175
1887	33	0	47	52	65	149	313	175

出典：Sarah D. Stow, *History of Mount Holyoke seminary, South Hadley, Mass. During Its First Half Century, 1837-1887*, (Springfield: Springfield Printing Company, 1887), pp. 284-285.

カレッジへの昇格をめざして、マウント・ホリヨークはさまざまな手を打ってゆく。以下にその主要な変更点を見てゆきたい。

(1) 建物や施設の増設

マウント・ホリヨークはすでに史料で確認したように、「一つ屋根の下の家族」を形成するための単一校舎を基本としたが、これを、①通常の多くの大学のようなクウォッド形に建物を配置する、②それと同時に、通常のカレッジには備えられている図書館や実験室、植物園などを拡張する、という方式を採用してゆく。

マウント・ホリヨークが50周年に近づき、カレッジ昇格への方途を現実のものとして模索しているまさにその最中に、一つの事件が起きる。サウス・ハドレイを襲った大火事である。1876年4月2日、安息日(日曜日)の夕刻、8時に非常ベルが鳴り、「炎は道の両側から隣の建物へとあっという間に広がり、火口のように燃え落ちた」[29]と、マウント・ホリヨークの教師の一人は書いている。セミナリーは壊滅的な打撃を受けたわけではなかったものの、結果的には、新たなキャンパス建築とそのための基金確保がそのまま、カレッジへの途に繋がることになるのである。

化学の実験室はマウント・ホリヨークがその創立時から充実に力を入れたものであった——メアリ・ライアン自身が化学を教えた——が、校舎の地階の片隅にあった化学実験室は、1876年には、新たにつくられた南翼棟の最上階へと移される[30]。

植物園は1883年に拡張されるが、「全米からの花が蒐集された。それはちょうど、私たち自身が、塀の中に、これらの乙女たち＝花を集めたのと同じことである。彼女らは、自然のままに新たな家庭へと連れてこられたのであり、ミス・シャタック(自然史・植物学者。1851年度卒業クラス——引用者注)ならば、地元の出自ではない、このように多くの野生の植物を、この地に見いだし、大いに喜ぶことでしょう」[31]と当時セミナリーの教師は書いている。セミナ

リーには元々、「苗床」「保育所」の両者の語源があり、ここで使われている比喩はまさに適切なものであったと言えよう。

(2) 女性理事の加入
「年次理事会が、新たな発展の結果(following the modern departure)、ミス・ブランチャードとミセス・A. L. ウイリストン（引用者注——後援者の一人であるA. Lyman Willistonの夫人）という初の女性メンバーを加えることになりました。これは、同窓生たちを喜ばせることでしょう」[32]と教師の一人はミッションに赴いた同窓生に書き送っている。こうして1884年度からは、初めてマウント・ホリヨークの理事会に女性メンバーが加入することになった。

(3) インブリーディングによる教員任用の見直し
　セミナリーの卒業生がそのまま教師陣に加わり、新たにマウント・ホリヨークに集ってきた生徒を教えることで、セミナリーはメアリ・ライアンの知的・宗教的遺産を脈々と継承していったわけである。先に見たミス・リディア・ホワイト・シャタック(Lydia White Shattuck, 1822-1889)はその典型である。彼女は15歳でニューハンプシャーの学校を修了すると地元の学校で教え始め、以降、11年にわたり、教職の合間にニューハンプシャーやヴァーモントの中等学校で学習を続け、遂にマウント・ホリヨークに入学する。彼女はすでに26歳になっていた。シャタックは、偉大な創立者が世を去る前の数ヶ月間、生をともにし、メアリ・ライアンから絶大な影響を受けることになったのである。優等賞をもって卒業すると教師として残り、マウント・ホリヨークにライアンが始めた科学の教育の伝統をつくりあげるのに決定的な役割を果たすことになる。そして彼女は、マウント・ホリヨークがセミナリーからカレッジへと昇格するのを見届けるように、一年後の1899年、マウント・ホリヨークで息を引きとることになる[33]。

　このようにマウント・ホリヨークでは、教員任用は基本的にインブリーディングでおこなわれていた。これを見直そうとしたのである。

まず、マウント・ホリヨーク出身ではない教員は1887年の時点でわずか3人であったが、翌1888年には一挙に8人へ増加した。さらに、マウント・ホリヨーク出身者についても学問的キャリア・アップ、すなわち外部の大学や大学院課程を修了することが奨励された。事実、1875年の時点で、全教員の中でマウント・ホリヨークの修了証――彼女ら自身はそれを、ヴァッサーなどの女性大学の学士号に匹敵するものと考えていた――以上の学位をもつ教員は一人もいなかったのである[34]。すでにアメリカ高等教育界で押し止めることができない潮流となっていたクレデンシャリズムの力には逆らいようがなかったのである[35]。1884年、教師の一人は以下のように報告している。

> 長年にわたり数学教師をつとめたミス・サミュエルが、医学の学習のため、セミナリーを離れました。さらに、ラテン学科のミス・スプーナーが、この秋、オアフ・カレッジの女性校長という重要なポストに就くために行かれました。ミドルフィールドからミス・スミスが教授陣に加わることは私たちの喜びです。彼女は本校出身ではなくオバーリンの卒業生です。あの誉れある大学からの賜が私たちにもたらしてくれるであろう大いなる善に期待しています[36]。

次に、男性の外部講師の招聘を増やしたことが挙げられる。マウント・ホリヨークの年次学校便覧を見ると、1869-70年度において初めて、各学年の科目を列記した後、「毎年、さまざまな学科に関連したレクチャーのコースが開設される。本年は化学のレクチャーが本学教員によっておこなわれ、自然哲学と天文学のレクチャーが、ダートマス・カレッジのヤング教授によっておこなわれ……」[37]という説明がなされ、さらに、1874-75年度において初めて、教員のリストの次頁に講師の氏名が掲載されるようになる[38]。すなわち、1871年以降、マウント・ホリヨークでは、外部講師の招聘によりカリキュラムの充実をはかってゆくのである。地質学や化学を初めとする自然科学系の諸科目、歴史学や哲学や経済学などの人文・社会科学系の諸科目にも

外部講師が積極的に招かれてゆく。地理的に近隣にあり、理事会にもメンバーを送り込んでいたアマースト・カレッジからの講師が好んで訪れた。これらの男性講師たちの講義が具体的にどのようなものであったのか、いくつか例を拾ってみたい。

まず、先に名前が登場したヤング（Charles Augustus Young, 1834－1908. 天文学者。1869年、コロナのスペクトル中に固有の輝線を発見）の講義である。

　　ヤング教授が今学期の最初の時期に来られ、天文学の講義をされました。天文学者としての彼の名声はすでにご存じと思いますが、彼がどれほど社交的か、さらに、彼の祈りがどれほど人々に力と心の安らぎをあたえるかは、同じ屋根の下に暫らく彼といないかぎり、お分かりにならないでしょう。彼はたいへん魅力的な講師で、心うちとけ気やすく語り、聴き手に想像させ理解させるのですが、これは非常に学識のある人であってもなかなかできないことです[39]。

次は、チャールズ・ヒッチコックである。

　　ダートマスのチャールズ・ヒッチコック教授の地質学の講義コースが10月中旬に始まりました。ウイリストン・ホールの新しい講義室がこのコースによってこけら落としとなったのです。80脚から90脚の椅子が列をなして並んでいます。それぞれの椅子にはアームにノートを取るのに便利なように自在板が取り付けられています。この自在板はたやすく取りはずしができるようになっており、このようなつくりはまったく新規で、ウイリストン・ホールがその名前に加えて多くを負っているわれらの友人によって発明されたものです。「マウント・ホリヨーク式調整可能アームレスト」として特許登録がされています。講師のテーブルはさまざまな部分が使いやすく最高の仕上がりになっており、科学講師の羨望の的です（**史料3－6**参照——引用者注）。ヒッチ

史料3-6 マウント・ホリヨークの科学実験室

出典：Sarah D. Stow, *History of Mount Holyoke Seminary, South Hadley, Mass. During Its First Half Century, 1837-1887,* (Springfield: Springfield Printing Company, 1887), p. 315.

　コック教授はわがセミナリーに御尊父(エドワード・ヒッチコック——引用者注)同様の心からの関心を持って下さっているようです。この秋、ここに滞在されている間、教授は、セミナリーの地質学科に関係したさまざまなことに没頭されており、とりわけ、私たちのコレクションに貴重な化石の足跡標本を加えるのに心を砕いておいででした。以来、教授は、ニューハンプシャー原産の岩石の標本の完全な一式を送って下さいました[40]。

　エンジニアで教育者であり、1868年、ウースター技術校(現在のウースター工科大学)において、技術教育にワークショップを取り入れ、アメリカ合衆国におけるエンジニアリング教育に一大革新をもたらしたトムソン(Charles Oliver Thompson 1836-1885)もまた、マウント・ホリヨークでは、長年、化学を教えた。1877年には、「6人のレディが教授の指導のもと、実験室で個別

授業を受けました。これはすでに以前よりずっとおこなわれてきたことですが、新実験室の完成で施設がぐっと拡充されたため、化学研究はさらにさらに魅力的になりつつあります。来年度はもっと多くの人々のための用意ができればと願っています」[41]。1882年には、「テラホートにある新設で躍進を願うポリテクニク校(ローズ科学校——引用者注)が、学長を捜していたのですが、今回、彼を招聘することに成功したのです。まことにこれは——かつてボストン大学に対して云われた文句を引用するならば——『大望を抱く子』ということになりましょう。インディアナへはお慶びをもうしあげますが、私たちならびにマサチューセッツにとっては残念なことです」[42]という記録が残されている。

　ヘーゲル哲学者でありアメリカ合衆国連邦教育長であったハリスもまた、マウント・ホリヨークで哲学を講じている。ここでの彼の講義の受け止め方は、いかにもマウント・ホリヨークらしいものといえよう。

　　　彼はなんと教職という天職を高貴なものにしてくれることでしょうか！彼の講義に耳を傾けると、私たちの仕事は、その範囲が、その特権が、その可能な成果が、なんと大きく広がってくるものでしょうか。皆さんはすべて、哲学者として教師としての彼のそれにふさわしい名声をご存じのことと思いますが、ここでの彼の講義ほどに、真実がはっきりと語られたことはなかったのです。というのも、知識も哲学も、その見解の中に、魂という永久の生命と神への献身がつねに保持され最重要なものとされていない限り、まったく無駄なものだからです[43]。

　このような教員任用における改革は、母校への奉仕者および宗教的役割モデルとしての教師から学問的プロフェッショナルとしての教師へという教師像の転換を意味するものであった。

(4) カリキュラム改革
　改革のもう一つの大きな柱が、デパートメント制と任意履修科目制の導入

であり、これは1870年代にハーバードのエリオットによる大幅な導入以来、すでに当時のアメリカ高等教育の主要な改革動向となっており、マウント・ホリヨークもこれに倣ったのである。

　まず、マウント・ホリヨークの1883/84年度のカリキュラムを見てみたい(**史料3-7**)。

　当時のマウント・ホリヨークは通常課程、聖書研究課程の二課程に加え、これらの課程履修中にオプションとして履修できる語学系や芸術系の課程が併設されていたが、通常課程、聖書研究課程は入学から卒業までの四年間、すべて必修(すなわち、すべての学生が同じ科目を履修してゆく)で選択科目は一科目も置かれていなかった。このうち、通常課程は他大学の古典課程(Classics)にほぼ該当するものであるが、自然科学諸科目を加えているところに特徴がある。

　次に、マウント・ホリヨークがカレッジに昇格を果たした1888/89年度のカリキュラムを、マウント・ホリヨークの近隣校、男性大学であるアマーストのカリキュラム、さらに同じくマサチューセッツ州にある女性大学スミス(1875年創立)のカリキュラムと比較してみたい(**史料3-8**)。

　まず、マウント・ホリヨークの1883/84年度のカリキュラムとの比較では、従来の通常課程を古典課程と改め、ここにギリシア語を導入している。すなわち、伝統的に大学の古典課程の柱であった必修科目としての二つの古典語(ギリシア語・ラテン語)というカリキュラムを採用したのである。さらに他の二大学との比較では、マウント・ホリヨークは選択科目の数が少ない(特に第三・第四学年)ことが見て取れよう。さらに、スミスのカリキュラムには、必修科目としての古典語に代えて現代語(フランス語・ドイツ語)を導入するという20世紀初頭にかけてのアメリカ大学のカリキュラム改革の動向を見て取ることができる。他方、マウント・ホリヨークでは第一学年から化学を必修科目として置いているところに特徴が認められよう。

史料3-7 マウント・ホリヨークの1883/84年度のカリキュラム

	通常課程	聖書研究課程	語学課程	その他の課程
第1学年	キケロ ラテン語作文 代数 古代史 生理学 聖書研究入門 植物学 レトリック 創作	創世記 出エジプト記 福音書	ドイツ語 フランス語 ギリシア語	声楽 リーディング ペンマンシップ 体育 クレヨン・鉛筆画 水彩画 器楽
第2学年	鉱物学 フランス語あるいはドイツ語 幾何 現代史 動物学 三角法 合衆国憲法 植物学 創作	ヨシュア記 士師記 サムエル記	ドイツ語 フランス語 ギリシア語	声楽 リーディング ペンマンシップ 体育 クレヨン・鉛筆画 水彩画 器楽
第3学年	ウェルギリウス ラテン語作文 化学 物理学 天文学 自然神学 英文学史 キリスト教神学 創作	列王記 歴代志	ドイツ語 フランス語 ギリシア語	声楽 リーディング ペンマンシップ 体育 クレヨン・鉛筆画 水彩画 器楽
第4学年	キケロ、ホラティウス ラテン語作文 地質学 心理学 古代文学史 道徳科学 美術史 アナロジー 創作	預言書 ロマ書	ドイツ語 フランス語 ギリシア語	声楽 リーディング ペンマンシップ 体育 クレヨン・鉛筆画 水彩画 器楽

注1 第1学年は junior year、第2学年は junior middle year、第3学年は senior middle year、第4学年は senior year と呼ばれていた。
注2 通常課程と聖書研究課程以外はすべて通常課程に加えて任意選択する課程。
注3 語学課程は各語学とも4年間を通じて履修。通常課程とは別個の修了証を授与。
出典：*Forty-seventh Annual Catalogue of the Mt. Holyoke Female Seminary, 1883-84.*, pp.24-26. [Mount Holyoke College Library/Archives.]

史料3－8　マウント・ホリヨーク、アマースト、スミスのカリキュラム（1888/89年度）
（いずれも古典課程、ゴシック体は必修科目、他は選択科目）

	マウント・ホリヨーク	アマースト	スミス
第1学年	（秋学期） **ラテン語、数学、ギリシア語** （冬学期） **ギリシア語、ラテン語、数学** （春学期） **化学、数学、ギリシア語** （レトリック、英文学、図画、聖書、体育）	（秋学期） **ギリシア語、ラテン語、エロキューション、数学、修養、体育** （冬学期） **ギリシア語、ラテン語、数学、エロキューション、体育** （春学期） **ギリシア語、ラテン語、数学、解剖学・生理学、体育**	（秋学期） **ギリシア語、ラテン語、数学、大学課程指導、聖書研究、衛生** レトリック、英文学、ギリシア語、ラテン語、エロキューション、美術、音楽 （冬学期） **ギリシア語、ラテン語、数学、聖書研究、エロキューション** レトリック、英文学、ギリシア語、ラテン語、美術、音楽 （夏学期） **ギリシア語、ラテン語、数学、歴史、エロキューション** レトリック、英文学、ラテン語、植物学、美術、音楽
第2学年	（秋学期） **化学、ラテン語、歴史、ギリシア語** （冬学期） **古代史、ラテン語、ギリシア語** 数学、フランス語、ドイツ語、化学 （春学期） **歴史、植物学** 数学、ラテン語、ギリシャ語、フランス語、ドイツ語 （レトリック、生理学、聖書、体育）	（秋学期） **ギリシア語、ラテン語、エロキューション、数学、体育** ドイツ語、フランス語 （冬学期） **ギリシア語、ラテン語、エロキューション、数学、体育** ドイツ語、フランス語 （春学期） ギリシア語、ギリシア文化、ラテン語、レトリック、オレトリー、ドイツ語、フランス語、数学、植物学	（秋学期） **フランス語、数学、化学、聖書研究** レトリック、英文学、ラテン語、歴史、天文学、生物学、エロキューション、美術、音楽 （冬学期） **フランス語、ギリシア語、歴史、レトリック** 英文学、ギリシア語、ラテン語、数学、化学、生物学、エロキューション、美術、音楽 （夏学期） **フランス語、歴史、レトリック、聖書研究** 英文学、アングロサクソン文化、ギリシア語、ラテン語、フランス語、数学、化学、生物学、エロキューション、美術、音楽
第3学年	（秋学期） **動物学、植物学、論理学、歴史、英文学** フランス語、ドイツ語、ラテン語、数学 （冬学期） **英語、歴史、物理学** フランス語、ドイツ語、鉱物学、生理学、生物学 （春学期） **天文学、地質学、物理学** フランス語、ドイツ語、歴史、英文学、物理学 （レトリック、聖書、体育）	（秋学期） **物理学、体育** 歴史、ギリシア語、ラテン語、オレトリー、レトリック、ドイツ語、フランス語、数学、化学、生物学 （冬学期） **体育** 歴史、ギリシア語、ラテン語、聖書文学、英文学、ドイツ語、イタリア語、スペイン語、数学、物理学、化学、動物学 （春学期） **オレトリー、体育** 歴史、ギリシア語、ラテン語、英文学、ドイツ語、イタリア語、スペイン語、物理学、化学、鉱物学	（秋学期） **ドイツ語、レトリック、論理学** 英文学、アングロサクソン文化、ギリシア語、ラテン語、歴史、数学、化学、鉱物学、生物学、エロキューション、美術、音楽 （冬学期） **ドイツ語、物理学、聖書研究** 英文学、ギリシア語、ラテン語、フランス語、レトリック、歴史、数学、天文学、化学、生物学、生理学、エロキューション、美術、音楽 （夏学期） **ドイツ語、物理学、聖書研究** 英文学、ギリシア語、ラテン語、数学、フランス語、レトリック、歴史、化学、生物学、生理学、エロキューション、美術、音楽
第4学年	（秋学期） **心理学** 古代文学、ラテン語、ギリシア語、生物学、歴史、天文学、物理学、鉱物学、地質学、レトリック （冬学期） **政治学、美術史、哲学史、有神論** （春学期） **倫理学、有神論** 国際法、化学、歴史、英文学、アングロサクソン、生物学、物理学 （レトリック、聖書、体育、エロキューション・声楽）	（秋学期） **討論、オレトリー、体育** 哲学、歴史、政経、ラテン語、サンスクリット語、ヘブライ語、セム語、英文学、天文学、化学、地質学、生物学 （冬学期） **哲学、オレトリー、体育** 哲学、歴史、政経、ラテン語、サンスクリット語、聖書文学、英文学、化学、生物学 （春学期） **オレトリー** 哲学、歴史、政経、国際法、ギリシア文化、ギリシア語、ラテン語、サンスクリット語、ヘブライ語、英文学、天文学、化学、鉱物学、地質学	（秋学期） **心理学、政経** 哲学、英文学、ギリシア語、ラテン語、フランス語、ドイツ語、レトリック、数学、物理学、化学、生物学、地質学、エロキューション、美術、音楽 （冬学期） **倫理学、聖書研究** 哲学、政経、英文学、ギリシア語、ラテン語、フランス語、ドイツ語、レトリック、数学、天文学、物理学、化学、生物学、エロキューション、美術、音楽 （夏学期） **キリスト教神学、聖書研究** 英文学、ギリシア語、ラテン語、フランス語、ドイツ語、歴史、レトリック、数学、天文学、物理学、化学、生物学、エロキューション、美術、音楽

出典：各カレッジの1888/89年度のカタログより筆者が作成。

5．カレッジ昇格への批判と反論

　上述のように、マウント・ホリヨークは1880年代後半には、カリキュラムに大きな変更を加え、さらには、建物や施設の増設、理事や教員の人事面での改革など、カレッジ昇格への準備を着々と進めていったが、マサチューセッツ州政府からカレッジとしての設立認可状を取得するためには、州議会を説得しなければならなかった。このため、マウント・ホリヨークでは、最初からカレッジへ完全移行するのではなく、セミナリーにカレッジを併設して、「マウント・ホリヨーク・セミナリー・アンド・カレッジ」として出発することを計画する。この間、おこなわれた議論は、セミナリーからカレッジへ移行しようとしていた女性教育機関が抱えていた問題を浮き彫りにするものであった。

(1)州議会での聴聞

　1888年2月8日、州議会では最初の聴聞会が開催される。ここで展開された議論をみると、マウント・ホリヨークがカレッジ昇格にあたって直面していた問題点を浮き彫りにしている。

　まず、マウント・ホリヨーク理事会を代表してクラークが以下のような証言をする[44]。マウント・ホリヨークは、その高度な学科目とともにすでに実質的にはカレッジのレベルに到達しているのであるから、他のカレッジにはあたえられている学位授与権を求めるものである。

　続いて、理事の一人のハイドが、マウント・ホリヨークに学位授与権をあたえる法案を朗読するが、これはウエルズレイ・カレッジに対する学位授与を認めた法案を文字どおりそのまま読み替えたものであった[45]。

　以上の陳述に引き続き、カレッジ昇格への反対論を述べる証人が喚問される。

ハーバード大学の哲学者ジョージ・ハーバート・パーマーは以下のような反対論を展開する[46]。

①マウント・ホリヨークの施設設備は大学のレベルには達していない。
②大学カリキュラムとしての科目選択制度の導入のためには、現在のマウント・ホリヨークにおかれた学科ではまったく不十分である。
③大学としての基本財産が不足している。

1882年に設立された全米の大学卒女性の組織である、女性大学卒業生協会（Association of Collegiate Alumnae, ACA. 現在のアメリカ女性大学人協会American Association of University Women, AAUWの前身組織）からはマリアン・タルボット（ボストン大学卒）、フローレンス・クッシング（ヴァッサー・カレッジ卒）が、上記のパーマー教授の議論に加えて、以下のような反対論を提出する。

　　現在、マサチューセッツ州には数多くの女性のための高等教育機関が続々と設立されつつあるが、その中には男性のためのカレッジとはまったく比べものにならない学校もある。州は、すでに女性のための高等教育機関として存続している真正な大学を保護する責任をもっているはずである。

女性大学卒業生協会は女性の高等教育の振興とそのための大卒女性たちの互助を結成の主要目標として掲げていた。したがって、マウント・ホリヨークのカレッジ昇格には賛成するのではないかと思われるのであるが、彼女らは自分たちこそが「女性の大学卒第一世代」であるとの強い自覚を抱いており、南北戦争以前の女性セミナリーの遺産を認めない——それは少なくとも女性の高等教育の伝統ではなく、"女子教育"にすぎない——のであった。「大学卒女性の第一世代は自分たちこそがまったく新しいフロンティアのパイオニアであったのであると信じていた。みずからをそのように規定したがため

に、彼女らの歴史には前史が存在しなかったのである」[47]と指摘されるように、彼女たちは女性の高等教育に男性大学と同一の高い学問的基準を維持しようとしていたのであり、この基準に達しないものを自分たちの仲間に加入させることを拒否したのである[48]。

　以上のような二つの陣営からの反対論に対して、マウント・ホリヨーク同窓会は州議会聴聞会にて、以下のような反批判を提出している。

　　　パーマー教授の言うような科目選択制度は大学(ユニバシティ)では可能であろうが、マウント・ホリヨークが目指しているのは大学ではなくカレッジである。
　　　現在、セミナリーではメアリ・ライアン基金の募金をおこなっており、すでに過去2年間だけで15,000ドルを集めている。
　　　マウント・ホリヨークはマサチューセッツ州における女性の高等教育の草分けであり、もしもマウント・ホリヨークが創設されていなかったならば、現在、女性にも開放されている(タルボット、クッシングの出身校であるボストン大学、ヴァッサー・カレッジなどの——引用者注)多くの大学・カレッジは果たして存在していたであろうか。そのように尊敬すべき先達に対して背を向けようというのか。

　このように、州議会の聴聞会で争われた論点は、基本的に、①カリキュラム、②財政基盤の二つの問題であった。それは、女性大学卒業生協会が論難したように、マウント・ホリヨークは「男性のためのカレッジとはまったく比べものにならない学校」ではないかという疑義にもとづくものであった。

(2)『アドヴァタイザー』紙の批判
　州議会の聴聞会がおこなわれた後、『ボストン・デイリー・アドヴァタイザー』紙は以下のような社説を掲げて、マウント・ホリヨークのカレッジ昇格問題をとりあげている[49]。

世間ではユニバーシティ、カレッジ、セミナリーという語が見境なく、使われており、カンザス、テキサス、テネシーでは、カレッジやユニバーシティが「枯れ葉のように厚く」存在している。だが、こんな悪弊が今度はマサチューセッツを襲うにいたった。マウント・ホリヨーク・セミナリーが、その名称をマウント・ホリヨーク・カレッジに変更するよう州議会に請願を出したのである。しかも、お人好しの下院議員たちは一人の反対もなくこの法案を通してしまい、今や上院の承認を待っている……。

このように述べた後、『アドヴァタイザー』紙は、以下のような批判を掲げている。

①マウント・ホリヨークの学科課程はこれまでも、また現在も、カレッジのグレードに匹敵するものではない。カレッジの要覧を見るならば、入学要件として、ギリシア語、フランス語、ドイツ語がまったく課されていない。そのギリシア語を生徒たちは入学後全くの初歩から2年かけて学ぶだけなのである。
②加えて、財政基盤がカレッジとして十分でない。学生一人あたりの納付金が年額175ドルでは州補助金がない限りカレッジとしての運営は困難であろう。
③さらに、カリキュラムと財政がニューイングランドのカレッジの水準未満であるだけでなく、その精神が異なるたぐいのものである。マウント・ホリヨーク・セミナリーが規律を重視していることは広く知られており、その要覧にも生活のあらゆる側面にわたってこと細かに決められている。しかしながら、「カレッジがもつべき原則があるとすれば、それは自恃と自制を自恃と自制によって教えるということである」。

以上の批判のうち、①と②はすでに聴聞会で争われた論点であるが、③については初めて取り上げられたものであり、マウント・ホリヨークの当局にとっても思わぬところを衝かれた論点であったといえよう。これらの『アドヴァタイザー』紙の批判に対して、マウント・ホリヨークの理事長のタイラーは以下のような反論を『アドヴァタイザー』紙に送っているが[50]、「カレッジの精神」云々という③の論点については反論を避けている。次節でも確認するように、実はこれこそが、当時のマウント・ホリヨーク内部で容易に処理しがたい問題として、いくつもの局面で顕在化してきたものであったのである。

①マウント・ホリヨーク・セミナリーの理事会メンバーの大部分はアマースト・カレッジ学長を含む大学人で構成されている。したがって、その理事会がニューイングランドのカレッジの教育水準を低下させるようないかなる計画も了承するはずがない。
②「マウント・ホリヨーク・セミナリー・アンド・カレッジ」という幾分ぎこちない名称を用いたのも、まさに、ニューイングランドのカレッジの教育水準を考慮した上で、マウント・ホリヨークを真のカレッジにする——ただし、ただちにカレッジそのものにすることはできない——という意図なのである。
③学校要覧に記載のカリキュラムに対する非難はあたっていない。現在の要覧に記載されているのはセミナリーのそれであり、すでに理事会が採用した「カレッジ」のカリキュラムおよびその入学要件は、ニューイングランドのカレッジのそれらと実質的に同様である。
④現在、セミナリーでは100人を越す若い女性がセミナリーのカリキュラムとして要求されるレベル以上のカレッジ課程を学習しており、もしカレッジのディプロマが授与されるというのであれば、さらに多くの女性が加わることであろう。これらの女性たちは機会をあたえられないべきなのであろうか。

⑤ハーバード、アマーストはむろん、恐らくウエルズレイを除いて、マサチューセッツのカレッジは、カレッジとしての設立認可状をあたえられた時点では皆が貧しかったのであり、その財政レベルは現在のマウント・ホリヨークをはるかに下回っていたはずである。もしもこれらのカレッジが設立認可状をあたえられる条件として多額の資金を要求されていたら、果たして現在のような状態になっていたであろうか。マウント・ホリヨークが要請しているのもこれとまさに同じ特権——発展のための機会をあたえること——なのである。

6. マウント・ホリヨークと女性の高等教育をめぐる歴史的パラドックス

　以上のような諸処の議論の中、マウント・ホリヨークはカレッジの設立認可状を授与され、カレッジへと昇格する。聴聞会での異論があり、若干の遅れはあったものの、政治力学の関係から言えば——法案成立に尽力したマウント・ホリヨークの理事、ウイリアム・クラフリンは前マサチューセッツ知事であった——法案成立はまさに時間の問題であった。同法案は、2月20日には下院を全会一致で通過し上院に送られた後、3月8日に知事の署名を経て成立する[51]。

　しかし、前述の論争時に『アドヴァタイザー』紙が論難した、「精神の相違」に関係した問題、すなわち、セミナリーを支配するエートス(「規律の重視」)とカレッジを支配するエートス(「自恃と自制」)の相違は、実はマウント・ホリヨークの中ですでに芽生えていたものであったのである。

(1) セミナリーのエートスへの批判

　1887年、セミナリーからカレッジへの移行というまさにその時に合わせるかのように、すでに学生の側から「自己申告制」への疑義が提起されたのである。セミナリーのほぼ全学生数に匹敵する280名が署名した"規律緩和"への

要求の決議文がセミナリーの当局に提出された[52]。

　　私たちマウント・ホリヨーク・セミナリーの学生たちは、自己申告制は大多数の学生の道徳心を低下させるものと信じるものです。なぜならば、不履行が申告されず——少なくとも正直に報告されず——このような繁多な規則を遵守することはほとんど不可能な場合があまりにも多いからです。
　　名誉を重んじることで、現状の規制の元でも規則を遵守している者はさらに自恃をたのみとし、これ以外の者は少なくとも偽りを働くことがなくなるわけですので、この制度の廃止を検討していただくよう、マウント・ホリヨーク・セミナリー校長および教員に対して、お願いいたします。
　　上、決議いたします。

創立以来初めて、学生の側から集団で、学校当局に対してその方針に異議を申し立てるという集団的反乱は、当局だけでなく多くの教師たちをも困惑させたことであろう。だが、教師たちとて現行をすべてよしとする人々だけではなかったのである[53]。教師の一人は、すでにその二年前に、卒業生に対して以下のように書き送っていたのである。

　　友よ、私たちはここ数年間、30年前に、20年前に、いえ、10年前にすべてがそう行われたように、何もせずにじっとしていたということなのでしょうか。ライアン先生だったら多くの改革をしていたでしょうに、なぜ、先生の後継者たちはそうしないのでしょうか。ここ数年来、私たちが聞き及ぶようになることすべてが、同窓生たちは母校に対して、故意にではないにせよ不正を働いていたのではないかと思わざるをえません。ことばにするにせよ頭で思うにせよ、母校には進取の気性がないと、つまり、「時代に取り残されている」のだと考えてい

るのではないでしょうか。なぜ、問おうとしないのでしょうか[54]。

　1892年、マウント・ホリヨークは、長きに亘って続いた煩瑣な生徒への行動規範の見合わせを決定する。この措置は、『学長報告』によれば、科目選択制の大幅な導入によって、「学生の自制心への責任を認めること」が必要になったとされている[55]。こうして、かつてのセミナリーのエートスは徐々にしかも確実に変容していったのである[56]。

(2) カリキュラム改革をめぐるパラドックス

　それでは、聴聞会あるいは新聞紙上で多くの批判が集中した、カリキュラムをめぐる問題はどのように解決されたのだろうか。前々節で瞥見したように、カレッジへの昇格を準備する過程で、マウント・ホリヨークはそのカリキュラムを男性カレッジの古典課程に近づけ、とくに、それまでなかったギリシア語を導入している。しかしながら、マウント・ホリヨークにとっての歴史的パラドックスは、このように男性カレッジを模範にすればするほど、時代に遅れた"改革"に足を取られることになったということではなかろうか。

　すでに見たように、1888/89年次の時点で、アマースト、スミスの両大学は、新しい改革動向へと一歩先を——スミスについていえばさらに先を——行っていた。この動向は20世紀に近づくにつれ決定的になってくる。試みに1893/94年次（マウント・ホリヨークが完全にカレッジへ移行した年次）のマウント・ホリヨーク、アマースト、スミス各カレッジのカリキュラムを比較してみれば一目瞭然である（**史料3-9**）。

　マウント・ホリヨークのカリキュラムは、先のパーマー教授や女性大学卒業生協会の批判を意識してか、選択科目を大幅に増やしたのは別にして、第一学年から第四学年まで、ギリシャ語・ラテン語・論理学・レトリックを中心に、三科目から六科目の必修科目が置かれ、その内容はマウント・ホリヨークがカレッジへの途を模索していた1870年代から80年代の男性大学のオーソ

史料3－9　マウント・ホリヨーク、アマースト、スミスのカリキュラム（1893/94年度）

（いずれも古典課程、ゴシック体は必修科目、他は選択科目）

	マウント・ホリヨーク	アマースト	スミス
第1学年	（秋学期）**ラテン語、ギリシア語、高等代数、レトリック、アメリカ文学、聖書** （冬学期）**ラテン語、ギリシア語、幾何学、レトリック、絵画、聖書** （春学期）**ラテン語、ギリシア語、三角法、レトリック、聖書**	（秋学期）**ギリシア語、ラテン語、数学、衛生、デクラメーション、フランス語あるいはドイツ語** （冬学期）**ギリシア語、ラテン語、数学、レトリック、デクラメーション、フランス語あるいはドイツ語** （春学期）**ギリシア語、ラテン語、数学、レトリック、フランス語あるいはドイツ語**	（秋学期）**ギリシア語、ラテン語、数学、大学論、聖書研究、衛生** レトリック、英文学、ギリシア語、ラテン語、歴史、エロキューション （冬学期）**ギリシア語、ラテン語、数学、聖書研究、エロキューション** レトリック、英文学、ギリシア語、ラテン語、歴史、美術 （夏学期）**ギリシア語、ラテン語、数学、エロキューション** レトリック、英文学、ラテン語、歴史、美術
第2学年	（秋学期）**ギリシア語、化学、レトリック、生理学、エロキューション、聖書** フランス語、ドイツ語、解析幾何、アングロサクソン、音楽、図画、絵画 （冬学期）**ラテン語、ギリシア語、ギリシア史、レトリック、エロキューション、聖書** フランス語、ドイツ語、解析幾何、化学、顕微鏡技術、アングロサクソン、音楽、図画、絵画 （春学期）**物理学、植物学、ローマ史、レトリック、生理学、聖書** ラテン語、ギリシア語、フランス語、ドイツ語、チョーサー、方程式理論、植物学、定性分析、鉱物学、音楽、図画、絵画	（秋学期）**ギリシア語、ラテン語、解剖術あるいは化学、生物学、数学、レトリック、フランス語あるいはドイツ語のどちらか** （冬学期）**ギリシア語、ラテン語、化学、生物学、数学、レトリック、デクラメーション、フランス語、ドイツ語** （春学期）**ギリシア語、ラテン語、化学、生物学、数学、レトリック、フランス語、ドイツ語** *各学期とも4科目を選択（ただし、そのうち一つはラテン語かギリシア語、さらに数学か自然科学を一科目選択のこと）	（秋学期）**フランス語あるいはドイツ語、数学、化学・植物学・動物学・天文学のいずれか1科目、聖書研究** レトリック、英文学、ギリシア語、ラテン語、化学、エロキューション、美術、音楽 （冬学期）**フランス語あるいはドイツ語、ギリシア語、レトリック、化学・植物学・動物学のいずれか1科目** 英文学、古代英語、ギリシア語、ラテン語、歴史、数学、エロキューション、美術、音楽 （夏学期）**フランス語あるいはドイツ語、レトリック、化学・植物学・動物学・天文学のいずれか1科目、聖書研究** 英文学、古代英語、歴史、ギリシア語、ラテン語、フランス語、エロキューション、美術、音楽
第3学年	（秋学期）**動物学、歴史、英文学、レトリック、聖書** ラテン語、ギリシャ語、フランス語、ドイツ語、スペイン語、微積分、化学、物理学、植物学、動物学、レトリック理論、図画、絵画、音楽、エロキューション （冬学期）**歴史、論理学、レトリック、聖書** ラテン語、ギリシャ語、フランス語、ドイツ語、スペイン語、フランス語、イタリア語、英文学、英国憲政史、中世教会史、微積分、化学、物理学、植物学、動物学、生理学、レトリック理論、音楽、図画、絵画、エロキューション （春学期）**天文学、地理学、物理学** ラテン語、ギリシャ語、フランス語、ドイツ語、スペイン語、ドイツ語、イタリア語、微積分、植物学、動物学、化学、レトリック理論、英国憲政史、音楽、図画、絵画	（秋学期）**ギリシア語、ラテン語、化学、生物学、物理学、数学、論理学・弁論術、聖書文学、フランス語あるいはドイツ語のどちらか、イタリア語、歴史** （冬学期）**ギリシア語、ラテン語、化学、生物学、物理学、数学、弁論術、聖書文学、フランス語、ドイツ語、イタリア語、歴史** （春学期）**ギリシア語、ラテン語、鉱物学、生物学、物理学、数学、英文学、フランス語、ドイツ語、イタリア語、歴史、哲学**	（秋学期）**フランス語あるいはドイツ語、物理学・植物学・動物学のいずれか1科目、論理学** 英文学、古代英語、ギリシア語、ラテン語、レトリック、歴史、数学、化学、鉱物学、エロキューション、美術、音楽 （冬学期）**フランス語あるいはドイツ語、物理学・植物学・動物学のいずれか1科目、聖書研究** 英文学、ギリシア語、ラテン語、古代英語、歴史、数学、天文学、化学、生理学、聖書研究、エロキューション、美術、音楽 （夏学期）**フランス語あるいはドイツ語、物理学・植物学・動物学のいずれか1科目、聖書研究** 英文学、ギリシア語、ラテン語、数学、天文学、レトリック、歴史、化学、古代英語、生理学、エロキューション、美術、音楽
第4学年	（秋学期）**心理学、美術史、レトリック、有神論・キリスト教神学** ラテン語、ギリシア語、フランス語、ドイツ語、数学、シェイクスピア、植物学、動物学、化学、鉱物学、地質学、物理学、天文学、音楽、図画、絵画 （冬学期）**政経、レトリック、有神論・キリスト教神学** ラテン語、ギリシア語、古代英語、フランス語、ドイツ語、数学、英国憲政史、英語散文、哲学史、美術史、生理学、植物学、動物学、化学、鉱物学、地質学、物理学、天文学、音楽、図画、絵画 （春学期）**倫理学、レトリック、有神論・キリスト教神学** ラテン語、ギリシア語、フランス語、ドイツ語、数学、国際法、政経、英国憲政史、英国大作家、アメリカ文学、植物学、動物学、化学、鉱物学、地質学、物理学、天文学、音楽、図画、絵画	（秋学期）**ギリシア語、ラテン語、サンスクリット語、化学、地質学、物理学、天文学、ディベート、英文学、フランス語、ドイツ語、政経、イタリア語、歴史、哲学** （冬学期）**ギリシア語、ラテン語、サンスクリット語、化学、地質学、物理学、政治学、ディベート、英文学、フランス語、ドイツ語、政経、イタリア語、哲学** （春学期）**ギリシア語、ラテン語、サンスクリット語、化学、地質学、生物学、物理学、天文学、ディベート、英文学、聖書文学、フランス語あるいはドイツ語のどちらか、国際法、イタリア語、歴史、哲学**	（秋学期）**心理学、社会学** 哲学、経済学、社会学、英文学、ギリシア語、ラテン語、フランス語、ドイツ語、アイスランド語、数学、天文学、物理学、化学、動物学、植物学、ヘブライ語、聖書研究、エロキューション、美術、音楽 （冬学期）**倫理学、聖書研究** 心理学、哲学、経済学、社会学、英文学、ギリシア語、ラテン語、フランス語、ドイツ語、レトリック、アイスランド語、数学、天文学、物理学、化学、動物学、植物学、ヘブライ語、エロキューション、美術、音楽 （夏学期）**聖書研究** 比較宗教学、心理学、哲学、英文学、ギリシア語、ラテン語、フランス語、ドイツ語、歴史、経済学、社会学、レトリック、アイスランド語、数学、天文学、動物学、植物学、エロキューション、美術、音楽

出典：各カレッジの1893/94年度のカタログより筆者が作成。

ドックスな古典課程を彷彿とさせるものである。これに対してアマーストではすでに必修科目を最低限にまで絞り込み、第一学年を別とすれば必修科目は毎学年わずか一科目であとはすべて選択科目である。さらにギリシア語は第一学年次のみの必修である。スミスにおいても必修科目の絞り込みはもちろん、古典語から現代語への重心移動がはっきりと認められる。すなわち、マウント・ホリヨークがモデルとしたのは、まことに皮肉なことに、一昔前の男性大学のカリキュラムなのであった。

7．おわりに

　以上見たように、マウント・ホリヨークのカレッジへの移行期にはカリキュラムだけでなくエートスの変容の方も同時におこっている。すなわち、マウント・ホリヨークにとっては、カレッジに昇格することは、たんに制度改革に止まらない、エートスの変容をも意味していた。それは一方では、それまでの福音主義的諸規範が新たな非宗教的教育哲学に取って代わられることであり、同時にまた、人間の全行動に秩序と制度を求める宗教的要請に基づいた権威と服従の体系が、自己規制と自己規律を信頼することで社会的行為への新たな規則を創りだしてゆくことへ途を譲ってゆくことを意味していた[57]。ただし、カリキュラムの"改革"は明らかに時代遅れであった。これはどうして起こったのか。

　グレアムによれば、およそ1875年から1925年までの50年間は、アメリカの、高等教育の差異化の時代――様々なタイプの高等教育があらわれ、高等教育における様々な実験を可能にした時代――であったとされる[58]。このことは、それまでに高等教育に進出しえなかった人々、とりわけ女性にとっても、高等教育の様々な選択肢が用意されたことを意味するものであった。ニューイングランド地域においては、共学制大学、女性の大学、そしてラドクリフに代表される男性の大学の"女子部"の設置と、すべての形態の女性の高等教育

が可能になり、女性の高等教育の量的な拡大が進んだだけでなく、質的な意味でもそれまでの男性的大学教育とは異なった様々な教育が可能になったわけである。

　しかしながら、20世紀に近づくにつれ、アメリカの高等教育の単一のスタンダードが、ますます強力な影響力を発揮するようになり、他のスタンダードに基づく高等教育は、この公認された唯一のスタンダードを受け入れるか孤立するかという選択を迫られるようになった。そして、これ以前に社会的地位を確保できなかった人々、とりわけ女性は、選択肢の減少によって、排除されていくようになる[59]。マウント・ホリヨークの事例は、「公認された唯一のスタンダードの受け入れが拡大と排除の同時進行をもたらす」というグレアムのテーゼを論証するものと言えよう。あるいはまた、従来のセミナリー・エートスを希薄化させ、「自恃と自制」を求めていったマウント・ホリヨークであったが、そこでのカリキュラム改革は、これまた従来の「男性のためのカレッジ」をモデルにせざるをえなかったという見方も可能かもしれない。「男性のためのカレッジ」モデルそのものがすでに構造変動の過程にあったのであり、本章でも見たようにアマースト、スミスなどの先発の大学は、このような構造変動に対応した改革が可能であったのに対して、後発のマウント・ホリヨークは、構造変動を起こす以前の、旧い（したがって比較的安定した）「男性のためのカレッジ」モデルに規制され、これに準拠せざるをえなかったのである[60]。

　マウント・ホリヨークが陥らざるをえなかった歴史的パラドックス——女性のための高等教育改革が、その"改革"の過程で、一時代前の男性の高等教育を模倣することで、かえって足を掬われることになるというパラドックス——は、他の女性のための高等教育についても当てはめることができるのであろうか。さらに、本章では敢えて議論しなかったが、エートスの変容とカリキュラム"改革"にはどのような関係があるのであろうか。これらは本研究が明らかにしたさらなる課題と言えよう。

注

1) *Female Education* p8. Folder 1: Circular Publications, Sub-Series 1, Published Writings, 1834- [1950?], Series B: Writings and Documents, Mary Lyon Collection, Mount Holyoke College Library/Archives.
2) カレッジ昇格を直前にして編まれたマウント・ホリヨークの50年史においてもこのような見解が採用されている。Sarah D. Stow, *History of Mount Holyoke Seminary, South Hadley, Mass. During Its First Half Century, 1837-1887*, (Springfield: Springfield Printing Company, 1887), pp.149-150を参照。
3) ヴァッサーを初めとする南北戦争以降に新設された女性大学へのマウント・ホリヨークからの影響は、たとえばウエルズレイのように、創立者のデュラントがマウント・ホリヨークの理事会のメンバーであった――この意味では、彼は彼の邸宅があったウエルズレイの地に第二のマウント・ホリヨークを創ろうとした――というような、直接的な姻戚関係をも認めることができよう。
4) Sarah D. Stow, *History of Mount Holyoke Seminary*, Chap. 21を参照。
5) Charlotte King Shea, "Mount Holyoke College, 1875-1910: The Passing of the Old Order," Ph.D. Dissertation, Cornell University, (1983), pp.66-67.
6) ライアンについての近年の研究として、Elizabeth Alden Green, *Mary Lyon and Mount Holyoke: Opening the Gates*, (University Press of New England, 1979); Amanda Porterfield, *Mary Lyon and Mount Holyoke Missionaries*, (Oxford University Press, 1997) が挙げられる。
7) Anne Firor Scott, "The Ever Widening Circle: The Diffusion of Feminism Values from the Troy Female Seminary, 1822-1872,"*History of Education Quarterly* Vol.19, No.1, (Spring 1979), pp.3-25.
8) Scott, "The Ever Widening Circle," p.19.
9) Patricia Smith Butcher, "More Than Just a Parlor Ornament: Women's Rights Periodicals and Women's Higher Education, 1849 - 1920," Ed.D. Dissertation, Rutgers the State University of New Jersey - New Brunswick, (1986).
10) *Address to the Christian Public*. Folder 1: Circular Publications, Sub-Series 1, Published Writings, 1834- [1950?], Series B: Writings and Documents, Mary Lyon Collection, Mount Holyoke College Library/Archives.以下の8項目中の引用はすべて、この文書にもとづいている。なお、この「呼びかけ」の起草者として末尾に挙げられているのは三人の男性であり、メアリ・ライアンの名前はない。

11) Stowe, *History of Mount Holyoke Seminary*, pp.103-115; Helen Lefkowitz Horowitz, *Alma Mater: Design And Experience In The Women's Colleges from Their Nineteenth-Century Beginnings to the 1930s*, (Knopf, 1984), pp.11-12; Arthur C. Cole, *A Hundred Years of Mount Holyoke College. The Evolution of an Educational Ideal*, (Yale University Press, 1940), pp.102-127.なお、マウント・ホリヨークの通史としては、この百年史は未だ決定版である。コール (Arthur Charles Cole, 1886 - 1976) はマウント・ホリヨーク内部の人間ではなく (執筆当時はウエスタン・リザーヴ大学教授)、とくに南北戦争時代が専門の優れた社会史家として知られていた。この百年史も社会史の手法を巧みに取り入れており、カーティは「合衆国の女性史、教育史、社会史のどのような研究者も無視すべきではない」とまで激賞している (Hans L. Trefousse,"Arthur Charles Cole," *Dictionary of American Biography*, Supplement 10, 1995)。章建てとしては、第一章の「はじまり」から、本章で扱う時代は以下のようになっている。

1865-1883年　暗黒時代
1884-1889年　セミナリーからカレッジへ
1890-1900年　明るい90年代
1901-1937年　平和と戦争の時代の現代的カレッジ

　最初の「暗黒時代」は南北戦争後の再建期にマウント・ホリヨークにとって累積赤字に苦しんだ時代であると同時に、(後に述べる) 旧い教育モデルが崩壊の過程を辿っていった時代である。「暗黒」はまた、多くの学生にとって規律と宗教的福音主義がもはやくびきとして感じるようになった時代であるとしている。本章のタイトルも、このコールの一章から借りたものである。ただし言うまでもなく、本章で論じるセミナリーからカレッジへの"改革"の試みにおいて起こったパラドックスについて、コールは言及してはいない。

12) Mount Holyoke Journal Letter (November 1, 1880), MS, Mount Holyoke Journal Letters and Journal Memoranda. [Mount Holyoke College Library/Archives].

13) Mount Holyoke Journal Letter (May 12, 1881), MS, Mount Holyoke Journal Letters and Journal Memoranda. [Mount Holyoke College Library/Archives].

14) Paul Venable Turner, *Campus: An American Planning Tradition*, (Cambridge, MA:MIT Press, 1984), p.133.

15) *Eleventh Annual Catalogue of the Mount Holyoke Female Seminary, 1847-48*, p.14. [Mount Holyoke College Library/Archives].

16) この論点については、Horowitz, *Alma Mater*. さらに、Paul Venable Turner, *Campus: An American Planning Tradition*, (The MIT Press, 1995). pp.133-140. を参照。

17) なおここで確認すべきことは、この家族は家父長制ではなく母権制であった。Drackman, "Seminary Sisters," pp.53-54.

18) Mount Holyoke Journal Letter (November 1, 1880), MS, Mount Holyoke Journal Letters

and Journal Memoranda. [Mount Holyoke College Library/Archives].
19) 宮澤康人、『世界子どもの歴史6 産業革命期』、(第一法規、1985年)、7-9頁。なお、筆者が本論文の基となった原稿を発表した際に、宮澤教授より、マウント・ホリョークの日課は「学校の時間」というよりも「修道院の時間」であるとの指摘があった。この重要な論点の指摘に対して、宮澤先生に深謝申し上げます。
20) Mary Lyon to Hannah White, July 2, 1824, Folder 1, Mary Lyon Collection, Series A. Correspondence, 1818–1849.
21) Cole, *A Hundred Years of Mount Holyoke College*, p.76.
22) Myra H Strober and David Tyack, "Why Do Women Teach and Men Manage? A Report on Research on Schools," *Signs*, Vol.5, No. 3, (Spring 1980), pp.494–503
23) Shea, "Mount Holyoke College," p.42.
24) Henry Noble Day (1808 – 1890).イェール大学卒。当時の学長エレミア・デイの甥。もともとは会衆派の聖職者、大学教員、学長を経て、教科書の執筆者としてレトリックや文法から簿記にいたる20冊にもおよぶさまざまなテキストを執筆。George H. Genzmer, "Henry Noble Day," *Dictionary of American Biography*, Vol.3, 1930を参照。
25) Denison Olmsted (1791 – 1859).イェール大学出身の科学者、教師。ノースカロライナ大学、イェール大学で、地質学、自然哲学、数学などを教える。講義に実験を取り入れるなどの革新をおこなった。*Introduction to Natural Philosophy* (2 vols.初版は1831–32)、Compendium of Natural Philosophy (初版は1833)は、多くの版を重ね、長きにわたって標準的なテキストとなった。Alois F. Kovarik, "Denison Olmsted," *Dictionary of American Biography*, Vol.7, 1934を参照。
26) Benjamin Silliman (1779 – 1864).19世紀前半のアメリカ合衆国でもっとも著名な科学者。化学・地質学の分野を中心に、当時の科学界に絶大な影響をあたえた。イェール出身で、同大学のシェフィールド科学校の基礎をつくる。珪線石(シリマナイト)の命名者。Charles H. Warren, "Benjamin Silliman," *Dictionary of American Biography*, Vol.9, 1935を参照。
27) Edward Hitchcock (1793–1864).地質学者、教育者、会衆派聖職者。アマースト・カレッジの教授、学長。George Perkins Merrill, "Edward Hitchcock," *Dictionary of American Biography*, Vol.5, 1932を参照。
28) Green, *Mary Lyon and Mount Holyoke*, pp.221–222.
29) Mount Holyoke Journal Letter (June 5, 1876), MS, Mount Holyoke Journal Letters and Journal Memoranda. [Mount Holyoke College Library/Archives].
30) Cole, *A Hundred Years of Mount Holyoke College*, p.156.
31) Mount Holyoke Journal Letter (June 16, 1883.), MS, Mount Holyoke Journal Letters and Journal Memoranda. [Mount Holyoke College Library/Archives].
32) Mount Holyoke Journal Letter (December 23, 1884), MS, Mount Holyoke Journal Letters

and Journal Memoranda. [Mount Holyoke College Library/Archives].
33) Charlotte Haywood, "Lydia White Shattuck," *Notable American Women*, Vol.3, (Cambridge, MA: Belknap Press of Harvard University, 1971), pp.273–274.
34) Shea, "Mount Holyoke College," p.54.
35) Margaret W. Rossiter, *Women Scientists in America: Struggles and Strategies to 1940*, (Johns Hopkins University Press, 1982), pp.19–21; Carole B. Shmurak and Bonnie S. Handler, "'Castle of Science': Mount Holyoke College and the Preparation of Women in Chemistry, 1837–1941," *History of Education Quarterly*, Vol.32, No.3, (Fall 1992), pp.315–342.
36) Mount Holyoke Journal Letter (December 23, 1884), MS, Mount Holyoke Journal Letters and Journal Memoranda, [Mount Holyoke College Library/Archives].
37) Thirty–Third Annual Catalogue of the Mount Holyoke Female Seminary, 1869–1870, p. 21. [Mount Holyoke College Library/Archives].
38) Thirty–Eight Annual Catalogue of the Mount Holyoke Female Seminary. 1874–1875, p.6. [Mount Holyoke College Library/Archives].
39) Mount Holyoke Journal Letter (May 12, 1881), MS, Mount Holyoke Journal Letters and Journal Memoranda. [Mount Holyoke College Library/Archives]. なお、ヤングの講義については、Mount Holyoke Journal Letter (June 5, 1876) も参照。このときは物理学を講義している。
40) Mount Holyoke Journal Letter (January 11, 1877), MS, Mount Holyoke Journal Letters and Journal Memoranda. [Mount Holyoke College Library/Archives].
41) Mount Holyoke Journal Letter (June 11, 1877), MS, Mount Holyoke Journal Letters and Journal Memoranda. [Mount Holyoke College Library/Archives].
42) Mount Holyoke Journal Letter (May 19, 1882), MS, Mount Holyoke Journal Letters and Journal Memoranda. [Mount Holyoke College Library/Archives].
43) Mount Holyoke Journal Letter (February 1, 1881), MS, Mount Holyoke Journal Letters and Journal Memoranda. [Mount Holyoke College Library/Archives]. この記録によれば、ハリスの四人の妹と近い親類がマウント・ホリヨークに入学したがゆえに、He seemed less stranger to us であるとしている。
44) "Monunt Holyoke Female Seminary Wants a College Degree," *Boston Daily Globe*, February 9, 1888.
45) "Monunt Holyoke Female Seminary Wants a College Degree," *Boston Daily Globe*, February 9, 1888.
46) Cole, *A Hundred Years of Mount Holyoke College*, pp.192–193.
47) Sue Zschoche, "'Preserving Eden': Higher Education, Woman's Sphere, and the First Generation of College Women, 1870–1910." Ph.D. Dissertation, University of Kansas,

(1984), p.9.
48) 事実、ACAにとって、加盟校とすべき女性カレッジの選定はその組織創立の時からの懸案であった。この問題の詳細は本書の第4章を参照されたい。
49) "College Made to Order," Undated Clippings from *Boston Daily Advertiser*, Box 1, Folder 4, RG 2: Origins and Governance Records, 1834– , Series 3. Mount Holyoke College Library/Archives.
50) "Mt. Holyoke Seminary," Undated Clippings from *Boston Daily Advertiser*. なお、このファイルにはもう1通別の新聞切り抜きが保管されている。これもタイラー理事長のそれと同様に、理事の一人(匿名)の編集者への手紙であり、内容はタイラーのそれとほぼ重なる。
51) Shea, "Mount Holyoke Seminary," p.161.
52) "Student Opinion of Rules and Reporting System," Spring, 1887. Box 2, Folder 3, Information on Rules, 1846 - 1969. Mount Holyoke College Library/Archives.
53) シィアの学位論文は、マウント・ホリヨークの教師の中でold order(本章で言うセミナリーのエートスを遵守しようとする古参の教員)とnew order(カレッジのエートスを優先させようとする改革派の教員)の相克が創立50周年を境にもはや修復できないほど激しくなってきたとして、カレッジ昇格をめぐってマウント・ホリヨークの中に存在した不協和音に言及している。Shea, "Mount Holyoke Seminary," Chapter V.
54) Mount Holyoke Journal Letter (June 10, 1885), Mount Holyoke Journal Letters and Journal Memoranda. [Mount Holyoke College Library/Archives].
55) President's Report, 1899– 1900. [Typewritten manuscript] Box 2, Folder 3, Information on Rules, 1846 ? 1969. Mount Holyoke College Library/Archives.
56) もっとも、このような中でも"家族のメタファー"は堅持されたようであり、20世紀最初の学校要覧(1900–01年)は以下のように述べている。
    Residence Halls– Six halls have been recently created for the accommodations of students and faculty: The students and the teachers in each dormitory constitute a private family. The domestic life is under the superintendence of a matron...
    Catalogue of Mount Holyoke College, 1900– 1901, p.61.
57) Shea, "Mount Holyoke College," pp.1– 2.
58) Patricia Albjerg Graham, "Expansion and Exclusion: A History of Women in American Higher Education," *Signs*, Vol.3, (Summer, 1978), p.761.
59) Graham, "Expansion and Exclusion," pp.762– 763.
60) この論点に関連して、シュミュラクとハンドラーは、メアリ・ライアンに始まるマウント・ホリヨークの"化学王朝"に連なる四代の女性科学者たちが、1910年代までにマウント・ホリヨークの化学を国際的なスタンダードまでに飛躍させたと同時に、異なったスタイルの科学研究を創りあげたこと、全国の大学でマウント・ホリヨーク出身の化学

者の巨大なネットワークを形成する女性による後援の連鎖は、これら数世代に亘る女性科学者たちが「拡大家族」を創りあげたことによるとする興味深い論文を発表している (Carole B. Shmurak and Bonnie S. Handler, " 'Castle of Science' : Mount Holyoke College and the Preparation of Women in Chemistry, 1837–1941," *History of Education Quarterly*, Vol.32, No.3, (Fall 1992), pp.315–342.)。これは上述のカリキュラム"改革"の成果によるものであったのか、それとも、"改革"にもかかわらず、ということであったのか。検討に値する問題であろう。

第4章 20世紀初頭のアメリカ合衆国における女性高等教育改革——その基本的矛盾と対応

1. はじめに——ケアリ・トマスの回想と20世紀の女性高等教育

　1907年11月6日の夕刻、ボストンは激しい風をともなった横なぐりの雨が降り続いていた。しかし、このあいにくの天候は、コプレイ・スクエアにあるボストン公立図書館のホールに集まっていた多くの聴衆の意気をいささかも消沈させるものではなかった。女性大学卒業生協会(Association of Collegiate Alumnae、現在のアメリカ女性大学人協会American Association of University Womenの前身組織)の25周年を祝う会が開催されていたのである[1]。

　最初に、エレン・リチャーズMIT教授(Ellen Henrietta Swallow Richards, 1842–1911、化学者・家政学の創始者の一人)による「女性に対する専門的・技術的教育の望まれる動向」と題された演説がおこなわれた。続いて、ウイスコンシン大学のヴァン・ハイズ学長が(Charles Richard Van Hise, 1857–1918、地質学者)「州立大学における男女共学」について語った後、ブリンマー・カレッジのM. ケアリ・トマス学長(Martha Carey Thomas, 1857–1935)が登壇した。「女性大学と大学教育における近年の趨勢」と題したこの講演は、女性の大学卒第一世代の一人として、困難な途を切り拓いてきた自身の回想——女性の大学教育を志した自分の世代の女性たちがどのような思いであったのか——を軸にしつつも、もはや、19世紀における女性高等教育の課題とははっきりと異なる、新世紀の女性高等教育改革の課題とは何かを明らかにしたものであった。

彼女は幼年時代の自分について語ることから講演を始めた。「男子は女子より賢いのか――皆はそう思っているが、果たしてそうなのか、私はいつも疑問に思っていた。実際、あまりにもこのことを気にかけていたので、敢えておとなに――父や母にでさえも――直接、尋ねてみるということは一度もしなかった。というのは、その答えを聞くことが怖かったから。私はしばしば、神に祈ったことを思い出す。もしもそうであるならば――自分は女の子であるがために、ギリシア語を首尾よくマスターしてカレッジに行き、さまざまなことを理解することなど不可能であるならば――すぐに命を絶ってほしいと祈ったのである。というのも、私はそんな不正義の世界に生きることは耐え難かった」[2]。

　女性と男性の知的平等――むしろ、女性の知的劣等――という問題への回答を求めて、若きトマスは、聖書にはじまるあらゆる古典を――ミルトンからシェークスピア、ミシュレに至るまでを――渉猟してゆくが、そのたびに、失望と落胆、怒りに出会うだけであった。

　「この30年間、私は手に入れられる限りの、女性について書かれたあらゆる言語のあらゆる本を読んできたが、スタンレイ・ホール学長の『青年期』の女性および女性教育に関する章（第7章と第17章）ほど、私の中の女性性を貶めている（degrade me in my womanhood）と思われる本に出会ったことはない。ミシュレの病的な感傷性と恐ろしいほど過度の性の重要視というにおいを、私は、科学を装ったすべてのページから嗅ぎ取ったのである」[3]。

　このように、女性は病的な世界に生きざるをえないという考え方は、トマスを初め同世代の女性たち――とりわけ、高等教育第一世代の女性たち――を怯えさせていたものであった。大学での学問を志した若きトマスは、近所に住んでいた唯一の大学卒女性に、半ば怖々と会いに行く。しかしその人は、トマスが拍子抜けするほど、健康な穏やかな魅力的な女性であった。一つの確信を得たトマスは、学士課程を終えるとさらにライプツィヒ留学を決意する。トマスの家系がそうであったように、若い娘をヨーロッパの大学に送ることは保守的な人々には破天荒な出来事であった――母親の知人からは、娘

を御者と駆け落ちさせるのと同じくらい不名誉だと言われた——にもかかわらず、である。

　こうしてトマスは、「今や私たちは、私たちが病的なのではなく、女性をそのような存在だと信じ込んでいた男性——女性はこの世界に生きる正常で健全な人類の半分を形作るのだということが分からず、性についての神経症の靄に視界を奪われ、彼自身が病的である男性——こそがそうであったのだということを知るにいたったのである」[4]。

　彼女は高らかに宣言する。「女性高等教育を求めるたたかいは、栄光のうちに永久に勝ち取られた」[5]。そして、「女性大学卒業生協会が結成され25年が経過し、二世代にわたるカレッジ卒女性が熟年に到達した。そして、より旧い世代は今や舞台から去りつつある。したがって、私たちは前にもまして、これまでに完全に達成されたものは何かを明らかにし、将来の女性カレッジと女性の大学教育の趨勢はどのようなものかを予想する用意ができたということができる」[6]。

　では、ここでトマスが言う、19世紀の女性高等教育史が完全に達成したものとは何か。

　1884年、トマスが学位を取得した上でドイツから帰国し、ブリンマー・カレッジの創設に着手したときには、希望に溢れた女性がカレッジへ行くという趨勢が開始されていたという点を除けば、見通しは落胆させるものであった。つまり、女性の高等教育について、誰一人として将来がどうなるかわからないし、蓄積されたものが少ないし、入学して来る学生は未熟で不十分な教育しか受けていない。さらに、女性カレッジで教えている教員は少数を除いて学問的業績がゼロに等しいし、他方で、男性大学人（男性カレッジ、女性カレッジ双方の学長を含む）は、一般的に、女性の高等教育について愚かな考えを固く信じていた。こういった認識不足について、「私が、最善の女性カレッジの学長に抗議をしたところ、彼がいうには、女性教授に男性教授と同じ学問的業績を要求するならば、ブリンマー・カレッジを運営することは絶対できないだろうとのことであった。……しかるべき生まれと地位を持った

レディには何か直感力があり、これがあるから大学での教育がなくともうまくやっていけるのであり、全般的には、大学に行った場合よりも、女性の学生にとってよい教授なるであろう、というのである」。これに対して、学問的将来が見込める若い未婚男性を教授として任命するという計画に対して、相談を受けた人は皆、そんなことをすれば思いがけない厄災が起こるであろうと予想したのである。つまり、そもそもそのような男性はまず来ないであろうし、来ても学生がついて行かない、指導できないし、仮にうまく授業が成立した場合も、学生たちが競いあって獲得しようとするのは、「教室内の評点ではなく教室外のプロポーズ」になるであろうというのである。

だが、このように、いわば八方ふさがりのように見えた状態から開始された女性高等教育という実験は今やどのような達成をなしたのか。

まず、女性カレッジのカリキュラムは強化された。さらに、女性カレッジ、共学カレッジのいずれの女性の学生も、伝統的な学問的諸科目を好み、いわゆるたしなみ的なものを軽んじている。また、大学教育を受けていない昔流の女性教師は、女性カレッジから事実上消え失せた。未婚男性も喜んで女性カレッジの教授職を引き受けるようになった。今年、ブリンマー・カレッジでは、それぞれ21年と18年の教歴を持つ教授をジョンズ・ホプキンスに引き抜かれてしまった。ブリンマー・カレッジと同様に乏しい基金でつくられた男性あるいは女性カレッジの中で、このように学問的に著名な学者を長きにわたって引き留めたカレッジがあろうか。また、ブリンマー・カレッジは、このように名声をもつ男性教授が女性学長あるいは同じく学問的名声を持つ女性学部長の下で働くことを少しも躊躇しないことを証明したのである。

次に、大学教育は女性の健康を損ねるという、クラーク博士の『教育における性』以来、繰り返し持ち出された問題については、「今や私たちはその実験を――一世代以上にわたる実験を――終了し、カレッジ女性は健康を損ねないどころか他の女性たちよりもずっと肉体的に健全であることを知るにいたった」[7]。

さらに、女性の知的能力への疑義も解消されつつある。「あらゆる種類の

試験やクラスでの復唱が示すところによれば、女性は男性と同等あるいはやや優ってさえいる」[8]。選び抜かれた「史上最初にカレッジに入学した女性の学生」を「平均的な男性学生」と比較した場合だけ、このような女性の知的卓越性が言えるのではないか、という反論に対しては、「今やシカゴを初め多くのカレッジで、男性・女性の学生数は実質的に同数となっており、今日カレッジに行く女性たちの多くが、生活の糧を得るためにクラスでよい成績を取るという男性学生ならばもっている動機をもっていないにもかかわらず、女性の優越は続いている。カレッジの課業での女性のこのような成功は、今や、男性の教育に微妙な状況――共学カレッジの中で顕わになり始めている――を生み出しているのである」[9]。

　それでは、このような達成を継承する、20世紀の女性カレッジと女性の大学教育の趨勢とは何か。

　トマスは指摘する。「私たちは今、大きな――そして私は、全体としてはよい結果をもたらすと信じるのであるが――社会変革の渦中に生きている。その変革とは、来るべく女性の経済的自立への途を用意しつつあるのである」。彼女が理解するところによれば、「私の世代の女性たちがカレッジの教育を求めたあの熱烈な欲求は、このより大きな動きの一部であったかのようである」。では、女性の経済的自立の歩みはどのように進むのであろうか。まず、リベラル・アーツの教育を受けた女性が教職へ進出することにより、大学卒女性たちが優れた教師であることが実証され、大学教育を受けていない女性たちを駆逐するに至った。そして、女性の経済的自立のための他の手段が容易に利用できぬ限り、教職へ進む女性は増加し続けるであろう。これらの教職志望の女性たちは、ハイスクールで女性教師が担当していた学科目――ラテン語、歴史、語学諸科目――を選択し、通常は男性が教えている化学、物理、そのほかの科学諸科目を避けるであろう。すべての女性が自立するまで、男性に比べ女性は――特に西部では――教養(culture)を求めて大学に行き、これらの女性は、男性にとっては一見すると実用性に乏しく、もともとが履修困難で大きな訓練を必要とする諸学科を選択する傾向がある。こ

うして、現在、共学大学では、特定のコースは女性が多数派を占めるようになっており、男性はそれらをまったく放擲するということがおこっている。

このように、共学大学での女性と男性の選択科目が違うことで、大学学長や教授のある人たちは、これはもともと女性と男性の精神(mind)が異なっているのだとすぐに結論を出してしまう。しかし、東部の最善の男性大学・女性大学——ハーバード、イェール、プリンストン、ヴァッサー、ウエルズレイ、ブリンマーなど——での科目選択の実際を比べれば、両者の違いはほとんどないのである。

トマスは、ブリンマーの学生を対象にした簡単な調査データが引用しながら主張する。これらのデータは、女性はまさに女性であるという埋由で、経済学や化学、数学などの「男性的と思われる諸科目(such supposedly masculine subjects)」を避けて英文学や外国語などに殺到する、というしばしば言われるような言明への反駁となっている[10]。

「東部のリベラル・アーツ・カレッジの主目的は教養と知的訓練」であるのに対して、西部の諸大学では同じ学科目がまったく異なった教えられ方をしている。たとえば、経済学は、「銀行業務や鉄道料金などをもっぱら扱う応用経済学」であり、当然、現時点ではその成果を女性が実践的に使うわけには行かないので、女性は履修しないわけである。しかし、東部の女性大学では、理論経済は女性が好む学習である。同様に、ブリンマーでは第二番目に人気がある化学は、西部の諸大学では、薬局か染色業の準備の課程となっており、当然、こうした訓練を実地に使うことができない女性は履修しない。

科目選択の相違の説明としては、女性は男性と同じクラスで学ぶのがいやだからある種の科目をとらないのだとする説明よりも、以上の説明の方が理にかなっている。東部の大学にせよ西部の大学にせよ、女性も男性も、自分たちの必要にもっとも合ったものを選択するのである。もしも西部の大学が、特定の重要な科目の教授で今のような「実践指向(practical tendency)」を続けていけば、西部の女性も男性も東部の大学に学びに来るということになるであろう[11]。

こうして、女性の知的優越性を確信しつつ、トマスは、一方で、女性に対して教職以外のプロフェッションが開放されることを望みつつ、他方で、大学教育は「実践指向」ではなく「教養と知的訓練」を目指すべきであるとするのである。
 ところで、現在、アメリカ合衆国の各地で、女性の高等教育への反動とでも呼ぶべき現象がおこっている。たとえば、ウエスタン・リザーブ大学では、もともと共学であったのに、女性カレッジ(Annex)をつくろうという動きがある。また、スタンフォード、ウエズレヤンでは女性入学者数の制限がすでにおこなわれている。シカゴ大学では、第1・第2学年をジュニア・カレッジとして別学化しようとする提案——明らかに女性の入学者数の増大に原因がある——がおこなわれた。女性の知的優秀性を証明する諸事実はどれ一つとして、男性を喜ばせるものではない——特に東部では、男性は女性を見下すように教え込まれてきた——わけであり、それがために、別学を望むようになってくるのである。東部カレッジで教えている男性教員もまた、学生へ同情的で、時にはこのような感情を助長さえする。その結果、「女性の学生もまた、男性学生や教授たちの態度を憤り、そこでは女性が権利を持ち自分たちが教授たちの第一の関心事——二義的な関心事ではなく——であると感じられる女性カレッジを好むように見える」[12]。
 しかし、このような新たな状況への対応にあまり深くかかわる必要はないのである。「女性のカレッジ教育は成功しすぎた——これが問題の全体である。そして、圧倒的成功はこれからも続くことは確かである」[13]。女性の教育そのものを完全に放擲するようなカレッジはない。部分的別学やアネックス化、女性カレッジはふえてゆくであろう。しかし、どんな方法であれ、何千という女性たちが教育を受けられることが重要なのである。
 まことに、25周年記念にふさわしい明るく楽観的な講演内容である。多少の反動に対しては「あまり深くかかわる必要はない」というのは余裕すら感じ取ることができよう。けれども、女性の高等教育の進展を蝕む要因は、実は、外部からだけではなく内部からももたらされうるはずである。そして、この

問題こそ、この祝典的な会合の五年後に、トマスを初めとする、1890年以前に高等教育へ進学した女性の大学卒第一世代たちが改めて、痛感させられたものなのであった。

2．協会組織の停滞と改革への始動

(1)ケアリ・トマスの危機感

　それから5年後の、1912年11月、女性大学卒業生協会は会の規約の改正をふくめた大がかりな組織改革に取り組んでいた[14]。改正案を承認するよう協会の最高決議機関を説得したトマスの論調は、創立25周年記念大会で彼女が語った論調に比べれば、はるかに危機感と悲壮感に満ちたものであった。

　彼女は言う。ほぼ30年の間、われわれは、「会員数を増やし、価値ある仕事をし、支部を発展させる」という約束を、年次大会ごとにおこなってきた。しかし実際には、われわれは「いつもの旧いやり方で」活動してきたに過ぎない。「ひとつの協会としてわれわれは、地域社会における大学卒女性の劇的な増加に十分対応して発展してきたわけではなかった」。そうしている間に、たとえば各地の女性クラブが、教育的、社会的な改革運動をリードしてきた。協会は魅力のないものになり、その存在すら知らぬ大学卒女性も多数いる。事態を直視すべきである。われわれはかつてあったような影響力と有用性をもはやもっていない。現在必要とされるのは、十分な会員数であり、メンバーの意思が反映する運営システムであり、われわれの活動を推進するための資金であり、さらに大きな展望を持って協会を導いてゆくリーダーシップである[15]。

　トマスの危機感は根拠のないものではなかった。彼女も指摘するように、20世紀最初の十年だけを見ても、アメリカ合衆国全体での女性の学生数は急速に増えていったにもかかわらず、協会の会員数は逆に、年々、減少していったのである[16]。創立から四半世紀にわたり、アメリカ合衆国の各地で孤独な

たたかいを強いられていた大学卒女性の第一世代たちにコミュニティの意識を提供するという重要な役割を果たしてきた協会も、もはやそのままでは求心力を失いつつあったのである[17]。19世紀の最後の10年から20世紀の初頭に大学教育を経験した女性たち——すなわち、女性の大学卒第二世代たち——を糾合し、新たに進むべき途を示しうる強力な組織を作り上げなければならない。なぜならば、「第二世代」にとって、乗り越えねばならなかった障害は「第一世代」にくらべれば確かに減少したものの、女性の高等教育それ自体は、つねに危機に晒されていたからである*。

* たとえば、1905年から1910年にかけてアメリカ合衆国で広く流布した言説である、いわゆる"race suicide"は、その発端となったローズヴェルト大統領の議会演説(1905年3月)での非難では、バース・コントロールとその支持者たちに向けられていたが、これはひいては、出産率が低いとされた大学卒女性たち、および「未婚であることを賞賛している」とされたフェミニストたちにも向けられるようになったのである。これについては、Linda Gordon, *Woman's Body, Woman's Right: Birth Control in America*, (Penguin Books, 1990), pp. 133-155. 大学卒女性との関係での同時代の反論としては、たとえば、Charles Franklin Emerick, "College Women and Race Suicide," *Political Science Quarterly*, 24 (1909), pp. 269-283を参照

史料4-1 女性高等教育の発展 (1890-1930)

年	女性の登録者数	18-21歳女性人口に占める女性学生比率	全学生数に占める女性学生比率
1890	56,000	2.2%	35.9%
1900	85,000	2.8%	36.8%
1910	140,000	3.8%	39.6%
1920	283,000	7.6&	47.3%
1930	481,000	10.5%	43.7%

出典:Mabel Newcomer, *A Century of Higher Education for American Women*, (New York: Harper & Row, 1959), p. 46.

(2)会員数の停滞と加盟校の選定の問題

しかし、「十分な会員数」を獲得するという目標を掲げてみても、大学卒業女性にとって協会の会員になるためには、卒業した当該の大学が協会の加盟校でなければならなかった。協会はその1882年の創立以来、適格と判定した大学を加盟校としてきたのであるが、その数は30年後の1911年の時点でもわずか24校にすぎなかった。トマスが訴えた組織改革案に基づいて、協会は加盟大学の増加政策を採る。その結果、1912年から1915年のわずか4年で、加盟大学はほぼ倍の47校にまでに増加することになる。

史料4-2　1911年時点での女性大学卒業生協会加盟校（1911）

加盟校	加盟年
*ボストン大学	1882
*コーネル	1882
*ミシガン	1882
*オバーリン	1882
*スミス	1882
*ヴァッサー	1882
*ウエルズレイ	1882
*ウイスコンシン	1882
*カンザス	1882
ＭＩＴ	1882
シラキュース	1882
ノースウエスタン	1883
カリフォルニア	1886
ＵＣＬＡ	1886
ブリンマー	1890
シカゴ	1897
ミネソタ	1897
ラドクリフ	1897
スタンフォード	1897
コロンビア	1899
ネブラスカ	1899
ウエスタン・リザーブ	1899
イリノイ	1902
ミズーリ	1906

下線を付した大学は女性大学、*印は創立メンバー

史料4-3　1912-1915年間の新規加盟校

加盟校	加盟年
グリンネル	1912
インディアナ	1912
ローレンス	1912
マウント・ホリヨーク	1912
スワスモア	1912
ドレイク大学	1913
ノックス	1913
オハイオ州立大学	1913
シンシナティ	1913
アイオワ	1913
ベロイト	1914
ブラウン(ペンブローク)	1914
コロラド	1914
グーシェ	1914
レイク・フォレスト	1914
コロラド州立大学	1914
ワシントン州立大学	1914
ワシントン大学	1914
カールトン	1915
オハイオ・ウエゼリアン	1915
ポモナ	1915
パーデュー	1915
トリニティ(首都ワシントン在)	1915

　本章は、女性大学卒業生協会がこのような加盟大学の増加政策をとるにいたって、どのような問題に直面したのかを明らかにすることを目的とする。協会のこのような方針は、大学史家ホーキンスが的確に描き出したように、「誰もかれも同盟へと動いているように見えた」という、19世紀末から20世紀初頭にかけてのアメリカ合衆国高等教育界の一大動向と一致しており[18]、女性高等教育史の研究にとっても、個別大学史のレベルでも女性高等教育史一般のレベルでもよく見えない部分が、女性大学卒業生協会という全国組織を対象とすることで見えてくるわけである。しかしながら同時に、女性大学卒業生協会が直面した問題は、この時代の女性高等教育改革が直面せざるをえなかった基本的矛盾として見ることが可能であると筆者は考える。

以上のような問題意識にたち、本章は以下の順序で考察をおこなう。
　まず、協会による加盟大学審査に影響をあたえることになる、アメリカ大学協会（Association of American Universities）とカーネギー教育振興財団の設立の経過とその加盟大学の基本的特徴を確認する。
　つぎに、女性大学卒業生協会が、どのような基準でその加盟大学を決定していったのか、その手続きと採択された基準の変遷をみてゆく。
　最後に、このような加盟大学審査がはらんでいた基本的な矛盾とは何であったかを明らかにしたい。

3．同盟への動きと適格判定への試み

(1)アメリカ大学協会の設立

　女性大学卒業生協会が積極的な加盟大学拡大政策を採用した1910年代は、大学の分類（classification）、基準統一（standardization）、適格判定あるいは基準認定（accreditation）とよばれる動きが、アメリカ合衆国の全高等教育機関を対象に、いくつかの有力な団体によって着々とおこなわれつつあった。これはすでに述べたように、アメリカ合衆国高等教育界の「同盟への動き」が必然的に産み出したものであった。協会の加盟大学拡大政策もまた、このような動向の一側面ととらえることができる。実際、協会への加盟はある大学にとって、一つのステータス、あるいはさらなるステータスへの試金石となっていたのである。
　高等教育の基準統一をめぐる動向の最初のものは、1900年のアメリカ大学協会の結成を挙げることができよう[19]。アメリカ大学協会は、「Ph. D. のチャンピオン」と呼ばれるように、コロンビア、ハーバード、ジョンズ・ホプキンズなど、Ph. D. 学位をもっとも多く授与していた諸大学の連合体であり、アメリカ合衆国のPh. D. 学位の国際通用性の保証をめざしていた[20]。しかしその企てはそもそも、「大学とはどのような教育機関なのか」を定義することな

しにはありえないのであり、それは、アメリカ大学協会が、国内における大学の分類や標準化の作業——アメリカ大学協会による「認定大学リスト」の作成——に着手することをも意味した*。

* 協会設立の次の年の大会で議論された論題は、当時の大学人たちの主要関心をよく物語っている。「大学院生の転学」(レムゼン、ジョンズ・ホプキンズ大学教授)、「博士号取得のための試験のタイプ」(マギー、プリンストン大学教授)、「フェローシップ」(ジャドソン、シカゴ大学教授)、「Ph. D. 候補生は、自分の専攻と直接関係しない学科について、どの程度まで知識をもつことを示すべきなのか」(ニューボールド、ペンシルバニア大学教授)がそれらであるが、いずれも、ヨーロッパ(とりわけ、ドイツ)とアメリカ合衆国の比較大学院論とでもいうべき内容である(The Association of American Universities, *Journal of Proceedings and Addresses of the First and Second Annual Conferences,* (1901))。アメリカ合衆国の学位あるいは大学院での学習が、一般的に言って、ヨーロッパの諸大学では一段格の低いものとして扱われている、というのがアメリカ大学協会を結成した大学人たちの危機意識であった。だが、アメリカ合衆国の大学からドイツを中心にヨーロッパの大学に留学するという趨勢は、歴史的には、20世紀も進むにつれ、下火になってゆく。これを受けて、アメリカ大学協会の優先関心も国内の大学教育の問題にシフトしてゆくようになる。

(2) 法人会員委員会による新たな審査基準

1909年、加盟の是非について審査検討し女性大学卒業生協会の最高決議機関へ報告する役割を負った法人会員委員会(Corporate Membership Committee)の委員長であったマリアン・タルボット(1858-1948、当時はシカゴ大学教授)は、シンシナティにおける年次大会(10月28日)の席上、以下のような指摘をして、加盟大学審査のための新たな基準を提案した。

まずタルボットは、加盟希望大学が学問的あるいは財政的にどのような基準を満たしているかを審査するために協会がこれまでに採用してきた基準

は、対象大学が増えたこともあり、そのデータの完全な収集が、もはや不可能になっているとする。「基準策定という問題については、あらゆる教育団体が未だ無知あるいは不確かな情況にある」が、その中でも現在、いくつかの有力な団体が高等教育における基準の統一(unifying standards)という仕事をおこなっている。「学問的あるいは財政的事項にかんして、(当該の——引用者注)カレッジがどの程度の基準にあるか決定する問題については他機関に委ね、(われわれの協会としては——引用者注)女性の入学を認めている大学における女性の地位や身分をいかに維持させるのかに努力を傾注する時が来ていると当委員会には思えるのである」[21]。

　すなわち、加盟大学の決定にあたっては、審査基準を二分化し、「学問的あるいは財政的事項」については他団体が設けた基準を採用するが、とりわけ「女性の地位や身分」については「女性大学卒業生協会独自のテスト」を設ける、というものである。そして、この「他団体が設けた基準」については、「カーネギー教育振興財団の大学基準」、すなわち、カーネギーが認定した大学リストを採用する。この、「カーネギーの大学基準」として以下を挙げている。

・カレッジとしてランクされるべき機関は、少なくとも、6人のフルタイムの教授を持ち、リベラル・アーツ・サイエンスの全4年の教育課程をもち、通常の4年のハイスクール、アカデミーの準備教育あるいはこれに匹敵するものを入学要件としていること(標準で14ユニット)。
・テクニカルスクールも上述のカレッジと同じ入学卒業要件を持ち、同等のグレードの純粋あるいは応用科学の教育課程を提供していれば可。
・資本提供者が利益配分にあずかるような機関は不可。
・税金でサポートされていない機関の場合は、200,000ドルを越える基本財産をもっていること。負債があってはならない。

(3)カーネギーの認定大学リスト

　カーネギー教育振興財団は、もともとは、退職した大学教員（当該教員が死去した場合はその配偶者）へ年金を支給する団体として1905年に設立された。この場合、年金受給資格がある大学を選定する——言い換えれば、20世紀の初頭のアメリカ合衆国にあまたに存在した"大学"から、真に大学の名に値する教育をおこなっている大学を選定する——必要があったわけである。カーネギー教育振興財団による「認定大学のリスト」はこのようにして生まれたものであった*。

> ＊カーネギー個人のもともとの意図は、小規模で地域的で資金援助を必要としているカレッジを支援することであった。しかしながら、財団総裁に選出されたプリチット（1857－1939、前MIT学長）および理事会の決定は、むしろ、このような弱小大学を排除するような指針でリストづくりをおこなってゆく。ランゲマンのことばを借りれば、「効率性というゴスペル」をもって「より近代的で、全米的で、科学的で、官僚的ラインに沿ったアメリカ教育の組織」を創り上げることに主要な関心があったプリチット（とその理事会）にとって、弱小大学（あるいはまた、同一地域にある二つ以上の同等の大学）への富の分散は無駄以外のなにものでもなかったのである（Ellen Condliffe Langemann, *Private Power for the Public Good: A History of the Carnegie Foundation for the Advancement of Teaching*, （Wesleyan University Press, 1983）, pp. 21–22.）。この年金プランは、その発足の当初は、宗派大学および州立大学を対象外としていたが、後者については1908年に受給資格が認められた。適格判定あるいは基準認定団体としてのカーネギー教育振興財団という捉え方についての同時代の証言としては、たとえば、"Carnegie Fund Raises Educational Standards," *New York Times*, January 22, 1906, p. 16を参照。さらにこの財団は、その年報や紀要によって、アメリカ合衆国の教育全般にたいする広い意味での「適格判定あるいは基準認定」（財団の側から言えば、「アメリカ合衆国の教育についての調査出版活動」）をおこなってゆく。これについては、その執筆者の一人であり、その紀要

をつうじておそらく空前絶後の影響力を発揮したフレクスナー自身の証言を参照。Abraham Flexner, *Henry S. Pritchett*, (Columbia University Press, 1943), pp. 105–136. なお、このような財団の活動には、当然、様々な批判(非難)が——リストからはずされた宗派大学から、はては全米教育協会(NEA)にいたるまでから——向けられるわけであるが、これに対するプリチットの反論(彼の言うところの、「(財団の)この方面の仕事が拠って立つ理論」)は、Henry S. Prichett, "Should the Carnegie Foundation Be Suppressed?" *North American Review*, 201, No. 713, (April 1915), pp. 554–566を参照。

　タルボットが挙げている「カーネギーの大学基準」は、確かに、ことば遣いや表現に若干の違いはあるものの、カーネギー教育振興財団が教員年金受給資格大学の要件として公表した基準と一致する[22]。しかしこれは実は、「最低要件」なのであって、実際には、はるかに厳格な基準が適用されていた。そのため、州立大学の受給資格が認められる以前の1908年度の「カーネギーのリスト」に掲載された大学はわずか42校であった[23]。そして財団は、加盟申請の審査にあたって、ケースバイケースで、どの大学をリストに載せるかを決定していた[24]。

(4) 女性大学卒業生協会独自の認定基準

　これに対して、「女性大学卒業生協会独自のテスト」として登場したのが以下の5項目であった。

> (1) 女性の存在が、ファカルティの間でも学生の間でも、相応に認められ、女性の学生の知的・社会的生活への適切な施設があること。
> (2) とくに女性カレッジの場合には、女性が理事会メンバーの中にいるかどうかを重視する。
> (3) 共学制大学の場合は、講師以上の職階で授業をおこない教授陣の正規のメンバーとしてカウントされている女性学生部長あるいは女性学

生アドヴァイザー（a dean or adviser of women）がおかれているかどうか
　　を重視する。
(4) 女性教員が同じ職階の男性教員とほぼ同じサラリーを受給している
　　こと。
(5) 共学大学については、学生寮など女性学生の社会生活にとって必要
　　な特別な施設をもたない大学は審査の対象としない。

　当時の法人会員委員会は5人の委員から成っていたが、この新基準を起草したのは恐らくタルボット自身であったと思われる[25]。これらの要件からは、
　①大学教育における両性の平等を人員、施設、賃金などで具体的に裏付け
　　ること、
　②女性の学生は特別の教育的要求をもっているがために、特別な配慮を必
　　要とするという認識、
を見て取ることができる。
　本章の冒頭でも指摘したように、この時代は女性の学生数の比率が大幅に拡大した時代であったにもかかわらず——むしろ、そのゆえに——それはすでに大学内に潜在的・顕在的に存在していた女性の学生への性差別を助長し、とくに共学大学のキャンパスではかえって強い反動の波を呼び起こしたのである。クォータ制度の採用による女性の入学者数制限や履修科目の限定にはじまり、課外活動からの締め出しなど、女性の大学教育への桎梏はかえって厳しくなった[26]。さらには、学生寮などの女性学生のための施設は、量的増大に見合うものではなく、大学当局によってはむしろこれを放置していたのである。このような情況への対処としては、①の両性の平等を具体的に裏付ける指針を要件として掲げることは意味のあることであった。
　女性の学生に対して何らかの特別な教育的配慮を行うための管理職が創設されたのは、19世紀中葉に創立された共学大学（あるいは、共学化された男性の大学）においてであった。そのような大学では、たとえばMatronとかLady Principalという肩書を持つ女性がいたことが記録されている[27]。だが、これ

らの人々は、必ずしも女性大学人——その女性自身が大学教育を経験していると同時に、当該の大学のファカルティの一員として教育にあたっていたという意味において——ではなかった。

多くの研究書は、女性大学人として初めて女性の学生のための学生部長職を経験したのは、1892年にハーパー学長によって新設のシカゴ大学に公衆衛生学(sanitary science)の助教授として、同時に、アリス・フリーマン・パーマー(1855-1902、教育者、ウエルズレイ・カレッジ第二代学長、シカゴ大学には英語教授兼女性学生部長として就任)のアシスタントとして招聘され、後に全米でもっとも著名な女性大学人の一人となったタルボットの名前を挙げている[28]。

マリアン・タルボットがまさにそうであったのであるが、19世紀末から20世紀初頭にかけてみずから女性大学人として大学にポストをえた「第一世代」の女性たちが見たものは、自分たちの学生時代には想像することができなかったような女性の学生たちの出現であった。それは、量的には飛躍的な拡大であったし、質的にも、自分たちとは明らかに異なった女性の学生たちであった。いかにして彼女らを性差別から守り、彼女らの学習上の障害を取り除き、その知的なアスピレーションを刺激すべきなのか。これこそが、今や女性大学人、特に、女性学生部長となった彼女らが取り組まねばならなかった課題であったのである*。法人会員委員会が、とくに共学制大学の場合に、女性学生部長の存在を必須要件としたのはこのような意味においてであった。

* 筆者は、20世紀の初頭に女性学生部長に就任しその発展のために尽力することになる開拓者の女性たちは、通説が教えるように性的役割分業観に基づいて女性の学生を監督管理したのではなく、高等教育とジェンダーに関する自覚的な思考の結果、少なくとも可能性としては、従来の(男性中心の)高等教育観を変える可能性のある思想と実践を生み出した人々であると捉えている。この論点については、本論では詳細に論証できないが、以下の拙論を参照。Sakamoto, "To Help Daughters Quietly and Unobtrusively: The Campaign for Higher Education for Women in Late 19th-Century

Massachusetts," Paper presented at the Annual Meetings of the American Educational Research Association, Division F, Chicago, Illinois, March 28, 1997. および坂本、「アメリカ大学史における女子部学生部長(Dean of Women)職の成立の意義」、『大学史研究』、第8号、(1992年)、64-75頁。

　むろん、「女性学生部長職というのは、(男性の就任が当然とされた)学生部長職から女性大学人を排除するために設けられたものであり、大学行政システム上は二級の管理職で、大学当局の側として女性学生部長に期待したのは、まさに旧態依然のMatronやLady Principalであった」という論点も完全には排除することができない。歴史的には、女性が(男女両性の学生を対象とした)学生部長職に就くことができるようになるにつれ、また、「女性に対する特別な教育的配慮をおこなうことは、女性を一人前とは見ない、男性の誤ったあるいは傲慢な『保護』意識の表れであり、このような『配慮』が行われている限り、男女平等はありえないことになる」という教育の平等についての形式主義ないしはリベラリズムが一般的に受け入れられるようになるにつれ、ついには女性学生部長職そのものが1960年代には消滅してしまう。ただし、さらに以降の歴史を見るならば、1960年代後半、「女性解放の第二の波」によって、大学キャンパス内に女性センター(women's center)の設立がおこなわれるようになるが、これは、女性の学生にとっての「特別な教育的配慮」の必要が再認識されたものである。むろんこの場合の「特別な教育的配慮」とは、フェミニスト的な女性観・人間観に基づいたものであった。この点については、Kathryn H. Brooks, "The Women's Center: The New Dean of Women?" *Initiatives*, 51:2/3, (Summer 1988), pp. 17-21を参照。

4．女性大学卒業生協会の認定作業とその蹉跌

(1)認定作業の開始とカーネギー・リストへの疑義

　女性大学卒業生協会の法人会員委員会は1912年の規約改正に伴い、大学・カレッジ承認委員会と名称を変更したが、カーネギーの大学リストをもとに、

最初に審査対象大学を抽出した。

カーネギーのリストに掲載されている大学	71校
このうち、	
すでに協会加盟校となっている大学	14校
男性大学	27校
カナダに所在する大学	3校

　すなわち、差し引きすると27校が協会加盟のための(カーネギーが定めた)基準をクリアしていることになり、これらの大学は審査対象になりうる、ということである。委員会ではこれらの中から、さらに前述の「協会独自のテスト」を適用し、コウ、ドレイク、グリネル、インディアナ、ローレンス、マウント・ホリヨーク、スワスモアの7大学を推薦した[29]。ただし、この審査の経過で、カーネギーのリストが限定的で協会の当初の目的にはそぐわない——たとえば、多くの女性大学はもともと、宗派大学であるが、これはカーネギーのリストが最初から排除しているものである——のではないか、という意見が委員たちの間で囁かれていた。まさにその審査が終わりつつあった時点で、委員会には、委員長のタルボットを通じて、未だ公表されていない連邦教育局のリストの存在が知らされたのである[30]。

　連邦教育局では、その1886-87年度の『教育長報告』で初めて、全米の女性カレッジを「A区分」「B区分」に分けて掲載するという方針を採用した。"真の"女性大学(「A区分」)とセミナリーやアカデミー・クラスの女性"大学"(「B区分」)とを峻別しようという試みである。ちなみに、初年度の「A区分」該当校はわずか7校(ヴァッサー、ウエルズレイ、スミス、ラドクリフ、ブリンマー、ウエルズ、インガム)であり、その他152校が「B区分」であった[31]。「A区分」の女性大学は徐々に増加してゆくものの、最終の1910年度でも16校で、大多数の女性大学は依然として「B区分」(1910年度で92校)に入っている(**史料4-4、4-5を参照**)。

史料4-4 『教育長報告』（1910年版）にあらわれた「区分A」女性カレッジ

TABLE 60.—*Colleges for women, Division A—Instructors and students.*[a]

	Location.	Name.	Religious or nonsectarian control.	Year of first opening.	Date of charter.	Professors and instructors.						Students.											
						Preparatory department.		Collegiate department.		Total number.		Preparatory.	Collegiate.	Graduate.	Total number.	Classical.	General science.	Education.	Household economy.	Music.	Fine art.	Graduates receiving A. B., B. S., Ph. B., and B. L. degrees.		
						Men.	Women.	Men.	Women.	Men.	Women.											Bachelor of arts.	Bachelor of science.	Bachelor of philosophy.	Bachelor of literature.
1	2		3	4	5	6	7	8	9	10	11	12	13	14	15	16	17	18	19	20	21	22	23	24	25
	CALIFORNIA.																								
1	Mills College	Mills College	Nonsect.	1871	1885	6	16	7	26	7	27	44	90	1	135	64	5			22	5				6
	DIST. OF COLUMBIA.																								
2	Washington	Trinity College	R. C.	1900	1897			1	29	6	29	0	133	1	134	107	43	45		19	26	21	1		3
	ILLINOIS.																								
3	Rockford	Rockford College	Nonsect.	1849	1847	1	5	1	17	2	22	28	132	1	151	149			12	26	6	7	3		
	LOUISIANA.																								
4	New Orleans	H. Sophie Newcomb Memorial College	Nonsect.	1887		0	11	14	25	14	36	124	304	1	440	150		21	25	26	48	36			
	MARYLAND.																								
5	Baltimore	Goucher College	M. E.	1888	1885	0	0	14	14	13	14	0	368		388	398	43		206	0	0	73			
	MASSACHUSETTS.																								
6	Boston	Simmons College	Nonsect.	1902	1899	0	0	24	21	24	30	0	666	66	668					59	57	86			
7	Cambridge	Radcliffe College	Nonsect.	1879	1871	0	0	116	116	116	92	0	419	66	485	1,627		59		387	368	377			
8	Northampton	Smith College	Nonsect.	1875	1875	0	0	30	92	30	92	0	1,627	8	1,635	747				98	229	167			
9	South Hadley	Mount Holyoke College	Nonsect.	1837	1888	0	0	11	79	11	79	0	747	13	760										
10	Wellesley	Wellesley College	Nonsect.	1875	1870	0	0	12	98	12	98	0	1,288	31	1,319	1,288				156	119	265	65		

資料4-5 『教育長報告』(1910年版)にあらわれた「B区分」女性カレッジ (一部)

TABLE 62.—Colleges for women, Division B—Instructors and students.

1	2	3	4	5	Professors and instructors.						Students.											
					Preparatory department.		Collegiate department.		Total number.					Collegiate students in several departments, schools, or courses.						Graduates receiving A. B., B. S., Ph. B., or B. L. degrees.			
Location.	Name.	Religious or nonsectarian control.	Year of first opening.	Date of charter.	Men.	Women.	Men.	Women.	Men.	Women.	Preparatory.	Collegiate.	Total number.	Classical.	General science.	Education (preparation for teaching).	Household economy (including domestic art).	Music.	Fine art.	Bachelor of arts.	Bachelor of science.	Bachelor of philosophy.	Bachelor of literature.
1	2	3	4	5	6	7	8	9	10	11	12	13	14	15	16	17	18	19	20	21	22	23	24
ALABAMA.																							
1 Athens	Athens Female College*	M. E. So	1843	1843	0	4	0	7	0	20	100	135	235	110		12	5	58	11	7	2		
2 Eufaula	Alabama Brenau College*	Nonsect	1854	1854			3	9	3	9		110	110					60	50	15			
3 Marion	Judson College	Bapt	1839	1841			4	9	4	12		274	274	200	74	25		165	6	11	5		20
4 ...do	Marion Female Seminary	Presb	1836	1836	2		1	2	4	4	10	55	65					2	7	2	1		
5 Tuskegee	Alabama Conference Female College.*	M. E. So	1856	1854	0	2	2	8	2	8		110	110		35		5			3			
ARKANSAS.																							
6 Conway	Central Baptist College*	Bapt	1892	1891	2	2	2	6	2	8	60	65	125	65	35			80	15	3	2		2
COLORADO.																							
7 Denver	Colorado Woman's College	Bapt	1909	1886	1	7	1	7	1	7	41	20	61					5	8				
FLORIDA.																							
8 Tallahassee	Florida State College for Women	State	1905		6	9	9	5	11	14	155	118	273					85	5	10	2		
GEORGIA.																							
9 Athens	Lucy Cobb Institute*	Nonsect	1858		0	5	1	18	1	23	110	70	180										
10 Cuthbert	Andrew Female College	M. E. So	1854	1854	1	2	1	5	1	7	22	81	103	81				48	11	2			5

この二区分制がうち切られた1910年度の『教育長報告』には、次のような説明が加えられている。女性大学の分類法を改定しようという計画は以前からあった。今回、教育局に（史上初めての――引用者注）高等教育専門官が赴任することになったが、仕事の開始が遅れ、本『教育長報告』の出版前に、改定のための基礎作業を十分おこなえなかった。「こういった再分類に関する問題は、前アリゾナ大学学長であり今回新たに任命された専門官ドクター・ケンドリック・チャールズ・バブコックが関心を持った最初のものであり、次回の年次報告が準備される前に、本書に掲載した表が改訂され満足いくかたちで提出されることを確信する」[32]とされる。

しかしながら、このような「再分類」は、実は女性大学のみを対象にしたものではなかった。すなわち、この時期に連邦教育局では合衆国のすべての大学を対象にした分類をおこなおうという計画が進んでいたのである[33]。

(2) バブコック・リストの漏洩と反動

1911年11月、バブコックは作成した予備的な大学分類表のゲラ刷りを何人かの大学人に送付し、コメントと批判を求めた。それはアメリカ合衆国の950余大学のうち344大学を対象に、クラスⅠ、Ⅱ*、Ⅱ、Ⅲ、Ⅳの五つに分類したものであった。クラスⅠの分類基準は「当該大学で学士号を取得した学生が、大学院に進学した場合、通常は一年で修士号取得が可能な大学」、クラスⅡは「卒業生が修士号取得まで、通常、一年以上かかる大学」――クラスⅡ*は、クラスⅡの中でもきわめてクラスⅠに近い大学――で明らかなように、大学院へ進学した卒業生のアチーヴメントで大学を分類しようというものであった[34]。

バブコックとしては、返ってきたコメントと批判を参考にしつつ、元の分類表にさらに手を加えて最終的な決定版を作成する作業をおこなうはずであった。しかしながら、非公開でおこなわれるはずであったその一連の作業は外部に漏れることになった。翌1912年の9月、『ボストン・イブニング・トランスクリプト』紙は、クラスⅠに入る大学の名前を暴露したのである[35]。

史料4-6 発表禁止となったパブコックのリスト（一部）

Classification of Universities and Colleges With Reference to Bachelor's Degrees

Class I	Class II	Class III	Class IV
Amherst College.	Adelphi College. Agnes Scott College. Alabama, University of. Albion College. Alfred University. Allegheny College. Alma College (A). Arizona, University of (engineering). *Armour Institute (engineering). Augustana College (A).	Adrian College. Albright College. Amity College. Antioch College. Arkansas, University of.	Alabama Polytechnic Institute. Ashland College. Atlanta University. Atlanta Baptist College.
	*Baker University. *Bates College. Baylor University. Bethany College (Kansas).	Baldwin University. Bellevue College (Omaha). Berea College. Bethany College (West Virginia).	
Barnard College. Beloit College. Bowdoin College. Brown University.	*Boston College. *Boston University. Brooklyn Polytechnic Institute. *Bucknell University. Buchtel College (science). Butler College.	Blackburn College. Bridgewater College.	
Bryn Mawr College.			

『トランスクリプト』紙の記事は、全体としては以下の書き出しで分かるように、辛辣で皮肉な調子で書かれているが、「われらのカレッジへの裁きの日——驚くべき政府分類」という大々的な報道は、アメリカ合衆国の代表的な高級紙とされていた『トランスクリプト』紙の記事だけに、全米の大学関係者に衝撃をあたえたことであろう。

　　合衆国の全大学・カレッジを分類し、その学士号の相対的価値を決定すること——これが、政府がその高等教育専門官ドクター・ケンドリック・C・バブコックに課した小さな簡単な仕事であった。そして今や、その仕事が完了し、その責務もすっかり果たしたと考えたのか、ボストン大学やベイツ、コルビー、シラキュース、シェフィールド工科校、ニューヨーク大学など、われらのよく知る、そしてこよなく愛する大学・カレッジの多くを、二級のカレッジとして公式に認定したという重要なニュースを公表することを忘れてしまった——それとも怠ったのか——というわけである[36]。

このように述べた後、同記事は、ニューイングランド地方の大学・カレッジは他地域の諸大学に比べれば上の部に入っていることを指摘し、バブコックがおこなった合衆国の全大学・カレッジ分類の手法を紹介している。すなわち、「彼（バブコック——引用者注）は、大学カタログ、報告、入学基準、統計を詳細に、ただし、あくまで型どおり研究した。彼の仕事の真骨頂は、大規模な大学院を個人的に訪問し、研究科長と会見し、大学院生たちが転学というテストにどれほど耐えられるか調べたのである。たとえばハーバードやイェールで、彼は大学院の行政部で大部分の時間を過ごした。その結果、彼は、数字や個人的面談が教えると同時に、ウイリアムスやダートマスといったカレッジからやって来た男性の学生たちが新たな課業をどの程度こなしているのかを見いだしたのである」[37]。

こうして同記事は、ニューイングランド地域にある大学を、バブコック・

リストにしたがって実名を挙げながら、一級(15校)、二級(13校)、三級(1校、ただしこの大学の実名は挙げていない)に分けて見てゆくのである。いずれの場合も、当てこすりやウイットを利かせた文言を挿入している。たとえば、一級については、イェールは掲載されているが、「その名前の後ろに、重要な留保条件がついている。『シェフィールド工科校は除く』である。つまり、この大学の科学校はMITやレンセラーなどと同格とは見なされていないというわけである」[38]。二級については、さらに辛辣である。

> さて、二級のカレッジのリストとなると、このレポート全体の核心部分に至ることになる。そしてここにこそ、多くの歯ぎしりの原因があるというものである。このリストは全部で161校、最長であり、これまでに高い威信を誇ってきた多くの大学を含んでいる。
> このリストに掲載されたカレッジを見て、屈辱を覚える人はもちろん、驚く人が多いことであろう。ボストン大学はこの地域ではつねに極めて高く評価されてきたのである。学士号を取得したその卒業生は、中等学校でもカレッジでも、教員として優秀であり、他大学、たとえば、ダートマスやブラウン、スミスの卒業生に匹敵するものと考えられてきた[39]。

『トランスクリプト』紙の記事は、「アメリカのカレッジの分類は重要なビジネスのようである。実際、きわめて多くの人々にとって重要である」とする。そして、ハーバードやイェールにとっては、基準となるような大学だと政府の文書で言われたとしても、そのようなことはとうに承知済みである。とすれば、この分類が真に役に立つのは、「息子や娘を大学に送ろうと多大な個人的犠牲をはらう何千もの父親、母親」であり、これらの人々にとって、「選択のための信頼できるガイドを入手できるようにすべき」であり、それは、「温情的な政府の義務」ではないかと、幾分皮肉混じりに述べている。そして、以下のような文でこの報道を締めくくっている。

第4章　20世紀初頭のアメリカ合衆国における女性高等教育　231

　結論として、政府代表によるこの分類はどのような結果をもたらすのかを問う必要があろう。ある意味で、これは全国のカレッジにとって、裁きの日の到来である。これまで、カレッジは自由裁量によって自分で自分を格付けしてきた。今やカレッジは、自分たちの見方と、外部の者の見方が必ずしも一致しないことが分かったわけである。恐らく、この新たに分かったことは、カレッジにとって役に立つことであろう。もしも弱体カレッジが自分たちの状況を適正な光の元で確認し、それに従って改善を試みるならば、教育局の仕事はうまくやり遂げられ価値ありと宣言されたことになろう[40]。

　この報道に対する反響はきわめて大きかった。わずか10日余り後に、『トランスクリプト』紙には、シラキュース大学のデイ総長*(1845-1923)からの激しい抗議の公開書簡が掲載される。

　　* ボーダン・カレッジ出身。シラキュース大学の中興の祖とされる。「財政危機を引き継いだデイ総長は、大学の歴史の中で、二つのキャンパス革新という偉大な時代の最初の監督者であった」。「デイがキャンパスに到着したときには、シラキュース大学は60名の教員と5つ建物をもつに過ぎなかった。彼がシラキュースを去るとき、大学は350名の教員と24の建物を擁していた。」(John Robert Greene, *The Hill: An Illustrated Biography of Syracuse University, 1870-Present*, (Syracuse, New York: Syracuse University Press, 2000), p. 10, p. 11.)

　このデイ総長の公開書簡は、連邦政府による史上初の、大学の適格判定作業の舞台裏がどのようなものであったのかを、さらには、このような連邦政府の動きに、当時の大学人たちがどのような対応をしたのかを如実に物語っている。以下の引用はその一部である。

ワシントンの当局から誰もやってこなければ、書簡なり回状なりで質問が寄せられたこともない。われわれのやっている仕事が不満足なものだというヒントすら受け取ったことがない。州教育局はわれわれを第一級だと位置づけてきた。われわれの卒業生がその大学院に進学した大学で、わが卒業生たちを準備不足であるとほのめかした大学などは一校すらなかったのである……。

これらの事実を前には、政府関係者からただの一度も疑問を呈されたことがなかったにもかかわらず、バブコックとかいう名前の男が、秘密の試案を発送し、その中でわれわれは他の160の大学・カレッジとともに、彼が言うところの二級にランクされているということを知らされたのである。

いったいどんな権限があってやったのか。法律によってやれるはずがない。そんな権限はワシントンの当局にあたえられてはいない。正義の名のもとであるはずがない。われわれには聴聞の機会をあたえられていなかったのだから。分類をした当人の能力によってではない。というのも、彼は教育界では無名で、経験もなければ専門家としての能力も知識も欠いているからである。

われわれに対しておこなわれた格付けについて、私がクラクストン教育長に厳しい抗議文を送ったあと、高等教育専門官ドクター・バブコックがわれわれの水準を調べに来た！彼はわれわれを格付けした後にやって来たのである！[41]

デイ総長によれば、バブコックは3日間、シラキュース大学に滞在し、つぶさに調査した結果、入学時の水準から卒業生の輩出にいたるまで、その教育の優秀性にいたく感銘を受けて帰っていった、としている[42]。これは一例であり、連邦教育局とクラクストン教育長の元には、全米の大学関係者から

の抗議が殺到する⁴³⁾。女性大学卒業生協会が1912年度の年次大会を開催した1912年11月という時期は、こうした紛糾のまさに最中のことであった。

　大学・カレッジ承認委員会は、前出の連邦教育局のバブコック・リストが未だ公開されていないことを認めつつも、次年度以降はカーネギーに替えて、この連邦教育局のリストを使用し、このリストのクラスⅠに入っている大学を加盟審査の対象にすることを提案する。しかし、今回、カーネギーのリストに基づいて7校を推薦したものの、連邦教育局のリストのクラスⅠという基準を適用すると、ここから落ちる大学がでることになる。今回、新しい基準に準拠しないで勧告した7大学すべてをとおしてしまうと、来年になって、クラスⅠにないものをなぜ加盟させたのかと訊かれることになるのではないか、として再考を理事会に答申する⁴⁴⁾。

　理事会の議事録に現れた議論は、この問題をめぐっての理事および委員たちの混乱を伝えている。次年度以降はカーネギーに替えて連邦教育局のリストを使用するという提案はただちに了承される。しかし、推薦された7大学の取り扱いについては紛糾し、結局、7校のうち、グリネル、インディアナ、ローレンス、マウント・ホリヨーク、スワスモアのみを加盟大学として承認し、残りのコウ、ドレイクについては、「クラスⅠに入ってから速やかに承認する」という結論におちつく⁴⁵⁾。

　いまや、連邦教育局のリストと「協会独自のテスト」の二本立てで加盟大学を審査することになった大学・カレッジ承認委員会は翌1913年にはいると、さっそく新基準にもとづいて、加盟大学推薦のためのリストづくりに取りかかる。ただし問題は、年を越しても連邦教育局のリストが公表されないことであった。1913年2月3日付でタルボットが協会事務局長フランシスに送った書簡によれば、バブコックに改訂版のクラスⅠリストを見せてくれるように頼んだところ、「公表時期はいまだ不確定であるが、改訂版のゲラを送るので、極秘であることを承知の上、閲覧後はただちに返却してほしい旨の返答があった」として、タルボットが選び出した八大学が、バブコックの最初のリスト、改訂版リスト、カーネギーのリストのそれぞれにどのように掲載

されているかの一覧表を示している[46]。

(3)認定作業の迷走

　加盟大学のための基準の問題と並行して、大学・カレッジ承認委員会の委員たちを悩ませた問題が、当該の加盟大学を卒業した女性の学位の種類の問題であった。1912年11月、ある女性が会員として登録しようとしたところ、その学位の問題で拒否される。この問題は最終的に大学・カレッジ承認委員会(当時はまだ法人会員委員会)に持ち込まれたが、委員長のタルボットは加盟を拒否する。その理由は、申請者である女性の学位が教育学士(Bachelor of Education)であったからであり、女性大学卒業生協会の「憲章(より正確には設立認可状──引用者注)では、アーツ、哲学、サイエンスおよび文学の卒業生のみを資格ありとしている」[47]からであった。すでに地方組織であるカリフォルニア支部の会員となっていたという事実によって、この女性は再申請するが、タルボット委員長の回答は同じであった。「こういった規則はまったく私情を挟む余地のないものであるべきであり」「この決定がなされた理由は、大学の一般教育をうけた人々のみを受け入れ、たとえば教育カレッジのようなプロフェッショナル・スクールの卒業生を排除するためのものである」[48]とまで言い切っている*。

>   * この問題は、実は、二重の意味で深刻である。というのは、この女性はタルボットが女性学生部長をしていたシカゴ大学で学位を取得していたからであり、しかもシカゴ大学のバトラー広報部長は、「(シカゴ)大学は、この学位をあらゆる点で、文学士、理学士、哲学士と同等であると見なしており」「すべての学士号は絶対に等価値を有しており、したがって教育学士を取得したミセス・ゲゼルは、B.A.、B.S.という学位と同じ学問的認証をシカゴ大学から受けている」と、協会宛の書簡で証言しているからである(Nathaniel Butler to Mrs. John Tracy, dated February 26, 1914. Membership Requirements and Procedures File, AAUW Archives.)。

協会へのこのような照会は数多く、たとえば、1913年4月、ちょうど法人として協会への加盟申請中であったアイオワ州立大学(同年に加盟を認められる)からは学長秘書の名前で、法律学や医学、歯学や薬学などの女性卒業生が加入できるかを尋ねている[49]。これに対する協会事務局長フランシスの回答は以下のとおりであった。

　　　われわれが認定するのは非プロフェッショナルな学位です。当然のことながら、医学、法律学、図書館学、家政学、農学、音楽あるいは絵画で学位を持つ女性たちを会員資格から排除することになります。同じ規則が、歯学や薬学にも適用されます。この問題は当協会がこれまで何度も議論してきたものですが、今までのところ結論はいつも、プロフェッショナル学位を認めるのに反対する、ということで決着してきました。といってもこれは、プロフェッショナル学位が、その取得ための勉強の難しさという意味で、それ以外の学位と同等でないとわれわれが考えているのではなく、プロフェッションを目指す学位は、広い教養という系統に沿ったものではなく集中的であり、それゆえに、大学卒女性たちの協会よりもむしろ、当該のプロフェッションに固有の協会の会員になる方が自然ではないかと思う次第です[50]。

5．連邦教育局のリストと「協会独自のテスト」との矛盾

(1)協会による適格判定作業の難題

　協会は連邦教育局のリストのクラスⅠに掲載された大学を審査の対象とする、という方針を決定したものの、そのリストは1913年の秋になっても一向に公表される気配はなかった。協会への加盟を推薦するには、その大学が一方で、「学問的に一定のレベルに達している」ことを連邦教育局のリストに

よって確認すると同時に、他方で、協会独自のテスト(女性に対するケアの問題)をおこなわねばならない。前者については予定していた連邦教育局のリストが未だ公表されず、後者についてはわずか5人の構成員による委員会が独自に調査しなければならないのである。連邦教育局のリストの問題は、結局、1916年に至るまでほぼ3年にわたり、大学・カレッジ承認委員会の委員たちを悩ますことになる。

　同委員会議事録および委員たちが交わした書簡を見ると、彼女らの焦燥と苦悩が伝わってくる。協会事務局長であり大学・カレッジ承認委員会の委員でもあったフランシスはワシントンにて連邦教育長のクラクストンと面会し、バブコック・レポートの今後について話を聞いている。それによれば、同レポートは現在、公表についてのウイルソン大統領の承認を待っている段階であり[51]、ただちには公表できないが、個々のカレッジのグレードやランキングについてなら、いつでも情報を提供する用意がある、とクラクストンは答えている。これを受けたフランシス事務局長は改訂前のリストを差し出して、修正してくれるように頼んだところ、クラクストン教育長は注意深く一つ一つチェックしてくれたとしている[52]。

　さらに別の委員であったシュミットも、二度、バブコックに面談し、リスト公表の見通しと、彼の元々のリストと改訂版リストとの異同の理由について尋ねている。さらに、バブコックからの示唆として、アメリカ大学協会が作成した、「ドイツ大学がアメリカ人学生を受け入れる際に使用する100以上の最善のアメリカ大学のリスト」を「バブコック氏が私のために入手してくれると言っている」が、これは私たちの目的のために使えないであろうか、としている[53]。

　「協会独自のテスト」については、協会の委員やその関係者のつてをたどって情報を収集している。たとえば、タルボットからはワシントン、ヴァーモント、レイク・フォレストの三大学については、教授陣の中に女性の数が不十分という情報が寄せられるが[54]、これを確認するため、当時ヴァーモント大学のただ一人の教授(家政学担当)へ照会している[55]。また、コロラド大学

については、現地の女性クラブ連合(Colorado Federation of Women's Clubs)の会長に照会状を出すと同時に、協会のコロラド支部の事務局長にも問い合わせをしている[56]。これらを受けて開かれた1913年の大学・カレッジ承認委員会は調査対象校を一つ一つとりあげ推薦の可否を決めている。たとえば前出のコロラド大学については、現地の女性クラブが女性ホールを建設する基金を集めているものの、大学当局がこれに対してどのように対応するか不明なために決議を延期するという結論を出している。また、ヴァーモントについても、現学長の下、女性への配慮が年々、よくなっていることは確かであるが、もう少し様子を見るということで決議延期となっている[57]。

1914年になっても情況は基本的に変わらず、委員たちは、一方で連邦教育局のリストが公表されることを期待しつつ、審査対象になった大学について疑義がある際には連邦教育局に照会状を送り、(バブコックの改訂版リストで)クラスⅠに属するかどうか確認をとりつつ、「協会独自のテスト」のための情報を集めるという方式を継続する[58]。さらにこの間に、その授与する学位の種類という問題、すなわち、これまで協会が唯一認めていた教養学士以外の学位の取得者を会員資格があるものと認めるかどうか、もはや委員会としての統一見解を示すべきものになってくる[59]。

すでに見たように、医療系や法学系の学位に加えて、図書館学の学位についての照会が寄せられるが[60]、委員たちをもっとも困惑させたのが、委員の一人が「"in"学位の問題」と名付けたものであった。すなわち、Bachelor of Scienceは有資格として認定するが、Bachelor of Science in Education (あるいはBachelor of Science in Home Economics)は認めないという矛盾であった[61]。

(2)連邦教育局のリストの放棄

1916年、もはや連邦教育局のリストの公表を期待することができないと判断した大学・カレッジ認定委員会は、理事会に対して、学問的基準について独自の基準を女性大学卒業生協会が決定できない以上、他に採用できる基準が明確にされるまで、加盟への推薦は一切おこなわない、とする勧告を理事

会に提出するが、これは理事会によって否決される。これに対して理事会が逆提案したのが、すでに大学・カレッジ認定委員会の委員の間でも話題になっていたアメリカ大学協会のリストの採用であった[62]。

しかしながら、アメリカ大学協会のリストは協会がこれまで採用した二つのリストと本質的になんら変わるものではなかった。それは第一に、連邦教育局に対して大学分類リストを創ることを期待したのがアメリカ大学協会であったのであり、しかも、連邦教育局がリストの公表を妨げられたあと、高等教育専門官を辞任してイリノイ大学に移ったバブコックに再びリストづくりを依頼したのが他ならぬアメリカ大学協会であったからである[63]。第二に、アメリカ大学協会のリストそのものが、カーネギーのリストを元に創られたものであったのである*。

> ＊バブコックはリストづくりに着手する前年のアメリカ大学協会年次大会にゲストとして招かれている。また、連邦教育局のリストが新聞社に洩れてしまった際、抗議や非難する多くの大学とは対照的に、これを賞賛し評価したのがアメリカ大学協会の加盟校であった。なお、バブコックがアメリカ大学協会のために作成したリストは三分類(グループA、グループB、グループC)に基づくものであったが、アメリカ大学協会が実際に公表したリストにはこの三区分がなく、①アメリカ大学協会の加盟校、②カーネギーのリストに載せられている大学、③カーネギー教育振興財団が設定した基準からみると「宗派的であるがゆえに受理リストに載っていないが、他の点は受理基準に合致している大学」であり、このリストについては、「この目的のために使用するという了解の元で、カーネギー財団から提供があった」大学をアルファベット順に列挙している(Association of American Universities, *Journal of Proceedings and Addresses of the Fifteenth Annual Conference*, p. 59.)。

大学・カレッジ認定委員会は、理事会に対してさらに、以前からの懸案であった学位問題について、委員会が調査の結果、履修した課程が同じであれば学位のタイトルに関わらず、加盟を認めるべきである、とする勧告を出す。

これによって、Bachelor of Science in Educationはもちろん、Bachelor of Educationの取得者も会員資格を認めることになる。理事会では、協会の規約に規定されている学位を持たないものを受け入れることはできないはずである、もしも規約に忠実に従わないとすれば、師範学校の卒業生に会員資格を開くことになる、などの反対意見が出たものの、この提案はようやく可決される[64]。

6．おわりに――「協会独自のテスト」の歴史的意義と協会による加盟校認定方式の限界

　女性大学卒業生協会の加盟校認定方式は、現在の適格判定あるいは基準認定の形式からみれば、カーネギーやアメリカ大学協会のそれが「学問的スタンダード」、より正確に言えば、大学院に進学する学生にとっての"アカデミックな"基準のみに着目しているのに比べて、「協会独自のテスト」をも導入しているという点で多元的であった。この点、現代の研究者であるウエブスターが、協会の加盟校認定方式を現在のアカデミック・クオリティ・ランキングの先駆であるとするのはゆえなきことではない[65]。しかしウエブスターは見落としているが、協会の加盟校認定方式の先駆性は多元性と言うよりもむしろ、その「協会独自のテスト」が、教員・学生双方の女性の権利を守りこれを増進するという観点からなされたものであったという点であり、しかもそこに「学生へのケア」というすぐれた視点が明確に存在していたという点に求められるべきであると筆者は考える。

　では、"アカデミックな"基準を評価するために、外部のリストを導入することは、協会にとって何を意味したのか。カーネギーのリスト、連邦教育局のバブコックのリスト、さらにアメリカ大学協会のリストに共通するものは、研究指向大学こそがもっとも"優れた""一流の"大学であるという基準であり、それは、グレアムのことばを借りるならば、「高等教育機関についての単一のスタンダードが公的承認と賞賛を獲得する時代」へと移りつつあった

20世紀初頭においては、ますます力をもつことになったのである。だが、このような基準を女性大学卒業生協会が受け入れることは何を意味したのであろうか。

協会がカーネギーのリストの採用を決定したことによって生じた一つの矛盾は、このリストをすでに協会に加盟している大学にも適用すると、その三分の一強が落ちてしまうということである。創立会員大学の一つであるボストン大学、創立年から加盟していたカンザス、シラキュース、さらには19世紀末から20世紀初頭に加盟したブリンマー、シカゴといった私立大学、あるいはネブラスカといった州立大学も、協会がカーネギーのリストの採用を決めた時点では掲載されていない。前述のように、カーネギーのリストには宗派大学は載せられていないから、ブリンマーやシカゴはこの点でリストには入れないわけである。しかし、なぜウエスレヤンは入っているのか。さらに、カンザスはどうなのか。すでに言及したように、カーネギーのリストは「最低要件」こそ公表されていたものの、実際の審査はケースバイケースであり、全体としては資源の効率性を原理としながら少数の最強力な大学を中心にしたヒエラルキーを創り上げることにあった。これに対して、女性大学卒業生協会はそれまで、女性の高等教育の振興という意味で功績のあった大学の連合体として組織されてきたわけであり、この点で一致するはずがなかったのである。

結局はお蔵入りになってしまったバブコックのリストはどうか。かつて「A区分」に分類された女性大学のうち、クラスIに入ったのは16校のうち半分の8校である。ましてや「B区分」のほとんどすべてがリストそのものから漏れてしまっている。カーネギーのリストの場合と同様に、すでに協会に加盟していた他の大学の中からもクラスIとは認定されない大学が続出する。

バブコックのリストは、当時としてはアメリカ合衆国の教育について、もっとも詳細な情報を収集していた連邦教育局が作成したものであったために大きな反響があったわけである。だがそれは、すでに見たように、慎重な手続きを経た上で作成した信頼性のあるものとはとても言えないものであった。

第4章　20世紀初頭のアメリカ合衆国における女性高等教育　241

　リストの信頼性あるいは連邦教育局の姿勢への疑念は徐々に、女性大学卒業生協会の委員たちに生じていた。バブコックに面談したシュミット委員は、「テキサス大学について、最初のリストでは無条件でクラスⅠになっていたのが、今はアステリスク付(Ⅱ*——引用者注)になっているので、バブコック氏に理由を尋ねたところ、元リストをつくるときは、テキサス大学とタフツについては甘すぎる判定をしたので、改訂版ではアステリスクを付けたとのこと。逆にノースダコタのようにアステリスクをはずした大学もある」[66]と報告している。すでに1913年末の時点で、「バブコック・リストの問題は腹立たしい限り」[67]といった表現が委員たちの書簡にあらわれてくるのも、また、1916年には、「教育局の姿勢によってどれだけ迷惑を被ったか」[68]などという文言があらわれるのも理解できるわけである。
　しかし、このような矛盾と疑念にもかかわらず、女性大学卒業生協会が外部リストの採用を決めたのはなぜか。表面的な理由は、協会の議事録で説明されているように、協会が独自に"アカデミックな"基準を評価する機構を持つことが不可能であったためであろう。しかしもっと本質的な理由があったと筆者には思われる。それは、「女性の高等教育は今や男性のそれに匹敵する」という認知、"真正な"大学教育としての女性高等教育ということを証明するためには、かつて連邦教育局がおこなったように、女性高等教育だけを対象にした分類に甘んじることは許されなかったのであり、女性の高等教育が全米的なリストの中で評価される必要があったのである。この意味では、その信頼性への疑念に加え公表の可能性が最初からきわめて不透明であったバブコックのリストに、協会がなぜあれだけ長くこだわったのかも理解できよう。また、バブコックのリストの採用がもはや不可能になったあとは、カーネギーではなく、より多くの大学が掲載されているアメリカ大学協会のリストの採用をきめたのもうなずけるものである。
　だが、極端に限定された"アカデミックな"基準はまた、「協会独自のテスト」と基本的に相容れないものではなかったのか。大学・カレッジ承認委員会の委員の一人であったシュミットはこの問題にすでに気づいていたようで、

以下のように言う。「すでにクラスⅠに入っている教育的にしっかりとした大学が、協会が掲げる要件に配慮した改革（よけいな出費と他の不都合を伴うでしょう）をおこなってまでも協会のリストに入ろうとするとは思えません」[69]と。さらに他の委員カムストック（1876-1973、当時はスミス大学学生部長）も、ヴァーモント大学（バブコック・リストではクラスⅠ）について、「同大学は教授陣に女性を迎えることはないが、その過ちに気づいて協会に加盟してくれればよいのだが……」と述べている[70]。これらの事例とは逆に、オハイオ・ウエスレヤン大学の場合のように、協会に加盟するために当該大学での改革――教員について女性・男性の二本立て給与体系を廃止し、個人の能力に応じた体系に移行することを評議会が正式に決定――がうながされるケースもあったが[71]、当のオハイオ・ウエスレヤン大学はバブコックのリストでクラスⅡ*という評価であった。さらに協会にとって、シスターが教員となっている女性カレッジの教授陣の質（とくに、学位をもっているのかどうか）を問題にすることは、確かに言われるところの"アカデミックな"基準からすれば当然と言うことになるのかもしれないが[72]、これによって多くのカトリック系の女性大学が除外されることになったのではないか。

　リベラル・アーツ学位以外は認めない、という協会の方針は、本章冒頭で見たトマスの信念を彷彿とさせるものである。またそれは本章で実証したように、トマス同様、アメリカ大学史における女性の大学卒第一世代の一人であるタルボットの強い意向が働いていたわけである。だがこれは、20世紀初頭にいたっては、一見すると時代錯誤的に映るかもしれない。なぜならば、アメリカ合衆国大学史の定説から言えば、すでに19世紀末より、大学における法律・医学・ビジネス・エンジニアリング・建築などのキャリアのためのトレーニングのプロフェッショナル化が着々と進行し、これに見合う人材を養成するべく、あらたな学士課程と学位が次々に創り出されていったわけである[73]。ただしこの定説は、男性の高等教育を中心にして成立していることを忘れてはならない。確かに、女性の高等教育についても、看護や図書館学あるいは家政学といった、"女性的なプロフェッション"のための課程が大学に

おかれ、そのための学位が創り出されていった。さらに、大学卒女性のキャリアとしては教職が依然として過半数を占めていたものの[74]、その教職もまた"プロフェッショナル化"をはかろうと、リベラル・アーツ学位ではなく――これもまた、協会が受理を拒否したような――B. S. Ed, B. Ed. などの専門学位が登場していた。このようなプロフェッショナル化への要求が一方であったにもかかわらず、つねに男性の高等教育との比較においてみずからの位置を決定してきた女性の高等教育にとって、「女性の高等教育が男性のそれに匹敵する」ことを証明するためには、リベラル・アーツこそ"真の"大学教育のあかしであるという呪縛が働いていたのである[75]。男性の大学教育という基準への固執こそが、リベラル・アーツ学位以外を排除する理由であったのである[76]。

注

1) Eva Channing, "The Quarter-Centennial of the Association of Collegiate Alumnae," *Bostonia*, Vol. VIII, No.4, (January 1908), p.11.
2) M. Carey Thomas, "Present Tendencies in Women's College and University Education," Association of Collegiate Alumnae, Publications Ser.3:17, (February, 1908), p.45. なお、トマスのこの講演は、Linda K. Kerber and Jane Sherron De Hart (Eds), *Women's America: Refocusing the Past*, 4th Ed., (New York: Oxford University Press, 1995) にその一部が歴史的資料として収録されており、同書の日本語版であるリンダ K. カーバー、ジェーン・シェロン・ドゥハート編著、有賀夏紀〔ほか〕編訳、『ウィメンズアメリカ』(ドメス出版、2000年) に、髙橋裕子氏によるその翻訳がある。
3) Thomas, "Present Tendencies," p.46.
4) Thomas, "Present Tendencies," p.46.
5) Thomas, "Present Tendencies," p.45.
6) Thomas, "Present Tendencies," p.47.
7) Thomas, "Present Tendencies," p.49.
8) Thomas, "Present Tendencies," p.50.
9) Thomas, "Present Tendencies," p.50.

244 注

10) Thomas, "Present Tendencies," p.52.
11) Thomas, "Present Tendencies," pp.52–53.
12) Thomas, "Present Tendencies," p.53.
13) Thomas, "Present Tendencies," p.54.
14) この改革案の全文は、"Plan of Reorganization of the Association of Collegiate Alumnae," February 1, 1912. Reorganization Records File, Association of Collegiate Alumnae Records, AAUW Archivesを参照。ここには、会員数の拡大と維持、年次大会への参加者数の増大から、他団体やリーダーとの提携、資金確保にいたるまで、7目標が掲げられている。
15) M. Carey Thomas, "Committee on the Reorganization of the Association of Collegiate Alumnae," *Journal of the Association of Collegiate Alumnae*, 6:2, (March, 1913), pp.51–52.
16) この趨勢はすでに1905年の時点で指摘されていた。毎年、300人から400人の新入会員に対して、約300名が会費未納で脱落、加えて200人から300人が脱会し、結局、年間100名強の減少となり、おまけに、新入会員の多くがわずか一年間しか会にとどまらないという情況であった。"Report of the Secretary – Treasurer, 1903–1904," Association of Collegiate Alumnae, *Publications*, Ser.3:10, (January, 1905), p.81.
17) 「『第一世代』の女性に対するコミュニティの意識の提供」という論点は、Joyce Antler. "'After College, What?': New Graduates and the Family Claim," *American Quarterly*, 32:4, (Autumn 1980), p. 411を参照
18) Hugh Hawkins, *Banding Together: The Rise of National Associations in American Higher Education, 1887–1950.* (Johns Hopkins University Press, 1992), p.1.
19) 1914年、アメリカ大学協会がその「公認大学リスト」を公表したことが、適格判定あるいは基準認定の歴史の一つの分水嶺であったとされる。Fred F. Harcleroad, *Accreditation: History, Process, and Problems*, AAHE–ERIC/Higher Education. Research Report, No. 6, 1980.
20) Hawkins, *Banding Together*, pp.10–15. アメリカ大学協会の加盟大学は、協会の側からの推薦によって決定される。この点が、女性大学卒業生協会を含む他の類似の団体の方式と異なっている。ただしいずれの団体も、適格判定あるいは基準認定の作業をおこなっているわけであり、この過程で、本論で扱うような問題がおこってくるわけである。
21) Association of Collegiate Alumnae, *Publications*, Ser. III:20, (February 1916), p.39–40.
22) Carnegie Foundation for the Advancement of Teaching, *First Annual Report of the President and of the Treasurer*, (1906), pp.37–38.
23) Carnegie Foundation for the Advancement of Teaching, *Third Annual Report of the President and of the Treasurer*, (1908), pp.74–77.
24) たとえば、財団の第5年報は言う。1909–10年度には、約60大学が受給資格の申請を提出してきたが、「これらの60大学の大多数は、規定の上では、本財団の要件に合致し

ている。しかしながら、理事会には、これらの申請のいずれについて決定を下す前に、明快に答えるべきいくつかの疑問点があると思われたのである」。こうして、財団は、その機関の入学要件(特別学生や条件付入学の有無など)からプロフェッショナル・スクールの教育の質、当該機関の立地条件にいたるまで、8点にわたり、新たな「テスト」をおこなうことを宣言するのである。Carnegie Foundation for the Advancement of Teaching, *Fifth Annual Report of the President and of the Treasurer*, (1910), pp.17-18.

25) 筆者はこの新基準の草稿をアーカイブズ文書の中に探したが発見できなかった。しかしこの新基準は、タルボットが当時執筆していた女性教育論(出版は翌1910年)の中で提起している「女性にとって、四年間のカレッジの教育経験を真に有効なものにするために、今必要とされている改革」の要約と、そのことば遣いまでもが類似している。タルボットの女性教育論 Marion Talbot, *The Education of Women*, (University of Chicago Press, 1910)のとくにpp.236-246を参照。

26) Barbara Miller Solomon, *In the Company of Educated Women: A History of Women and Higher Education in America*, (Yale University Press, 1985), p.63.

27) Lulu Haskell Holmes. "A History of the Position of Dean of Women in a Selected Group of Co-Educational Colleges and Universities in the United States," Ph.D. Dissertation, Columbia University, Teachers College, (1939). [Columbia University Contribution to Education, No.767, New York, Teachers College, Columbia University, 1939], pp.9-10.

28) タルボット自身も、"Dean of Women"という肩書が最初に使われたのが、1899年のシカゴ大学においてであるとしている。Marion Talbot, *More Than Lore: Reminiscences of Marion Talbot, Dean of Women*, (University of Chicago Press, 1936), pp.158-159.

29) *Journal of the Association of Collegiate Alumnae*, 6:1, (Jan 1913), pp.27-29, p.33-34.

30) Marion Talbot and Lois Kimball Mathews Rosenberry, *The History of the American Association of University Women 1881-1931*, (Boston: Houghton Mifflin Company, 1931), p.184.

31) *Report of the Commissioner of Education*, (1886-1887), pp.643,645.

32) *Report of the Commissioner of Education*, (1910), II, p.847-848.

33) 連邦教育局における大学の分類と基準統一への関心は初代教育長のバーナードの時代から存在したが、世紀転換期の高等教育の量的増大と多様化を前に、それは決定的な趨勢になっていった。見方を変えれば、それまではたんなる教育情報の収集と普及のための小規模な部局に過ぎなかった教育局は、この分類と基準統一をとおして、その行政的影響力を増大することをねらっていたと言えよう。そのためには、高等教育の専門官の確保は不可欠であった。この論点については、Richard Wayne Lykes, *Higher Education and the United States Office of Education (1867-1953)*, (Superintendent of Documents, U.S. Government Printing Office, 1975), pp.29-34, 45-46を参照。

34) このバブコックのリストは注25のライクスの研究書の巻末に復刻されている。

35) "Judgment Day for Our Colleges: A Startling Government Classification," *Boston Evening Transcript*, September 14, 1912, Part Three, p.8.『ボストン・イブニング・トランスクリプト』紙は1830年に創刊。長きに亘り「"proper Bostonian"にとって不可欠な新聞」との異名を取っていた全米屈指のクオリティ・ペーパーであった。
36) "Judgment Day for Our Colleges," p.8.
37) "Judgment Day for Our Colleges," p.8.
38) "Judgment Day for Our Colleges," p.8.
39) "Judgment Day for Our Colleges," p.8.
40) "Judgment Day for Our Colleges," p.8.
41) "Chancellor Day Protests: Declare No Man Has a Right to Classify American Colleges Syracuse University Defended," *Boston Evening Transcript*, September 26, 1912, p.14.
42) "Chancellor Day Protests," p.14.
43) Lykes, *Higher Education and the United States Office of Education*, pp.49–51.
44) "Minutes of Executive Committee," Journal of the Association of Collegiate Alumnae, 6:1, Jan. 1913, pp. 33–34.
45) バブコックのリストから厳密に言えば、スワスモアは実際にはクラスⅡ*、ローレンスはクラスⅡであった。とくにローレンスを加盟させることには強い異論があったが、議長がかなりトリッキーな議事運営で可決を導き出している。"Proceedings of the Association," *Journal of the Association of Collegiate Alumnae*, 6:1, Jan. 1913, p. 31.
46) Marion Talbot to Vida Hunt Francis, dated February 3, 1913. Recognition of Colleges and Universities Committee, Correspondence File, AAUW Archives.
47) Marion Talbot to Katharine Puncheon, dated December 6, 1912. Membership Requirements and Procedures File, AAUW Archives.
48) Marion Talbot to Katharine Puncheon, dated January 24, 1913. Membership Requirements and Procedures File, AAUW Archives.
49) Imogen Benson to Vida Hunt Francis, dated April 22, 1913. Membership Requirements and Procedures File, AAUW Archives.
50) Vida Hunt Francis to Imogen Benson, dated May 3, 1913. Membership Requirements and Procedures File, AAUW Archives.
51) 実際には、ウイルソンはタフツが出した大統領命令（1913年2月19日）の撤回を拒否している。Lykes, *Higher Education and the United States Office of Education*, pp.43–44.
52) Vida Hunt Francis Francis to Ada Comstock, dated October 24, 1913. Membership Requirements and Procedures File, AAUW Archives. Recognition of Colleges and Universities Committee, Correspondence File, AAUW Archives.
53) Violet Jayne Schmidt to Ada Comstock, dated November 15, 1913. Recognition of Colleges and Universities Committee, Correspondence File, AAUW Archives.

第4章　20世紀初頭のアメリカ合衆国における女性高等教育　247

54) Marion Talbot to Ada Comstock, dated November 1, 1913. Recognition of Colleges and Universities Committee, Correspondence File, AAUW Archives.
55) Ada Comstock to Vida Hunt Francis, dated December 11, 1913. Recognition of Colleges and Universities Committee, Correspondence File, AAUW Archives.
56) Vida Hunt Francis to Ada Comstock, dated December 17, 1913., Comstock to Gabriel, dated December 22, 1913., Recognition of Colleges and Universities Committee, Correspondence File, AAUW Archives.
57) "Minutes," dated November 21, 1913. Recognition of Colleges and Universities Committee, Minutes File. AAUW Archives.
58) たとえば、トリニティ・カレッジとティーチャーズ・カレッジについての連邦教育局との書簡の往復は以下を参照。Ada Comstock to S. P. Capen, dated August 24, 1914.; S. P. Capen to Ada Comstock, dated August 27, 1914. Recognition of Colleges and Universities Committee, Correspondence File, AAUW Archives.
59) 学位問題についての照会は1914年に入ってから増加する。たとえば、Effie Lathero to Katharine Puncheon, dated October 6, 1914. Recognition of Colleges and Universities Committee, Correspondence File, AAUW Archives.
60) Katharine Puncheon to Ada Comstock, dated October 26, 1914. Recognition of Colleges and Universities Committee, Correspondence File, AAUW Archives.
61) Vida Hunt Francis to Ada Comstock , dated October 12, 1914. Recognition of Colleges and Universities Committee, Correspondence File, AAUW Archives.
62) *Journal of the Association of Collegiate Alumnae*, 9:1, (September 1916), pp.57–59.
63) David S. Webster, *Academic Quality Rankings of American Colleges and Universities*, (Charles C. Thomas, 1986), pp.87–88.
64) Council Meeting Minutes, April 1916.Recognition of Colleges and Universities Committee, Reports File, AAUW Archives.
65) ただしウエブスターは、協会は加盟審査にあたって現地視察 (visitation) をも取り入れていたとしているが (Webster, *Academic Quality Rankings*, p.69.)、これは誤りである。たしかに委員たちは現地視察が望ましいとしているし、たとえば協会の年次大会開催地に旅する途中で当該校に足を運ぶということをしている。また、場合によっては友人に調査を依頼している。しかしこれらは加盟審査の手順としてあらかじめ決められていたものではなかった。20世紀の初頭という時点で、協会には加盟審査にあたって現地視察を入れるという財政的人員的な余裕はなかったのである。
66) Violet Jayne Schmidt to Ada Comstock, dated November 15, 1913. Recognition of Colleges and Universities Committee, Correspondence File, AAUW Archives.
67) Vida Hunt Francis Francis to Ada Comstock, dated November 3, 1913. Membership Requirements and Procedures File, AAUW Archives. Recognition of Colleges and

Universities Committee, Correspondence File, AAUW Archives.
68) Eva Macmillan to Ada Comstock, dated February 26, 1916. Recognition of Colleges and Universities Committee, Correspondence File, AAUW Archives.
69) Violet Jayne Schmidt to Ada Comstock, dated November 15, 1913. Recognition of Colleges and Universities Committee, Correspondence File, AAUW Archives.
70) Ada Comstock to Vida Hunt Francis, December 20, 1913. Recognition of Colleges and Universities Committee, Correspondence File, AAUW Archives.
71) Ada Comstock to Lois Kimball Mathew, December 21, 1914. Recognition of Colleges and Universities Committee, Correspondence File, AAUW Archives.
72) Lois K. Mathew to Ada Comstock, dated November 30, 1914. Recognition of Colleges and Universities Committee, Correspondence File, AAUW Archives.
73) Burton J. Bledstein, *The Culture of Professionalism: The Middle Class and the Development of Higher Education in America*, (New York: Norton, 1976)参照。
74) 女性卒業生協会がその会員を対象に1915年におこなった調査では、「現在、雇用されている」と答えた回答者の中で「教職」の比率は1910–1915年卒業者のうち65.5%を占めていた。"A Census of College Women," *Journal of the Association of Collegiate Alumnae*, 11:9, (May 1918), p. 561.
75) このことは別の観点からも立証できる。20世紀初頭のセブン・シスターズ・カレッジのカリキュラム改革を分析したロビンソンは、その改革が独創性を欠いた男性大学のカリキュラム——より正確に言えば、一時代前の男性大学のカリキュラム——の安易な模倣と見られる場合が多かったことを指摘している。Mabel Louise Robinson, The *Curriculum of the Woman's College*, Bulletin No.6, 1918, U. S. Bureau of Education.
76) 本論では言及することができなかったが、それはまた、プロフェッションへの女性の進出を支援する協会の運動とも矛盾するものであった。協会はすでに、加盟大学がその女性卒業生を教職以外のキャリアの開発を可能にするために、教職分野外の職業機会に関する委員会(Committee on Vocational Opportunities Other Than Teaching)を設置していたのである。

あとがき

　本書全体を貫く女性の高等教育をめぐるパラドックスという基調は、あるいは悲観的に響くかも知れない。しかし、私が本書で描きたかったことは、そのような皮肉な結末ではなくむしろ、女性たちの、より善い教育を求める思考と努力の軌跡である。このような思考と努力は、一時的には報われなくとも、将来かならず果実を結ぶものであると信じるからである。

　本書の完成には実に多くの方々のご支援をいただいた。第1章はもともと、慶應義塾大学に提出した私の学位論文の一章であったが、その後、加筆修正をおこなったものである。審査にあたっていただいた、田中克佳先生、立川明先生、渡辺秀樹先生にあらためて御礼を申し上げたい。第2章は、大学史研究会の席上で発表した論考を大幅に加筆したものである。ディスカッションに加わって下さった先生方、とりわけ、中山茂先生にお礼を申し上げたい。第3章は、アメリカ教育史研究会で発表した論考がもとになっている。研究会の諸先生方、とりわけ研究代表者の羽田積男先生に深謝申し上げたい。第4章は、文部科学省の科学研究費補助金(1998-2000年、基盤研究(c)(2)、課題番号10610281)によっておこなわれた研究成果の一部として書かれたものである。研究費をいただいたことに対して、また、リサーチ・アシスタントとして資料の収集と整理をしてくれた木村知子さんに御礼を申し上げたい。

　前著と同様に、東信堂の下田勝司社長には本書の刊行に心からのご理解をいただいたほか編集部の二宮義隆氏、向井智央氏には、手数の掛かる図版の挿入や編集作業でも全面的なご協力をいただいた。深謝申し上げたい。
　本書の出版にあたっては、創価大学創立30周年記念出版助成金をいただい

た。創価大学は、1971年、「人間教育の最高学府たれ」「新しき大文化建設の揺籃たれ」「人類の平和を守るフォートレスたれ」をモットーに設立された、民衆のための大学である。「みずからの生涯の高みに立ちつつも、さらに高いところを一目見ん」とのテニスンの詩の一節は、創立者をはじめとする創価大学の建設に尊い努力されてこられた方々の心情を適切にあらわすものであろうが、想い起こせば、私はすでに、その歴史の三分の二にわたる期間を奉職させていただいているわけである。本書を書き上げてあらためて、創立者である池田大作先生の教育構想を実現するために、これからも微力ながら教育・研究に尽力したいと考えている。

2002年3月吉日

坂本　辰朗

事項索引

(ア行)

アカデミー ・・・・・・・・・・・55,56,111,218
アマースト・カレッジ ・・58,175,181,191,200
アメリカ大学協会 ・・・・・216,217,236-239,
　　　　　　　　　　　　　　　　241,244
イェール大学・・・・・・・・・・・・・・101,200
ヴァッサー・カレッジ ・・13,123,124,188,189
ウイスコンシン大学 ・・・・・・・・・・44,205
ウエスレヤン大学 ・・・・・・・・・・・・・242
ウエルズレイ・カレッジ ・・・・・・4,9,10,13,
　　　　　　　　　　　43,125,162,187,222
『ウーマンズ・ジャーナル』 ・・・・・・118,124
MIT ・・・・・・・・・・・・13,18,82,199,219,230
　　→マサチューセッツ工科大学も参照
オクスフォード大学 ・・・・・・・・・・・・125
オバーリン・カレッジ ・・・・・・・・・・・171

(カ行)

家政学 ・・・・・・・・・・205,235,236,242
家庭 ・・・・・・4,40,64,66,102,147,169,170,178
カトリック ・・・・・・・・・・・・・・・71,242
ガートン・カレッジ ・・・・・・・・・・・・124
カーネギー教育振興財団 ・・216,218-220,238
科目選択制 ・・・・・83,102,103,129,130,188,
　　　　　　　　　　　　　　　　189,194
基準認定 ・・・・・・・・・・216,219,239,244
『教育における性』 ・・24,44,74,75,77,87,208
　　→クラーク、エドワード・Hも参照
教養・・・・・・・28,29,43,105,106,124,129-134,
　　　　　　　　　　　　148,209-211,235,237
キリスト教・・・・・・・・・・・・30,41,53,164
禁酒運動 ・・・・・・・・・・・・・・・・・・・4
ケンブリッジ ・・・・・・20,34,35,63,82,85,101,
　　　　　　　　　　　　　　116-118,152
ケンブリッジ大学・・・・・20,34,35,63,82,85,
　　　　　　　　　　　101,116-118,152
古典語 ・・・・6,11,12,14,15,17-19,22,24,27-29,
　　　　　32,34,36-39,42,45,46-50,54,56-58,
　　　　　　　61,69,72,80,83,175,184,196

(サ行)

参政権・・・・・・・・・・・・・・79,86,97,153
シェフィールド工科校 ・・・・・・・・226,230
ジェンダー ・・・・3,8,9,12,52,74,76-80,83-85,
　　　　　　　　　　　　　95,97,126,222
師範学校 ・・・・・・19,22,23,26,85,129,133,239
宗派大学 ・・・・・・・・・・219,220,224,240
女子ハイスクール ・・・・・・6,7,9,18-20,22-24,
　　　　　　　　　　26-29,31,38,43,49,50,56,71,72
女子ラテン・スクール ・・・・・・49,56,72,79
女性学生部長 ・・・・・・・・・220,222,223,234
女性カレッジ ・・・・・・169,202,207-209,211,
　　　　　　　　　　　　　　220,224,242
女性教育協会 ・・・・・13,63,98,100,105-113,
　　　　　　　115,-117,119,124,135-137,145,
　　　　　　　　　　147-150,152,153,155
女性クラブ ・・・・・・・・・・・・・7,212,237
女性参政権 ・・・・・・3,5,85,86,90,97,98,109,
　　　　　　　　　　　　　　　110,150-152
女性史 ・・・・・・・・・・・・・・・・100,198
女性大学・・・・・・150,176,180,184,188,194,
　　　　　　　　　198,205,210,224,227,240,242
女性大学人 ・・・・・・・・・・・・188,222,223
女性大学卒業生協会 ・・・・188,189,205,207,
　　　　　　　212,215-218,220,222,233,234,
　　　　　　　　　　　237,239-241,244

女性の大学教育を支援するマサチュー
　セッツ協会 ‥‥‥‥‥‥‥‥9,16,75,152
女性の大学卒第一世代 ‥188,205,212,242
女性の領域 ‥‥‥‥‥‥‥‥4,37,98,173
女性らしさ ‥‥‥‥‥‥‥‥‥41,59,93
ジョンズ・ホプキンズ大学‥63,209,217,218
シラキュース大学 ‥‥‥‥229,231,232,240
真の女性らしさ ‥‥‥‥‥‥‥79,98,99
スミス・カレッジ ‥‥‥‥‥‥‥‥‥13
スワスモア・カレッジ ‥‥‥‥‥128,133
セブン・シスターズ・カレッジ ‥4,161,248
セミナリー ‥‥4,159-170,173,176,178-180,
　　　　　　　　182,187-194,199,202,224

(タ行)

ダートマス・カレッジ ‥‥‥‥‥‥58,180
男女共学 ‥‥6,17,23,24,27,30,32,40,42-44,
　　　51,53-61,64-66,73,76,79,93,102,128,
　　　　　　　　　　　　　　　133,205
男女平等 ‥‥‥‥‥‥‥‥‥‥‥‥223
男女別学 ‥‥‥‥‥‥‥‥‥‥‥‥56
適格判定 ‥‥‥‥216,219,231,235,239,244
奴隷制廃止 ‥‥‥‥‥‥‥‥‥4,5,86,97

(ナ行)

南北戦争‥‥‥4-6,74,75,86,90,97,188,198,199
ニューイングランド女性クラブ ‥‥6,98
ニューイングランド女性参政権協会‥9,68

(ハ行)

ハーバード・カレッジ ‥‥‥18,19,29,35,40,
　　　　　　　　　42,77,106,130,135,147,149
ハーバード女性試験 ‥‥‥‥‥‥‥‥49
　→第2章を参照
ハーバード大学‥‥20,39,45,80,82,90,98-100,
　　　　102,103,105,106,109-112,116,118,
　　　　120,123,125,128-130,133,137,149,
　　　　　　　　　　　　155,157,188,216
　→ハーバード・カレッジも参照

フェミニスト ‥‥6,36,86,98,162,163,213,223
フェミニズム ‥‥‥‥‥‥‥‥‥‥86
フランクリン・メダル ‥‥‥‥‥‥39,43
プリンストン大学 ‥‥‥‥‥‥‥‥216
ブリンマー・カレッジ ‥‥‥‥205,207,208
プロテスタント ‥‥‥‥‥‥‥‥4,6,71
プロフェッショナル ‥‥146,152,183,234,
　　　　　　　　　　235,242,243,245
プロフェッション ‥‥‥146,152,183,234,
　　　　　　　　　　235,242,243,246
ペンシルバニア大学 ‥‥126,129,130,132-
　　　　　　　　　　　134,155,217
ボストン・ブラーミン ‥‥‥‥28,98,109
ボストン公立図書館 ‥14,17,47,88,125,205
ボストン大学‥‥4,12-14,17,26,30,48,61,70,
　　　　　　88,125,183,186,229,230,240
ボストン・ラテン・スクール‥‥‥‥175
　→第1章を参照

(マ行)

マウント・ホリヨーク ‥‥‥‥‥4,224,233
　→第3章を参照
マサチューセッツ工科大学‥‥4,18,19,27,
　　　　　　104,147　→MITも参照
ミシガン大学 ‥‥‥‥‥‥‥‥‥18,149
ミルズ・カレッジ ‥‥‥‥‥‥‥‥9,162

(ヤ行)

ユニテリアン ‥‥‥‥‥‥‥13,85,99,128
ユニバーサリスト ‥‥‥‥‥‥‥‥26
ユニバーシティの時代 ‥‥‥‥‥‥‥6

(ラ行)

ラドクリフ・カレッジ ‥‥117,149,150,155,
　　　　　　　　　　　　　　　　157
リベラル・アーツ ‥‥36-38,42,79,128,149,
　　　　　　　　　　209,210,218,242,243
連邦教育局 ‥224,227,232,233,235-241,245
ロンドン大学 ‥‥‥‥‥‥‥107,128,148

人名索引

(ア行)

アガシ、エリザベス・ケアリ‥‥‥‥149
アガシ、ルイ‥‥‥‥‥‥‥103-105,134
アダムズ、チャールズ・フランシス‥‥40
アルマンディンガー、デヴィッド‥‥165
ヴァン・ハイズ、チャールズ‥‥‥‥205
ウィスター、サラ‥‥‥‥‥‥119,123-126
ウイラード、エマ‥‥‥‥‥‥‥‥‥162
ウイリストン、A. ライマン‥‥‥168,179
ウォーレン、ウィリアム・F‥‥12-14,17,
　　　　　　25,26,44,61,70-74,80,93,94
ウッドハル、ヴィクトリア・クラフリン
　‥‥‥‥‥‥‥‥‥‥‥‥‥‥97,98,151
エヴァレット、ウィリアム‥‥39,42,50,
　　　　　　　　　　　　52,55,56,64
エマソン、ラルフ・ウォード‥‥‥11,90
エリオット、チャールズ・W‥‥11,28,39,
　　　　　　　　　　　　　　40,50
エリオット、サミュエル‥‥27-30,55,56,
　　64,76,83,84,90,96,98,100-108,110-113,
　　　　　119,120,129,130,151,156,184
オームステッド、デニソン‥‥‥‥‥175
オールコット、ルイザ・メイ‥‥‥‥‥13

(カ行)

カッツ、マイケル‥‥‥‥‥‥‥‥35,84
カムストック、アダ‥‥‥‥‥‥‥‥242
キャンドラー、ジョン・W‥‥‥‥‥‥20
キング、パトリシア‥‥‥‥‥‥‥5,85
クッシング、フローレンス‥‥13,188,189
グッドウィン、ウイリアム・W‥‥‥150
クラーク、エドワード・H‥‥6,24,55,58,
　　　　　　60,74-80,87,95,99,187,208

クラーク、ジェイムス・フリーマン‥‥11,
　　　　　　　　　　　　13,22,23,44
クラクストン、フィランダー・P‥232,236
クロッカー、ルクレシア‥‥‥‥‥3,7,35
コール、アーサー‥‥‥‥‥‥‥173,199

(サ行)

シィア、シャーロット‥‥‥‥‥176,202
シーリィ、ローレンス・クラーク‥‥‥58
シャタック、リディア・ホワイト‥178,179
シュミット、ヴァイオレット・ジェイン
　‥‥‥‥‥‥‥‥‥‥‥‥‥‥‥236,241
シュワッガー、サリー‥‥‥‥‥104,109
シリマン、ベンジャミン‥‥‥‥‥‥172
スティール、チャールズ・J‥‥126,127,
　　　　　　　　　　　　129-135,148
スプレイグ、ホーマー・B‥‥9,26,29,31,50
スペンサー、ハーバート‥‥55,58,60,76,95
セヴァランス、キャロライン‥‥‥‥6,98

(タ行)

タイアック、デヴィッド‥‥‥‥‥‥173
ダグラス、サリー・ロバート‥‥‥‥109
タルボット、イズラエル・T‥‥‥‥‥47
タルボット、エミリー‥‥‥10,13,15-17,
　　　　　　　　　　　22,60,67-69,79,85
タルボット、マリアン‥‥‥47,88,188,
　　　　　　　　　　　　217,222,245
ダンバー、チャールズ‥‥‥113,117,132,
　　　　　　　　　　133,135-137,144,148,155
チョート、ジョセフ・H‥‥‥‥‥‥147
デイ、ジェレマイア‥‥‥‥‥‥‥‥175
ディラウェイ、チャールズ・K‥‥‥38,39
デュラント、ヘンリー‥‥9,10,43,79,87,198

ドゥワイト、ティモシー ・・・・・・・・・101
トマス、M・ケアリ ・・・・・・・・・・・205,212
トムソン、チャールズ・O ・・・・・・・・・182
ドラクマン、リサ・ナタリー ・・・・165,166

　　　　　　　（ハ行）
パーカー、セオドア ・・・・・・・・・・・・・・・85
パース、チャールズ・S ・・・・・・・・・・・・・98
パース、ベンジャミン ・・・・・・・・・・・128
パース、メレジナ・フェイ ・・・・・63,65-67,
　　　　　　　105,110,118,151-153
バートレット、サミュエル・C ・・58-60,76
パーマー、アリス・フリーマン ・・・・・・222
パーマー、ジョージ・H ・・・・188,189,194
バイヤリー、ウィリアム・E ・・・・・・・149
ハウ、ジュリア・ウォード ・・6,86,90,98,153
ハウイスン、ジョージ・H ・・・・・・18,19,55
ハクスリー、トマス・H ・・・・・・・・・・・128
バスカム、ジョン ・・・・・・・・・・・・・・・・・44
バッジャー、エイダリン ・・・・・・・・・3,7,85
バブコック、ケンドリック・C ・・・・・227,
　　　　　229,232,233,236,237-242,245,246
ハミルトン、ゲイル ・・・・・・・・・・・・・・・30
ハリス、ウィリアム・T ・・・・・・・・54,183
ヒギンソン、トマス・W ・・・・・・29,30,119,
　　　　　　　　　　　　　　　　124-126,154
ピーボディ、エリザベス ・・・・・・10,12,153
ピーボディ、ルシア ・・・・・・・・・・・・・・・3
ヒーリー、ジョセフ・P ・・・・・・・・・3,26,39,
　　　　40,42,47,52,54,55,58,60,61,67,68,76,87
ヒッチコック、チャールズ ・・175,181,182
ヒル、トマス ・・・・・・・・・・・100,103,152
フィッシャー、ジョージ・P ・・・・・・・・101
フィッツジェラルド、ジョン・E ・・・・17,24
フィリップス、ウエンデル ・・・・11,30-32,
　　　　　　　　　　　　　　　　　　78,86,68
フィールズ、アニー ・・・・・・・・・・・・・・・13
フィルブリック、ジョン・D ・・・・12,13,17,
　　　　　　48,55-58,62,63,65,66,70-72,76-80,
　　　　　　　　　　　　　　　84,93-95,99
ブース、メアリ ・・・・・・・・・・・・・・・・・・・30
ブラケット、アンナ ・・・・・・・・・・73,79,85
フランシス、ヴィーダ・ハント ・・・・・233,
　　　　　　　　　　　　　　　　　　235,236
プリチット、ヘンリー・S ・・・・・・・219,220
ブリッグス、ルバロン・R ・・・・・・・・・150
フリント、チャールズ ・・・・12,13,61,65,66
フレクスナー、エイブラハム ・・・・・・・220
ヘイガー、ダニエル・B ・・・・・・・・・・23,24
ベーコン、アリス ・・・・・・・・・・・・・・・147
ヘッジ、フレデリック・H ・・・・・・・99,128
ホーソン、ナサニエル ・・・・・・・・・・・・・85
ポーター、ノア ・・・・・・・40-42,53,54,101
ホームズ、オリヴァ・W ・・・・・・・・・・・39
ホール、G・スタンレイ ・・・・・・・・・・・210
ホワイト、アンドリュー・D ・・・・・・・・・99

　　　　　　　（マ行）
マイナー、エイロンゾ・A ・・・・・・・・・・26
マッギル、ヘレン ・・・・・・・・・・・・・26,67
メイ、アビイ ・・・・・3,7,73,74,79,85,94,153
メイヤー、アニー・ネイザン ・・・・・・・150

　　　　　　　（ヤ行）
ヤング、チャールズ・A ・・・・・180,181,201

　　　　　　　（ラ行）
ライアン、メアリ ・・・・・・159,160,162,163,
　　　　　166,168,170,174,176,178,179,189,
　　　　　　　　　　　　　　　193,198,202
ラヴァリング、ジョセフ ・・・・・・・・・・128
ランクル、ジョン・D ・・・・・・・・13,19,147
リチャーズ、エレン ・・・・・・・・・・・・・201
レイノルズ、ジョセフ・P ・・・・・・45,50,51
レンウィック、ジェイムズ ・・・・・・・・・169
ロウエル、ジェイムズ・R ・・・・・・・・・128
ローゼンバーグ、ロザリンド ・・・・・・83,95

著者紹介

坂本　辰朗（さかもと　たつろう）

1952年生まれ。慶應義塾大学大学院博士課程修了。同大学で教育学の博士号取得。ハーバード大学訪問研究員、マサチューセッツ大学客員准教授、九州大学、名古屋大学、京都大学各講師を歴任。
現在、創価大学教育学部教授。専攻は大学史・比較教育学。

主要著作

『女性にとって教育とはなんであったか』（共訳、東洋館出版社、1987年）、『大学評価の理論と実際』（共訳、東信堂、1998年）、『アメリカの女性大学：危機の構造』（東信堂、1999年）、『アメリカ大学史とジェンダー』（東信堂、2002年）ほか。

Women in the History of American Education

アメリカ教育史の中の女性たち──ジェンダー、高等教育、フェミニズム

2002年10月10日　初　版第1刷発行　　　　　　　　〔検印省略〕

＊定価はカバーに表示してあります

著者 ⓒ坂本辰朗／発行者　下田勝司　　　　　印刷・製本 中央精版印刷

東京都文京区向丘1-20-6　郵便振替00110-6-37828
〒113-0023　TEL(03) 3818-5521(代)　FAX(03) 3818-5514　株式会社　東信堂　発行所

Published by TOSHINDO PUBLISHING CO., LTD.
1-20-6, Mukougaoka, Bunkyo-ku, Tokyo, 113-0023, Japan

ISBN4-88713-462-2 C3037 ¥3800 E　ⓒT. SAKAMOTO
E-mail:tk203444@fsinet.or.jp

―― 東信堂 ――

大学の自己変革とオートノミー―点検から創造へ	寺﨑昌男	二五〇〇円
大学教育の創造―歴史・システム・カリキュラム	寺﨑昌男	二五〇〇円
立教大学〈全カリ〉のすべて―リベラル・アーツの再構築	全カリの記録編集委員会編	二二〇〇円
大学の授業	宇佐美寛	二五〇〇円
作文の論理―〈わかる文章〉の仕組み	宇佐美寛編著	一九〇〇円
大学院教育の研究	バートン・R・クラーク編 潮木守一監訳	五六〇〇円
高等教育システム―大学組織の比較社会学	バートン・R・クラーク 有本章訳	四四六〇円
大学史をつくる―沿革史編纂必携	寺﨑昌男・中野実編	五〇〇〇円
大学の誕生と変貌―ヨーロッパ大学史断章	横尾壮英	三二〇〇円
新版・大学評価とはなにか―自己点検・評価と基準認定	喜多村和之	一九四二円
大学評価の理論と実際―自己点検・評価ハンドブック	H・R・ケルズ 喜多村・舘・坂本訳	三二〇〇円
大学評価と大学創造―大学自治論の再構築に向けて	細井・林編 千賀・佐藤編	二五〇〇円
大学力を創る：FDハンドブック	大学セミナー・ハウス編	二三八一円
私立大学の財務と進学者	丸山文裕	三五〇〇円
短大ファーストステージ論	舘昭夫編	二〇〇〇円
短大からコミュニティ・カレッジへ	舘昭編	二五〇〇円
夜間大学論	新堀通也編著	三二〇〇円
現代アメリカ高等教育論―社会人の自己再構築	喜多村和之編著	三六八九円
アメリカ大学院	坂本辰朗	二四〇〇円
アメリカの女性大学：危機の構造	坂本辰朗	五四〇〇円
アメリカ大学史とジェンダー	松井政明 山野井敦徳編	二二〇〇円
高齢者教育論	山本都久編	

〒113-0023 東京都文京区向丘1-20-6　☎03(3818)5521　FAX 03(3818)5514／振替 00110-6-37828

※税別価格で表示してあります。

東信堂

比較・国際教育学〔補正版〕	石附実編	三五〇〇円
日本の対外教育——国際化と留学生教育	石附実	二〇〇〇円
比較教育学の理論と方法	J・シュリーバー編著 馬越徹・今井重孝監訳	二八〇〇円
世界の教育改革——21世紀への架ケ橋	佐藤三郎編	三六〇〇円
〔現代アメリカ教育1巻〕教育は「国家」を救えるか——質・均等・選択の自由	今村令子	三五〇〇円
〔現代アメリカ教育2巻〕永遠の「双子の目標」——多文化共生の社会と教育	今村令子	二八〇〇円
ドイツの教育	天野正治 別府昭郎編	四六〇〇円
21世紀を展望するフランス教育改革——一九八九年教育基本法の論理と展開	小林順子編	八六四〇円
フランス保育制度史研究——初等教育としての保育の論理構造	藤井穂高	七六〇〇円
変革期ベトナムの大学	D・スローパー レ・タク・カン編 大塚豊監訳	三八〇〇円
フィリピンの公教育と宗教——成立と展開過程	市川誠	五六〇〇円
国際化時代日本の教育と文化	沼田裕之	二四〇〇円
ホームスクールの時代——学校へ行かない選択・アメリカの実践	Mメイヘリー・インゥルツ他 秦明夫・山田達雄監訳	四六〇〇円
社会主義中国における少数民族教育	小川佳万	二〇〇〇円
東南アジア諸国の国民統合と教育——多民族社会における葛藤	村田翼夫編	四四〇〇円
ボストン公共放送局と市民教育——マサチューセッツ州産業界エリートと大学の連携	赤堀正宜	四七〇〇円
現代英国の宗教教育と人格教育（PSE）	柴沼晶子 新井浅浩編	五二〇〇円
現代の教育社会学——教育の危機のなかで	能谷一乗	二五〇〇円
子どもの言語とコミュニケーションの指導	D・バーンスタイン他編 池内山・緒方訳	二八〇〇円
教育評価史研究——教育実践における評価論の系譜	天野正輝	四〇七八円
日本の女性と産業教育——近代産業社会における女性の役割	三好信浩	二八〇〇円

〒113-0023 東京都文京区向丘1-20-6　☎03(3818)5521　FAX 03(3818)5514　振替 00110-6-37828

※税別価格で表示してあります。

東信堂

書名	著者・訳者	価格
責任という原理――科学技術文明のための倫理学の試み	H・ヨナス 加藤尚武監訳	四八〇〇円
主観性の復権――『心身問題から『責任という原理』へ	H・ヨナス 宇佐美公生他訳	二〇〇〇円
哲学・世紀末における回顧と展望	尾形敬次訳	八二六〇円
バイオエシックス入門〔第三版〕	今井道夫・香川知晶編	二三八一円
思想史のなかのエルンスト・マッハ――科学と哲学のあいだ	今井道夫	三八〇〇円
今問い直す 脳死と臓器移植〔第二版〕	澤田愛子	二〇〇〇円
キリスト教からみた生命と死の医療倫理	浜口吉隆	二三八一円
空間と身体――新しい哲学への出発	桑子敏雄	二五〇〇円
環境と国土の価値構造	桑子敏雄編	三五〇〇円
洞察＝想像力――知の解放とポストモダンの教育	D・スローン 市村尚久監訳	三八〇〇円
ダンテ研究Ⅰ Vita Nuova 構造と引用	浦一章	七五七三円
ルネサンスの知の饗宴〔ルネサンス叢書1〕――ヒューマニズムとプラトン主義	佐藤三夫編	四四六〇円
ヒューマニスト・ペトラルカ〔ルネサンス叢書2〕	佐藤三夫	四八〇〇円
東西ルネサンスの邂逅〔ルネサンス叢書3〕――南蛮と補寂氏の歴史的世界を求めて	根占献一	三六〇〇円
原因・原理・一者について〔ジョルダーノ・ブルーノ著作集３巻〕	加藤守通訳	三二〇〇円
情念の哲学	坂井昭宏編	三二〇〇円
愛の思想史〔新版〕	伊藤勝彦	二〇〇〇円
荒野にサフランの花ひらく（続・愛の思想史）	伊藤勝彦	二三〇〇円
知ることと生きること――現代哲学のプロムナード	岡田雅勝編	二〇〇〇円
教養の復権	本間謙二編	二五〇〇円
イタリア・ルネサンス事典	沼田裕之・安西和博・増渕幸男・加藤守通 H・R・ヘイル編 中森義宗監訳	続刊

〒113-0023 東京都文京区向丘１－２０－６　☎03(3818)5521　FAX 03(3818)5514　振替 00110-6-37828

※税別価格で表示してあります。

================ 東信堂 ================

【現代社会学叢書】

開発と地域変動
——開発と内発的発展の相克
北島滋 3200円

新潟水俣病問題
——加害と被害の社会学
飯島伸子・舩橋晴俊編 3800円

在日華僑のアイデンティティの変容
——華僑の多元的共生
過放 4400円

健康保険と医師会
——社会保険創始期における医師と医療
北原龍二 3800円

事例分析への挑戦
——「個人」現象への事例媒介的アプローチの試み
水野節夫 4600円

海外帰国子女のアイデンティティ
——生活経験と通文化的人間形成
南保輔 3800円

有賀喜左衛門研究
——社会学の思想・理論・方法
北川隆吉編 3600円

現代大都市社会論
——分極化する都市?
園部雅久 3200円

インナーシティのコミュニティ形成
——神戸市真野住民のまちづくり
今野裕昭 5400円

ブラジル日系新宗教の展開
——異文化布教の課題と実践
渡辺雅子 8200円

イスラエルの政治文化とシチズンシップ
奥山真知 3800円

正統性の喪失
——アメリカの街頭犯罪と社会制度の衰退
G・ラフリー/宝月誠監訳 3600円

福祉国家の社会学[シリーズ社会政策研究1]
——21世紀における可能性を探る
三重野卓編 2000円

戦後日本の地域社会変動と地域社会類型
——都道府県・市町村を単位とする統計分析を通して
小内透 7961円

新潟水俣病問題の受容と克服
堀田恭子著 4800円

ホームレス ウーマン——知ってますか、わたしたちのこと
E・リーボウ/吉川徹・蒴里香訳 3200円

タリーズ コーナー——黒人下層階級のエスノグラフィ
E・リーボウ/吉川徹監訳 2300円

〒113-0023 東京都文京区向丘1-20-6　☎03(3818)5521　FAX 03(3818)5514／振替 00110-6-37828

※税別価格で表示してあります。

━━ 東信堂 ━━

〔横浜市立大学叢書(シーガル・ブックス)・開かれた大学は市民と共に〕 ことばから観た文化の歴史 ──アングロ・サクソン到来からノルマンの征服まで	宮崎忠克	一五〇〇円
独仏対立の歴史的起源 ──スダンへの道	松井道昭	一五〇〇円
ハイテク覇権の攻防 ──日米技術紛争	黒川修司	一五〇〇円
ポーツマスから消された男 ──朝河貫一の日露戦争論	矢吹晋著・編訳	一五〇〇円
グローバル・ガバナンスの世紀 ──国際政治経済学からの接近	毛利勝彦	一五〇〇円
青の系譜 ──古事記から宮澤賢治まで	今西浩子	続刊
〈社会人・学生のための親しみやすい入門書〉 国際法から世界を見る ──市民のための国際法入門	松井芳郎著	二八〇〇円
国際人権法入門	T・バーゲンソル 小寺初世子訳	二八〇〇円
地球のうえの女性──男女平等のススメ	小寺初世子	一九〇〇円
軍縮問題入門〔第二版〕	黒沢満編	二三〇〇円
入門 比較政治学 ──民主化の世界的潮流を解読する	H・J・ヴィーアルダ 大木啓介訳	二九〇〇円
クリティーク国際関係学	関下稔・中川涼司・永田秀樹編	二二〇〇円
時代を動かす政治のことば	読売新聞政治部編	一八〇〇円
福祉政策の理論と実際〔入門社会学研究シリーズ〕 ──尾崎行雄から小泉純一郎まで ──福祉社会学研究入門	三重野卓編 平岡公一編	三〇〇〇円
バイオエシックス入門〔第三版〕	今井道夫編 香川知晶編	二三八一円
知ることと生きること ──現代哲学のプロムナード	本間謙二編 岡田雅昭編	二〇〇〇円

〒113-0023 東京都文京区向丘1−20−6 ☎03(3818)5521 FAX 03(3818)5514/振替 00110-6-37828

※税別価格で表示してあります。